EMMA BRUNNER-TRAUT
FRÜHFORMEN DES ERKENNENS

EMMA BRUNNER-TRAUT

# FRÜHFORMEN DES ERKENNENS

## AM BEISPIEL ALTÄGYPTENS

WISSENSCHAFTLICHE BUCHGESELLSCHAFT
DARMSTADT

Einbandgestaltung: Neil McBeath, Stuttgart.

CIP-Titelaufnahme der Deutschen Bibliothek

**Brunner-Traut, Emma:**
Frühformen des Erkennens: am Beispiel Altägyptens /
Emma Brunner-Traut. – Darmstadt: Wiss. Buchges.,
1990
ISBN 3-534-08149-8

Bestellnummer 08149-8

Das Werk ist in allen seinen Teilen urheberrechtlich geschützt.
Jede Verwertung ist ohne Zustimmung des Verlages unzulässig.
Das gilt insbesondere für Vervielfältigungen,
Übersetzungen, Mikroverfilmungen und die Einspeicherung in
und Verarbeitung durch elektronische Systeme.

© 1990 by Wissenschaftliche Buchgesellschaft, Darmstadt
Gedruckt auf säurefreiem und holzfreiem Bilderdruckpapier
Satz: Setzerei Gutowski, Weiterstadt
Druck und Einband: Wissenschaftliche Buchgesellschaft, Darmstadt
Printed in Germany
Schrift: Linotype Times, 9.5/11

ISBN 3-534-08149-8

Jan Assmann

dem Kollegen und Freund

am anderen Ufer des Flusses

# INHALT

| | | |
|---|---|---|
| Vorwort | | IX |
| I. | Einführung | 1 |
| II. | Kunst | 7 |
| | 1. Aspektive – Perspektive | 7 |
| | 2. Beispiele | 15 |
| | 3. Parallelen geistesverwandter Gruppen | 40 |
| | 4. Gemeinsame „grammatische Regeln" | 57 |
| III. | Der menschliche Körper | 71 |
| IV. | Staat und Gesellschaft | 82 |
| V. | Rechtswesen | 94 |
| VI. | Geschichtsauffassung | 99 |
| | 1. Kleinbogige – großbogige Apperzeption | 99 |
| | 2. Ägypten und Alter Orient | 100 |
| | 3. Israel | 108 |
| | 4. Griechen | 112 |
| VII. | Religion | 114 |
| | 1. Polytheismus | 115 |
| | 2. Mythos | 120 |
| VIII. | Mathematik und empirische Wissenschaft | 129 |
| | 1. Einführung | 129 |
| | 2. Mathematik | 131 |
| | 3. Kalender | 137 |
| | 4. Zahlungswerte, Maße und Gewichte | 138 |
| | 5. Onomastika (Listenwissenschaft) | 139 |
| IX. | Schrift | 141 |
| X. | Literatur | 145 |
| | 1. Märchen | 145 |
| | 2. Magische Literatur | 151 |
| | 3. Hymnen | 152 |
| | 4. Spruchdichtung | 152 |
| XI. | Schluß: Aspektive und Hirnforschung | 155 |
| | 1. Aspektive | 155 |
| | 2. Hirnforschung | 158 |
| XII. | Nachwort: Aspektive und Gegenwart | 165 |
| Epilog: … klopfenden Herzens … | | 172 |

Anmerkungen . . . . . . . . . . . . . . . . . 173

Knappe chronologische Übersicht . . . . . . . . . . . 199

Abkürzungsverzeichnis . . . . . . . . . . . . . . . 201

Abbildungsnachweis . . . . . . . . . . . . . . . . 203

Register . . . . . . . . . . . . . . . . . . . 205

VORWORT

Wer ein heißes Eisen anfaßt, muß damit rechnen, daß er sich verbrennt. Nach einer ersten kurzen Bekanntgabe meiner Gedanken zu dem hier behandelten Thema 1963 im Nachwort von Heinrich Schäfers ›Von ägyptischer Kunst‹ erhielt ich zahlreiche Glückwünsche zur Geburt des inzwischen international gängigen Begriffes „Aspektive" als des Gegenbegriffs zur Perspektive, und die Ermunterungen, meine damaligen Gedanken breiter auszuführen, mehrten sich nach einem – nur für eine private Studiengesellschaft umgedruckten – Vortrag 1972 fast zur Bedrängnis. Mit mehreren anderen Veröffentlichungen beschäftigt, kam ich jedoch erst jetzt zur Ausführung eines Abrisses zum Thema.

In den vergangenen 25 Jahren ist das Interesse an dem Gegenstand allgemein nicht nur gewachsen, es haben sich auch, besonders unter Sandkastenspielern, ideologische Gegenpositionen formiert, die solch weitkreisenden Themen wie dem hier von einer „Generalistin" gebotenen mit Vorurteil begegnen, denn "in" ist heute nur noch der bis zur letzten Zerfaserung spaltende Spezialist, und voran einer, dessen Arbeiten sich durch Neologismen – zu deutsch: Antisprache – abheben. Indem ich als Ägyptologin über den Zaun schaue, wage ich meinen Gedankenkreis so zu erweitern, wie man ihn heute lieber einem "team" anvertraut, insbesondere, wenn 3000 Jahre pharaonischer Kultur den Horizont des Forschers bereits weit genug abstecken. „Makroskopische Überblicke" fordern den Mut, aus den geheiligten Bahnen fachinterner Detailforschung herauszutreten, und das Wagnis, in fernliegenden Disziplinen – hier: Hirnforschung – zu dilettieren. „Der Sinn wird verdunkelt, wenn man nur kleine fertige Ausschnitte des Daseins ins Auge faßt" (Dschuang Dsi).

Zum andern befaßt sich vorliegendes Buch außer mit dem Nilvolk auch mit Ethnien (früher „Primitive" genannt), mit Geistesveränderten und „Sonntagsmalern", mit Kindern und manchem beargwöhnten modernen Künstler – mit Gruppen also, die bald gehätschelt, bald als Vergleichsgruppen zu den Alten Ägyptern snobistisch als minderwertig abgetan werden.

Wenn ich versichere, daß ich die Ethnien nicht missionieren, d. h. intellektualisieren möchte, daß ich beim Anblick eines Kindes nicht umhin kann, an Lk. 18,17 zu denken, daß ich mir eine edlere und zugleich großartigere Kultur als die der Alten Ägypter kaum vorzustellen und auch „verrückten" Künstlern der Moderne ihren tiefen Ernst abzuspüren vermag, so wird mir dieses Bekenntnis wenig helfen. Dennoch versichere ich, daß ich mit dieser Arbeit kein politisches Pamphlet vorlege, sondern eine nüchterne, aus nachprüfbaren Fakten gewonnene wissenschaftliche Erhebung, die sich jeden Werturteils enthält außer dem grundsätzlichen, daß ich die Arbeiten der genannten Gruppen wert befinde, sie zu untersuchen, aber ohne für Quisquilien letzten Aufwand zu betreiben. Auf Kontroversen in Detailfragen einzugehen, würde das Grundproblem nur verschleiern. Es geht in dieser Untersuchung um Dominanten.

Indem ich hier von einer Art „Entwicklung" spreche, so weiß jeder, daß Entwicklung nicht notwendig Schritt zum Besseren bedeutet. Nicht daß ich meine, jeder Fortschritt sei zugleich Rückschritt, aber Fortschreiten heißt, eine Position aufgeben, die, wenn vielleicht nicht geliebt, so zumindest vertraut war. Das Neue? Es bedeutet auf jeden Fall Verlust an Hergebrachtem und im Zusammenhang mit unserem Buchtitel: Verlust an sinnlicher Konkretheit zugunsten der Abstraktion, Defizit an rechtshemisphärischen Hirnleistungen zugunsten der *ratio*. Als ob unsere übrige Ausstattung: Instinkt, Gefühl und Intuition, an Imaginationsvermögen oder taktilem Erfassen nicht ebenso zum Weltverständnis mitgegeben wäre. Und – wer entwickelt? Wer sich?

Es geht in diesem Buch nicht um Lob und Tadel, sondern um Aufzeigen dessen, was einmal war und was zumindest unterschwellig noch ist, was teils auch bewußt wiederergriffen wird und was nachgewiesenermaßen jeder in sich selbst erlebt, ehe er den Geistesstand der industriellen Kulturnationen einnimmt. Doch auch dann sagt er noch, 500 Jahre nach Kopernikus: „Die Sonne geht auf" oder „Die Sonne geht unter" und nicht: „Die Erde hat sich soundsoweit um die Sonne gedreht". Denn die Pfeiler unserer derzeitigen Existenz ruhen auf den früheren Kulturschichten, ohne sie vollends zerstört zu haben. – Um so mehr darf ich hoffen, daß die verehrten Leser dieses Buch nicht allein intellektuell verstehen, sondern die dargelegten Bewandtnisse auch innerlich gern nachvollziehen.

Wie in der Einführung dem Hauptteil der Arbeit vorausgeschickt, geht die Untersuchung vom Alten Ägypten aus und hat durchweg die pharaonische Kultur zum entscheidenden Forschungsgegenstand, weil sich dort aus den angegebenen Gründen die Kriterien am reinsten vorfinden. Allerdings sind eine genauere Umreißung des Themas und definitorische Klärungen vorauszuschicken; darüber hinaus gilt es am Beispiel der Kunst durch Gegenüberstellung der Perspektive als der uns geläufigen Darstellweise die Sinne zu schärfen für das, was in diesem Buche gezeigt werden soll. Man wolle den Anlauf bis zum Absprung durchhalten!

Für die Veröffentlichung des Buches danke ich der Wissenschaftlichen Buchgesellschaft; ich danke schon an dieser Stelle für die Abbildungserlaubnis und Bereitstellung der Vorlagen zu den Abbildungen:

dem Verlag Otto Harrassowitz in Wiesbaden für die Abbildungen aus Heinrich Schäfer: Von ägyptischer Kunst, 4. Aufl. 1963;
dem Springer-Verlag in Heidelberg für die Abbildungen aus dem Werk von Hans Prinzhorn: Bildnerei der Geisteskranken, Neudruck der 2. Aufl. 1968;
dem Albert-Schweitzer-Kinderdorf e. V. in Waldenburg für die Abbildung einer Reihe von Kalenderblättern
sowie den im Laufe des Buches genannten Museen und Verlagen für die Abbildungsgenehmigungen einzelner Bilder.

Wahrlich nicht zuletzt sei den Herren der Universität Tübingen: Dr. theol. Dieter Henke, zugleich Physiker und Philosoph, und Dr. med. Jürgen Peiffer, emer. o. Prof. der Neuropathologie, sowie meinem Mann herzlich gedankt für förderliche Gespräche.

Tübingen, September 1988            Emma Brunner-Traut

# I. EINFÜHRUNG

> Wer nicht von dreitausend Jahren
> Sich weiß Rechenschaft zu geben,
> Bleib' im Dunkeln unerfahren,
> Mag von Tag zu Tage leben.
>
> Goethe: West-östlicher Divan,
> Buch des Unmuts

In diesem Buch ist der Versuch unternommen, dem Erkennen der frühen Völker nachzuspüren. Mit den frühen Völkern sind die vorklassischen Hochkulturen ins Auge gefaßt, d. h. die der Sumerer, Akkader, Assyrer, Hethiter, Phöniker und weiterer vorderorientalischer Völker, soweit sie interpretierbare Zeugnisse hinterlassen haben; auf europäischem Boden stehen dafür die Etrusker, die Kreter-Mykener und auch das archaische Griechenland, allen voran aber die Mittelmeerkultur des Pharaonischen Ägypten.

Aufgrund der geographisch-politisch geschützten Lage konnte sich am Nil die frühe Kultur am ungestörtesten entfalten und hatte mit ihren über 3000 Jahren Geschichte die längste Lebensdauer, so daß sie die zu untersuchenden Phänomene am reinsten und dichtesten aufzeigt. Allein der Reichtum an Produktion wie Hinterlassenschaft verleiht der Nilkultur ihre „Ausnahmestellung". Ägypten stehe daher als Musterbeispiel und Stellvertreter, aber die dort gewonnenen Erkenntnisse lassen sich auf die übrigen genannten Kulturen, wenn auch in je spezifischer Brechung, übertragen. Bald ist auf die eine, bald auf die andere Kultur verwiesen, aber grundsätzlich fallen sämtliche zitierten Regionen unter diese Betrachtung. Nirgendwo außer im Alten Nilland und in Mesopotamien sind auf allen Gebieten der Kultur: Kunst, Religion und Wissenschaft mit ihren je eigenen Verzweigungen gleichermaßen glänzende Güter produziert worden. Architektur, Plastik, Flachkunst einschließlich Malerei, Texte auf Stein und Papyri mit jeder Art von Literatur sowie die Geräte und Kleingegenstände des täglichen Lebens bieten in Ägypten eine nicht auszuschöpfende Fülle von Material zu jeglicher Fragestellung. Einen Vorsprung vor allen anderen Kulturen hat Ägypten zudem durch die Fülle seiner kaum zu erfassenden Schriftdokumente.

Die Andersartigkeit der frühen Hochkulturen fällt dem Laien zunächst und unmittelbar beim Betrachten der Flachbilder auf. Warum die Figuren brettchenartig dargestellt seien, seltsam verdreht und merkwürdig steif, wird jedem zur Frage. Deshalb seien zum Ausgangspunkt vorliegender Untersuchung Relief und Malerei gewählt, weil sie sinnfällig demonstrieren, was sich hinter dieser Darstellweise an geistiger Haltung verbirgt. Das am Beispiel der Flachkunst gewonnene Resultat wird anschließend an weiteren Phänomenen erprobt und, wie ich meine, durch sie bestätigt.

Das „aspektivische" Verhalten, wie ich es bezeichne, soll im Anschluß an die Kunstbetrachtung aufgezeigt werden in der Gesellschaftsform, in verschiedenen Zweigen der Wissenschaft(spraxis) – wie Medizin, Mathematik, Rechtswesen –, im Geschichtsbild wie auch in der Göttervorstellung und Mythenbildung und nicht zuletzt in Literatur und Sprache. Es wird sich zeigen, daß die Alten die Erscheinungsformen schrittweise (additiv) erfaßt und sie nur bilateral in Beziehung gebracht haben. Erst den Griechen fiel es zu, auf breiter Basis die multilaterale Verflechtung der Dinge von einem Standpunkt außerhalb der Dinge, von einem quasi archimedischen Punkt aus ganzheitlich zu überschauen. Dieses „abständige" Verhalten der Griechen gegenüber den Phänomenen zeitigt eine durchweg andere Befindlichkeit in der Welt bzw. einen radikal veränderten Umgang mit ihr.

Die Flachkunst macht – zunächst vielleicht schockierend – darauf aufmerksam, daß sich die Darstellweise der Alten (Ägypter) innerhalb bestimmter Grenzen trifft mit jener von Kindern, naiven Erwachsenen, Ethnien, mit jener von modernen Künstlern und auch einer Gruppe von Geisteskranken.

Spätestens bei dem letzten Stichwort pflegen Ägyptologen, insbesondere ägyptische Ägyptologen empfindlich zu werden, weil sie eine Schmähung ihres freilich geliebten Forschungsgegenstandes fürchten. Als ob die Schreiberin weniger Liebe für ihn hätte! Vielleicht hilft ein kleines Beispiel, die Emotionen zu beruhigen.

Noch immer sind die Pyramiden das Wahrzeichen des Alten Ägypten. Wer sie wie ich besuchte, ehe die Fahrstraße von Giza zu dem alten Gräberfeld mit Hochhäusern bebaut war, empfand noch deutlicher als heute die Überwältigung, die den Sichnähernden angesichts dieser Monumente überkommt. Doch was sind schließlich diese für Pharao errichteten Grabmäler? Nichts anderes als aufgeschichtete Steinblöcke mit zweckentsprechenden Aussparungen, lapidar, man kann auch sagen: elementar oder primitiv, Schicht um Schicht aufeinandergelegt, nicht anders, als dies Kinder oder Naive mit Bauklötzchen tun. Insoweit entspricht die Bauweise des Pharaonenvolkes derjenigen der Vergleichsgruppen.

Was sie unterscheidet, sind die Konzeption, die Maße, die Exaktheit, die vollendete Gestaltung; sind die notwendigen Vorausberechnungen, die Sinngebung und viele Details höherer Werte sowie die technische Bewältigung der Massen und die Organisation von Bauleuten wie Baumaterial. Aber dies alles ändert nichts an der Tatsache, daß die Steinblöcke, einer um den anderen, Lage auf Lage aufgeschichtet (addiert) wurden – ohne komplizierte technische Hilfen – zu Steingebirgen bis zu rd. 150 m Höhe. Und was wurde daraus? – Ein Weltwunder. Die anderen sechs Weltwunder der Antike: Der Leuchtturm von Alexandrien, die Hängenden Gärten der Semiramis, der Zeus von Olympia, der Koloß von Rhodos, das Mausoleum von Halikarnaß und der Diana-Tempel von Ephesus – all diese großartigen Werke haben ihr Prädikat wohlverdient, aber es fragt sich, ob eines davon den in ihrer Schlichtheit die Zeiten überdauernden pyramidalen Gebilden gleichkommt. „Bauten, davor die Zeit sogar sich fürchtet | Wo sonst doch fürchtet alles in der Welt die Zeit" (Omâra-al-Jamani).

Es läßt sich nicht daran rütteln, daß die Alten keine Kongreßhallen, Konzertsäle oder Kirchen aus Eisen, Beton, Stahl mit hängenden und aufgekrempten Decken hätten bauen können, nicht hätten bauen *können*, aber was besagt das über den geistigen Wert ihrer Bauten?

Und ist es nicht ein ebensolches Wunder, daß ihr Staat mit seiner „aggregierten" Gesellschaftsform Jahrtausende überstand, während unsere „strukturierten" staatlichen Gebilde wie auf einen Schleudersitz gebunden scheinen? Der Mythos mit seinen Archetypen hat vollends eine Gültigkeit, die sich neben allen späteren Religionen und selbst innerhalb dieser Glaubensformen bis heute behauptet. Schließlich sollte es staunen machen, daß beispielsweise auf der Basis des grundsätzlich einzigen mathematischen Verfahrens der Addition der ermittelte Annäherungswert von $\pi$ fast dem unseren gleichkommt und daß mit der additiven Methode die Oberflächenberechnung der Halbkugel gelang. Auch dies sind pyramidale Leistungen! Wieder muß zugegeben werden, daß die Alten die mathematischen Aufgaben eines heutigen Abiturienten nicht hätten lösen *können*, daß sie aber mit ihrer vergleichsweise primitiven Methode zu unerhörten Hochleistungen gelangt sind. Sie handeln wie Kinder, aber ins Grandiose gesteigert, und zeitigen kaum überbietbare Würdeformen, prall an Sinngehalt.

Die Frage, ob eine andersartige Darstellweise etwa biologisch verankert ist, ob ein geschichtlicher Prozeß im Fühlen, Denken und Wollen des Menschen vorliegt oder ob eine kulturelle Evolution zu der Divergenz geführt hat, wird erst am Schluß der Arbeit aufgegriffen. Bis dahin sollen die Phänomene allein als Fakten sprechen. Nur so viel sei einstimmend gesagt, daß ich die Andersartigkeit der aspektivischen Kulturen als eine andersartige „Apperzeption" erkläre.

Die Wissenschaft hat bisher mehrere Interpretationen angeboten, die frühen, die „mythischen" Völker in ihrem Sosein nahezubringen, ihre andere, „praelogische" oder „unlogische" Denkweise, ihre „Starrheit" und ihr „unmündiges" Verhalten auf einen gemeinsamen Nenner zu bringen, doch unter den meist tiefgründigen und geistvollen Lösungen findet die Autorin keine, die ihrer Sicht der Dinge entspricht und sie befriedigt. Eine erste entscheidende Übereinstimmung mit ihrer eigenen Interpretation fand die Verfasserin bei dem Juristen Wolfgang Fikentscher in seinem vierbändigen Werk ›Methoden des Rechts‹, wo u. a. Anstöße der Verfasserin aufgenommen sind.[1] In dieser weitausholenden vergleichenden Darstellung zu lesen, empfiehlt sich für jeden, der auf anderem Gebiet erfahren möchte, wiewelt meine dem Quellenmaterial vornehmlich aus Ägypten abgewonnenen Überlegungen tragen.

Aus Ägypten, weil in dieser Kultur mit ihrer nirgends sonst erreichten Lebensdauer reifen konnte, was angelegt war, ohne nennenswert gestört zu werden, so daß sie nur scheinbar eine Ausnahmestellung hat, aber in Wahrheit das verwirklichen konnte, was die übrigen in ihrem Werdegang vielfach gestörten altvorderorientalischen Kulturen in solcher bilderbuchmäßigen Deutlichkeit und Ausführlichkeit nicht haben entfalten können.

Als Einführung in den Fragenkreis dürfte die Kunst mit ihrem Appell an die Sinne besser geeignet sein als Recht, Medizin oder eine der weiteren Sparten der Kultur, die später zur Aussage aufgerufen werden. Diese sinnfällige Grundlage mag zugleich *en miniature* das nach seiner vierten Auflage vergriffene, danach ins Englische übersetzte und in mehreren Auflagen erschienene Werk von Heinrich Schäfer, dem vorliegendes Buch die Quellenerarbeitung verdankt, andeutend ersetzen. Im Nachwort des fundamentalen Schäferschen Werkes konnte ich 1963 erstmals meine Gedanken skizzieren.[2]

Indem ich die von mir „aspektivisch" genannte Kunst der „perspektivischen" gegenüberstelle, übernehme ich als Zäsur der Weltgeschichte die von Karl Jaspers sog. „Achsenzeit"[3] als die große Wende, die sich im 6./5. Jh. v. Chr. in Griechenland vom archaischen zum klassischen Stil ereignet hat.[4] Eine nicht minder epochale Wende bedeutet die menschheitsgeschichtliche Sternstunde um rd. 3000 v. Chr., der Beginn der Geschichte überhaupt.[5] Ein neuer Hiatus scheint sich im gegenwärtigen 20. Jh. zu ereignen, wo die Verfasserin Züge einer Art „Neoaspektive" zu beobachten meint. An diesen drei genannten Wendepunkten vollzieht sich so etwas wie eine geistige Mutation, weil die mit der Darstellweise gekoppelte Wahrnehmungsweise des Menschen nicht kontinuierlich weitergegangen ist, vielmehr einen Sprung gemacht hat von einem bestimmten Gegenüber des Menschen in bezug auf das beobachtete Objekt zu einem andersartigen Verhalten. Ein solcher Sprung braucht freilich nichts anderes zu sein als das plötzlich in Erscheinung tretende Überborden eines bis dahin verdeckt gewachsenen Staus. Wie dem auch sei, die Andersartigkeit ruft jeden aufmerksamen Beobachter zu den unüberhörbaren Fragen auf, die sich dieses Buch zum Thema macht.

Die Kunst steht in ihrer hier gemeinten Eigenart als ein Beispiel für jene „Apperzeption", die das kulturelle Antlitz der Erde weit länger geprägt hat als die Perspektive. Die perspektivische Sicht ist bei den Griechen als Körperperspektive aufgekommen, erfährt mit der Renaissance einen neuen, fortführenden Impuls und hat sich im 19. Jh. in schwindelnde Höhen aufgeschwungen, bis sie vor unseren Augen durch eine Wahrnehmungs- und entsprechende Darstellweise abgelöst zu werden scheint, die mit der aspektivischen etwas zu tun haben könnte. Das abendländische Mittelalter hat diesbezüglich eine gebrochene Stellung, Ostasien eine der Aspektive benachbarte. Indem ich solche großen Bogen über die Geschichte der Menschheit schlage, setze ich mich dem Tadel aus, unerlaubte Verallgemeinerungen und Vereinfachungen oder gar Spekulationen oder Schematisierungen vorzunehmen. Um solchem Vorwurf zu begegnen, werde ich am Exempel Ägypten in Einzelheiten konkret, und dies quer durch die Kultur.

Eingeräumt sei im voraus, daß sowohl auf den verschiedenen Gebieten innerhalb einer Kultur als auch bei den verschiedenen parallelen Kulturen Phasenverschiebungen auftreten. So nimmt das Alte Testament das neue Geschichtsverständnis partiell vorweg, oder – um ein anderes Beispiel zu nennen – hat die christliche Lehre noch mythische Vorstellungen vergangener Zeit übernommen. Sobald Kulturen einander begegenen, wie im frühen Mittelalter, verflechten sich Verhaltensstränge.

Schlüsselbegriffe werden in dieser Arbeit sein: Apperzeption und Struktur; Organismus, Funktion; additiv, parataktisch; bilateral und multilateral; unterschieden wird zwischen (schrittweisem) Er-fassen und (ganzheitlicher) Zu-sammenschau. Während sich im Kapitel „Kunst" die übrigen hier verwendeten Termini von selbst erschließen, seien zwei bereits vorweg präzisiert: Apperzeption und Struktur. Struktur ist nicht gebraucht in dem heute Mode gewordenen Sinn von jeder Art Gefüge und Bau, sondern ausschließlich im Kantschen Sinne als „Zusammenhang der Teile eines nach einheitlichem Zweck sich bildenden Organismus". Nach dem Königsberger Philosophen steht bei einem Organismus „alles wechselseitig als Zweck und Mittel aufeinander in Beziehung" und ist in einem organisierten Wesen jeder Teil durch alle übrigen und um dieser und des Ganzen willen da, als hervorbringendes Organ, das durch die Einheit des Ganzen bestimmt ist.[6] – Apperzeption meint die Einbringung neuer Wahrnehmungen und Erfahrungen in den Empfindungs- und Kenntniszusammenhang, das seelische, erkennende und willensmäßige Verhalten neu auftretender Bewußtseinsinhalte, die urteilende Auslese und Ordnung eines Gegebenen.

Zu dem Kapitalbegriff „Aspektive" zitiere ich Otto Fr. Bollnow: „Aspekte, zumal in der Mehrzahl gebraucht, sind nur einzelne Anblicke, in denen sich die Sache jeweils von einem bestimmten Gesichtspunkte aus ... darstellt. Im Aspekt liegt ein Ordungsprinzip ... Im Aspekt ist immer enthalten, daß er einer unter anderen ... ist. Es liegt in ihm ein Moment der Ergänzungsbedürftigkeit. Er verweist auf diese anderen Aspekte ... Jeder ist einseitig. In jedem treten bestimmte Dinge schärfer hervor als in anderen und werden bestimmte Zusammenhänge deutlich ... Keiner erhebt Anspruch auf Vollständigkeit. Ja, wie sich die einzelnen Aspekte zum übergreifenden Ganzen vereinigen und ob sie sich überhaupt vereinigen, bleibt offen." – Die unter verschiedenen Aspekten gewonnenen jeweiligen Ergebnisse bleiben bei aspektivischer Apperzeptionsweise offen nebeneinander stehen, werden nicht in einem geschlossenen System harmonisiert.

Ausführlicher dazu im Kapitel „Kunst", auch zu dem Kontrastbegriff Perspektive. Was an der Darstellweise der Kunst als der sichtbaren Außenseite des inneren Vorgangs der Apperzeption erhoben wird: das schrittweise Erfassen des Ganzen in überschaubaren Binnenteilen, wird sich in den Gebilden von Staat, in der Methode des mathematischen Erkenntnisweges oder der polytheistischen Erfahrung einer numinosen Durchwaltung der Welt entsprechend äußern.

## II. KUNST

### 1. Aspektive – Perspektive

Jedem aufmerksamen Betrachter ägyptischer Kunst fällt die Besonderheit ihrer Darstellweise auf.[1] Das seit den Griechen der klassischen Zeit – cum grano salis bis heute – an tiefenräumlich-perspektivische Darstellweise gewöhnte Auge sieht in ägyptischen Bildern flächig ausgebreitete Gebilde, denen Körperlichkeit und Raumtiefe fehlen und die Lösungen anbieten, welche mit der Sehbild-Wirklichkeit nicht übereinstimmen.

Die dargestellten Figuren und Räume entsprechen nicht dem optischen Eindruck, sie sind vielmehr eigenartig ausgebreitet; man nennt sie „umgeklappt" oder „verdreht" und bei aller künstlerischen Vollendung bisweilen „kindhaft-primitiv", „unbeholfen", ja „seltsam irrsinnig"; hier und da auch verwandt mit moderner Flachkunst, Relief, Graphik wie Malerei.

Die Betrachter, die solche Behauptungen äußern, haben etwas Richtiges beobachtet, und ich habe es mir als erstes zur Aufgabe gemacht, diesen Beobachtungen nachzugehen und auch zu zeigen, daß die Weise, in der Ägypter flachbildlich dargestellt haben, sich bei einer Reihe anderer Bildproduzenten wiederfindet, nämlich:
1. bei sämtlichen archaischen Kulturvölkern vor der griechischen Klassik, auch in Griechenland selbst,
2. bei Kindern,
3. bei zeichnerisch insuffizienten Erwachsenen (Sonntagsmalern) bis heute,
4. bei Ethnien,
5. bei einer Anzahl von Geistesgestörten und schließlich
6. vielfach in moderner Flachkunst seit dem Expressionismus und dies weltweit.

Das Problem, das zunächst thematisiert wird, ist das, ein dreidimensionales Objekt, also einen räumlichen Gegenstand bzw. einen Gegenstand im Raum und einen Raum selbst auf einer zweidimensionalen Bildebene zur Darstellung zu bringen.

Die sechs genannten Gruppen von Darstellenden zeichnen in der Weise, daß sie einzelne (Binnen-)Teile eines Gegenstandes (möglichst) unverkürzt wiedergeben, aber diese Teile nur gradweise zum Bildganzen in Beziehung bringen. Das Bildganze ist Teil um Teil (richtig) er-faßt, bzw. diese Teile sind addiert zu einem gefälligen Ganzen. Nicht etwa zu einem Mosaikbild; es genügt, so viele Teile ins Bild zu bringen, wie zum Verständnis des Ganzen nötig sind. Da das Ganze Aspekt um Aspekt gelesen ist, habe ich diese Darstellweise die *aspektivische*[2] genannt, in Abhebung von der perspektivischen. Diese beiden Bezeichnungen sollen als Generalbezeichnungen der kontrastierenden Darstellweise fortan beibehalten werden.

Um es vorweg zu sagen: Addition ist in Ägypten freilich an sinnbedingte Position gebunden, das Benachbartsein ist als Relation er-faßt, Lage und Maße, aber nur bedingt die Richtung sind dem Ganzen angepaßt. Ein Auge sitzt nicht am Knie (wie bewußt etwa bei Picasso), die Teilformen sind in die Ordnung des Ganzen einbezogen, aber – im Unterschied zur Perspektive – als relativ selbständige Einheiten, deren Sosein für sich be-griffen ist als formkonstantes Element.

Die *perspektivisch*-tiefenräumliche (egozentrische) Darstellweise zeitigt andere Bilder als die aspektivische: Sie wird dem Binnenteil nur bedingt gerecht, d. h. nur soweit, wie dieser sich dem Ganzen unterordnet, die einzelnen Teile sind dabei verzerrt oder verkürzt; dagegen kommt das Bildganze als eine Einheit in den Blick, so wie es optisch erscheint. Aspektive und Perspektive unterscheiden sich, kurz gesagt, durch die Beziehung der Binnenteile zum Ganzen. Da, wie noch auszuführen sein wird, bei aspektivischen Bildern das Wissen von den Dingen einen erheblichen Anteil hat, wurden die beiden hier diskutierten Darstellweisen von anderen Autoren auch unter dem Gesichtspunkt von intellektuellem bzw. visuellem Realismus gegenübergestellt.

Genauer: Perspektive nennt man die Darstellung eines Gegenstandes mit der Absicht, auf der ebenen (zweidimensionalen) Zeichenfläche (dreidimensionale) Raumtiefe zu illusionieren. Zu den Regeln der Perspektive gehört die Verkürzung eines Gegenstandes mit zunehmender Entfernung; die in die Tiefe laufenden Linien werden dünner. Mit dem Standpunkt des Bildproduzenten verschieben sich (optisch) die Objekte und verändern sich die Winkel der miteinander verknüpften Teile eines Ganzen. Denn Perspektive ist gebunden an eine organisch-einheitliche Auffassung des in seinen Teilen allseitig funktional miteinander in Beziehung stehenden Objektes. Abstände verkürzen sich nach der Tiefe hin. Körper- und Schlagschatten verdeutlichen Wölbung bzw. Raum. In der Malerei sind die Lokalfarben in Tönen abgestuft und kombinationsfähig, der Kontur wird enthärtet zu einer Linie, die Dehnung andeutet.

Bei perspektivischer Darstellung kann kein Glied eines (lebenden) Körpers bewegt werden, ohne daß die zugehörigen Glieder mitbetroffen werden, da alle mit allen zusammenhängen und miteinander ein einheitliches Ganzes, ein Beziehungsgefüge, bilden. Das Ganze ist mehr als die Summe seiner Teile, es ist das, was man „Übersumme" nennt. Die Übersumme kommt dem Hersteller bzw. Betrachter erst in den Blick, wenn er von einem Gegenstand genügend Abstand hat, d. h., wenn er sich über das Ganze erhebt. Es gelingt das Erkennen des Ganzen nicht, wenn er nur nach rechts oder links, nach vorn oder hinten schaut, also nach einer Seite auf der Fläche, vielmehr ist es nötig, sämtliche Richtungen einheitlich mit dem Blick zu umfassen, *auch* vom Boden nach oben zu schauen. Damit orientiert man sich nicht allein in der Ebene, sondern auch im Raum.

Perspektive ist innerhalb der Kunst nicht notwendig verstanden im Sinne von Kongruenz des Bildes mit der stereometrischen Form oder mit dem Querschnitt des Lichtstrahlenbündels; es genügt, wenn der Darstellende auf den *Eindruck* von Körper- bzw. Raumtiefe tendiert. Demnach ist mit Perspektive nicht etwa zwangsläufig an barocke Raumillusion gedacht, vielmehr lediglich an Linien als raumdarstellende bzw. -evozierende Elemente.

Um den konstituierenden Anteil der Perspektive an der Kunst hervorzukehren, folgen einige erhellende Einblicke in ihre Geschichte und Bekundungen der Künstler selbst. Gegen Ende des 6. vorchristlichen Jh. entdeckten die Griechen die Körperperspektive, d. h. die Darstellung von Figuren in Verkürzungen und Schrägansichten. Im 5. und 4. Jh. schritten sie zur Raumperspektive fort, die sie „Skenographia" nannten. Tatsächlich dürfte die Bühnendekoration der sachliche Ansatz für raumperspektivische Darstellungen gewesen sein. Allerdings haben die Griechen niemals die Zentralperspektive angewandt, die die Fluchtlinien in einem einzigen Fluchtpunkt vereinheitlicht. Diese ist erst eine Erkenntnis der Renaissance. Masaccio schuf das erste zentralperspektivisch durchkonstruierte Bild mit seinem Dreifaltigkeitsfresko in S. Maria Novella in Florenz (1426/27), Alberti hat als erster das Bild als „ebenen Durchschnitt durch die Sehpyramide" definiert (1435).

Den zentralperspektivischen Darstellungen ging jedoch eine Reihe von Wegbereitern voraus. So Giotto, in dessen Fresken in S. Francesco zu Assisi die ersten Darstellungen von Raum mit perspektivischen Ansätzen erkennbar sind. Bei den Brüdern Lorenzetti ist der Himmel nicht mehr transzendentaler Goldgrund, nicht allein mythischer Ort, wo die Götter wohnen und wie in den Pyramiden und den Königsgräbern astrale Figuren Himmelsbewandtnisse kundtun, sondern landschaftliches Gegenüber des mit Abstand ihn messenden Menschen. Ungezählte Beispiele der Frührenaissance stehen mit ihren gelegentlich kuriosen Lösungsversuchen für das dramatische Ringen der kleinen und großen Meister um die dritte Dimension bzw. die multilateralen Beziehungen.

Bis ins frühe Quattrocento sind die perspektivischen Bildaussagen unreflektierte Äußerungen, erst in den dreißiger Jahren setzt die bewußte, theoretische Auseinandersetzung mit den neuen Ausdrucksformen ein.

Nach Cennino Cenninis Anweisungen und Albertis Erkenntnissen in ›Della Prospettiva‹ hat Lorenzo Ghiberti in seinen ›Commentarii‹ die Perspektive geradezu zum Grundgesetz der Malerei erhoben, und nach weiteren systematischen Büchern hat Leonardo in seinem ›Trattato della Pittura‹ die denkerischen Bemühungen um die Perspektive gekrönt. Seine wissenschaftliche Beschreibung umfaßt alle Perspektivearten, d. h. außer der Linearperspektive auch die Luft- und Farbenperspektive.

Auch Dürer ist in seinen Schriften der Perspektive mit Eifer nachgegangen und hat seine ›Unterweisungen der Messung‹ durch Holzschnitte wie den ›Zeichner der Laute‹ oder den ›Zeichner des liegenden Weibes‹ demonstriert.[3] Hans Baldung Grien hat in einem Holzschnitt von 1544 ›Der behexte Stallknecht‹ seine Lust an der Perspektive bei dem am Boden liegenden Mann wie bei dem Pferd bis zur Grenze des Möglichen ausgekostet. Wenn wir nun noch erwähnen, daß Luca Pacioli in seinem Werk ›Divina proporzione‹ die Perspektive als achte Kunst gefeiert hat und am Ende des 15. Jh. Antonio del Pollaiuolo in St. Peter auf einem der von ihm erbauten Papstgräber dieser achten Kunst neben den sieben klassischen Künsten ein Denkmal gesetzt hat, so dürfte damit hinreichend viel gesagt sein, um zu zeigen, daß es Künstler waren, die um die Perspektive gerungen haben, bzw. daß nach anfänglicher, mehr unbewußter Regung Perspektive dann doch bewußt als künstlerisches Mittel eingesetzt wurde in Absetzung gegen die überkommene mittelalterliche Darstellweise. Luini erklärte, „ein Maler ohne Perspektive sei soviel wie ein Gelehrter ohne Grammatik". Perspektive galt demnach als unentbehrliches Rüstzeug, um einen Gegenstand „richtig" darzustellen. Wie die Perspektive so auch die Anatomie, hier wie in der Antike.

Erwähnen wir schließlich die Franzosen des 14. Jh. und die Niederländer des folgenden, vor allem Jan van Eyck, so möge es genügen, um die Geschichte der Raumperspektive zu markieren. Die künstlerischen Revolutionen unseres Jahrhunderts machten die gestalterische Bedeutung der Perspektive fragwürdig und führten zu einer ähnlich radikalen Abwendung von ihr, wie sie die Spätantike vollzog.

Nur bedingt zustimmen kann ich der Behauptung, daß nach der anfänglichen Erschließung des Räumlichen „die Differenzierung in der Kunst der unmittelbar gewonnenen spezifischen Erkenntnis über die Erlebnisse des Geschichtssinnes bis zu Rembrandt unendliche Stufen durchlaufen" habe.[4] Zwar ist Entfaltung immer an Zeit gebunden, aber es gibt auch spontane Sprünge in der Geschichte, und dazu gehört die Perspektive.[5]

Das Mittel der Perspektive, wie auch immer in die Welt gekommen, wurde von den Künstlern eifrig ergriffen. Die Behauptung bleibt gewaltsam, daß Dürer und Leonardo „trotz" ihrer Bemühungen um die Perspektive Künstler gewesen seien. Man darf nicht unterdrücken, daß es den Künstlern der gegenständlichen Kunst stets auch darauf ankam, die Kunst als Sprache zu verwenden, d.h. um Inhaltliches mitzuteilen, und in diesem Bestreben haben die Künstler auch mit der perspektivischen Raumdarstellung gerungen.

Perspektive ist jene Darstellweise, die der Aspektive entwicklungsgeschichtlich folgt und eine sprunghaft veränderte Wahrnehmungsweise signalisiert; nicht die optische Wahrnehmungsweise, denn diese ist, solange wir den Homo sapiens kennen, die gleiche geblieben (siehe dazu genauer im Schlußkapitel), sondern in die erkenntnismäßige, die kognitiv-psychische Verinnerlichung.

Perspektive gibt – so kritisiert Platon – nur das Bild wieder, wie man es sieht, also ein Scheinbild, Perspektive trügt. Für Platon ist die perspektivische Darstellweise der „Skiographia" ein Musterbeispiel für die Subjektivität der sinnlichen Wahrnehmung und der Doxa. Denn in perspektivischer Sicht verändert ein Gegenstand Größe – und auch Farbe –, es verschieben sich die Winkel, während ein aspektivisch dargestellter Gegenstand größenkonstant und seine Binnenteile in ihrem Sosein unverändert bleiben. Die einzelnen Teile erscheinen so, wie man sie ertasten kann, be-greifen. Daher hat man die beiden Darstellweisen auch als „Seins-" bzw. „Scheinkunst" oder auch als „haptische" (taktile) und „optische" einander gegenübergestellt.[6]

Um die einzelnen Teile so gut wie möglich er-faßbar darzustellen, zeichnet sie der Aspektive-Künstler in „gerader" Ansicht, indes der perspektivisch darstellende Künstler möglichst Schrägansichten und Drehungen wählt. Da der erstgenannte Künstler nicht vom Seheindruck ausgeht, sondern u. a. von seiner „Vorstellung" von den Dingen, hat Schäfer die ägyptische Kunst „gerad-vorstellig" genannt. Damit trifft er zwar ein hervorstechendes Symptom aspektivischer Darstellungen, doch nicht die geistige Verfaßtheit ihrer Urheber, die ich zu verstehen suche. Sein Terminus erscheint im übrigen nicht unbedingt glücklich.[7]

Meine Beziehung „Aspektive", die inzwischen über die internationale Fachliteratur hinaus in vergleichbare Untersuchungen eingegangen ist, deutet darauf, daß die Würdigung der Teile, also der einzelnen „Aspekte", den Vorrang hat vor dem die Perspektive kennzeichnenden Überblick des Ganzen. Etymologisch ist „Aspektive" ebenso glücklich oder unglücklich verwendet wie „Perspektive" – beide leiten sich her von dem archaisch-lateinischen *specio*, das in der klassisch-lateinischen Sprache nur in Komposita wie *perspicio, aspicio* erhalten ist –, aber sie bietet sich an als sprachliches Pendant zu ihrem allgeläufigen Gegenüber.

Nicht gesagt werden muß, daß ich Kunst nicht abwerte zu deskriptiver Naturnachahmung, daß ich künstlerische Richtigkeit nicht messe am naturwissenschaftlichen Wirklichkeitsbegriff und die der Kunst einwohnende Perspektive nicht als mathematische Projektion verstehe, sondern daß ich mir durchaus bewußt bin, daß jede Kunst, soviel sie auch immer an gegenständlicher Beobachtung bzw. an Naturstudium hinter sich hat, aus den Kräften künstlerischer Vorstellung geschaffen wird und eine gestalterische Aussage ist. Dabei wird die Vorstellung erkenntnismäßig wie etwas Wahrgenommenes dargestellt. Denn Vorstellung ist das vor dem inneren Auge auftretende Bild auf der Grundlage von vorher wahrgenommenen Gegenständen oder Vorgängen. Die zum inneren Bild führenden Wahrnehmungen müssen nicht einmal nur optische sein, sondern können ergänzt werden durch solche der übrigen Sinnesorgane. Wahrnehmung wird im klassischen Sinne verstanden als das Erleben, das Bewußtwerden eines außenweltlich oder innenweltlich Wirklich-Gegenständlichen durch die äußeren Sinne oder durch den inneren Sinn unmittelbar. Auch das Gegenständliche selbst als Bewußtseinsinhalt heißt Wahrnehmung. Die Darstellung ist die Entäußerung der verinnerlichten Wahrnehmung. Auch dazu mehr im Schlußkapitel.

Für jene, die in dem Verhältnis von Form der Darstellung und Form der Wahrnehmung im Zusammenhang mit der Aspektive ein offenes, gesonderter Untersuchung bedürftiges Problem sehen, während sie doch Perspektive bisher ohne Bedenken sowohl für das eine wie für das andere in Anspruch genommen haben, also an der Korrespondenz von Wahrnehmung und Darstellung keinen Anstoß nahmen, für sie kann die Frage nur so lauten, ob nicht die Darstellenden zwar immer in gleicher Weise, d. h. perspektivisch wahrgenommen, aber bewußt verschiedenartig dargestellt haben.

Daß die Menschen *optisch* gleich wahrnehmen konnten, steht allein dadurch außer Frage, daß sie mit Hilfe von Erfahrung (Bewegung, Ertasten) zu allen Zeiten *gelernt* haben, sich frei im Raum zu bewegen und zu schießen (vgl. auch den Etanamythos mit seinen „perspektivischen" Beobachtungen[8]). Meine Behauptung ist aber die, daß sich die *kognitiv-psychische* Wahrnehmung, die zur Gewinnung des Gegenstandes führt, die Apperzeption, generell gewandelt hat. Zur Beweisführung, wie sie im Rahmen dieser kurzen Studie geleistet werden kann, dürfte beitragen, daß die Ägypter (und ihre Geistesverwandten) nicht allein aspektivisch gezeichnet haben, sondern daß alle übrigen Gebiete ihrer Kultur dieselbe Wahrnehmungsweise zu erkennen geben.

Die Gegenstandsgewinnung hat zur Voraussetzung die niedere Stufe der auch „Perzeption" genannten Aufnahme von Eindrücken, die über die Sinnesorgane gewonnen werden. Damit diese Eindrücke operationell, d. h. für eine Darstellung verfügbar werden, müssen sie selektiert, organisiert, gegliedert, geordnet, kurz: beurteilt werden. Dieser psychisch-intellektuell-willensmäßige Prozeß, der zu dem Konzept „dieser Gegenstand" führt, ist eine die Bedeutungssysteme durchlaufende, auf sensomotorischer Aktivität beruhende Leistung und ist das, was uns hier als Gegenstandsgewinnung interessiert. Das seelische, erkennende Verhalten gegenüber neu auftretenden Bewußtseinsinhalten, die Art der Einordnung neuer Wahrnehmungen und Erfahrungen, die Auslese und Ordnung des Gegebenen, die

Weise der Verinnerlichung, kurz: die Einbindung in den Empfindungs- und Kenntniszusammenhang nennen wir „Apperzeption", und diese steht hier zur Diskussion. Also nur, auf welche Weise der Mensch die Perzeption zur Apperzeption umbildet, ist für unsere Fragestellung zunächst von Belang.[9]

Beim Vorgang der Apperzeption oder Gegenstandsgewinnung wird sichtbar gemacht, was in der Wirklichkeit vorhanden ist, aber die Gegenstände werde nicht (photographisch) reproduziert, sondern durch die jeweilige Wahrnehmungsweise aus der Wirklichkeit oder der Vorstellung herausgelöst. Durch die Wahrnehmungsweise schließt sich zur Figur, zum Gegenstand zusammen, was zwar in der Wirklichkeit vorgegeben, aber so nicht als Gegenstand abgehoben war. Und bei diesem Vorgang unterscheiden sich die Geister.

Die Ägypter und ihre Geistesverwandten gewinnen ihren Gegenstand im schrittweisen Nacheinander-Erfassen der Teile; die Griechen entdeckten die (optische) Zusammenschau des Ganzen. Die Zusammenschau überblickt die Teile, aus denen ein Ganzes besteht, als einen einheitlichen „Organismus", dessen Einzelteile in funktionellem Zusammenhang stehen. Ein Organismus besteht als das Einheitlich-Ganze einer Mannigfaltigkeit von Organen bzw. Gliedern, d.h., er ist eine dynamisch geordnete Ganzheit und nicht eine durch das Nacheinander-Erfassen gewonnene Summe. Die dynamisch geordnete Ganzheit wird im folgenden auch „Struktur" genannt, Struktur aber nicht, wie in der Einführung schon gesagt, in dem heute vielfach verschwommenen Sinn für jede Art von Gefüge oder Bau, sondern ausschließlich in dem klassischen, Kantschen Sinne als „Zusammenhang der Teile eines nach einheitlichem Zweck sich bildenden Organismus", dessen multilaterale funktionale Beziehungen konstitutiv sind.

Von der Vorstellung eines Dinges, die jeweils viel komplexer ist als das, was dargestellt werden kann, sind je nach Intention nur immer bestimmte Aspekte aktualisiert, bei der Aspektive so gut wie bei der Perspektive. Aber Aspektive bleibt stärker dem Typischen verhaftet (am ehesten stößt sie in der 18./19. Dynastie in Ägypten zum Individuellen vor), und da die Bilder flächig und weitgehend ohne Beiwerk vor Augen treten, präsentieren sie sich in hohem Maße abstrakt, aber niemals in einem Ausmaß, das die Natur leugnen würde. Die Balance zwischen Abstraktheit und Naturtreue gehört zu den glücklichen Prädikaten aspektivischer Kunst.[10] Doch sei die Frage nach dem Verhältnis zwischen Wirklichkeit und Abstraktion hier sowenig behandelt wie das von „Fülle" und „Form".[11] Auch nach dem Einfluß von Material und Technik, von Landschaft und Licht, von (kultischem) Zweck oder gesellschaftlicher Gebundenheit sei hier nicht gefragt; weder Zeit- noch Lokalstil gehört zum Thema. Die Untersuchungen zu diesen Fragen haben freilich ihre Berechtigung, denn die genannten Faktoren üben ihren Einfluß auf die Kunst aus, aber sie betreffen nicht das hier zur Diskussion

14 Kunst

Abb. 1

stehende Problem. Ebensowenig interessiert hier die Kunst als Träger kultureller, historischer oder religiöser Mitteilung.

Die Arbeitsteilung während der Herstellung von ägyptischen Bildwerken hat für unsere Untersuchung ebensowenig Belang wie der Gebrauch von Musterbüchern, auch wenn sie einem langlebigen Standard nachgeholfen haben. Die These, daß die Technik vorgeschichtlicher Felsbilder und früher Elfenbeinschnitzereien die Darstellweise ägyptischer Flachbilder inspiriert oder gar bedingt habe, gibt nichts her für die in diesem Buch gestellte Frage nach der spezifischen Geisteshaltung, die hinter aspektivischen Bildern steht. Denn auch Felsbilder und Elfenbeinschnitzereien können auf dieser oder jener Apperzeption eines Gegenstandes beruhen.

Abb. 2

## 2. Beispiele

Vor der nun fälligen Darbietung der erläuternden Beispiele, die wesentlich durch Deskription bestritten wird, schließlich noch einige Bemerkungen zum angewandten Vokabular.

Will der Künstler auch keine „Ansichten" bieten im Sinne einer Ansichtspostkarte, so darf ich mit dieser Vokabel dennoch umgehen, solange ich nicht ein künstlerisches Urteil fälle, sondern den zeichnerischen Niederschlag eines Gegenstandes erkenntnistheoretisch untersuche. So angewandt, ist es erlaubt, von „Darstellung", von „Wiedergabe" wie von „Ansicht" zu sprechen.

Auch wenn der Künstler nicht die Absicht hatte, das Auge in „Vorderansicht" in ein im Profil dargestelltes Gesicht zu zeichnen, d. h. es um einen Rechten Winkel zu verdrehen, oder er überhaupt nicht dessen Vorderansicht meinte, wo vielmehr dieses Auge als unausgerichtet im Gesicht sitzend erklärt werden muß, auch dann ist es nicht nur erlaubt, sondern geradezu notwendig, von der „Vorderansicht" des Auges zu sprechen, solange ich perspektivegewohnt beschreibe. Erst wenn ich deute, bedarf es eines anderen Vokabulars.

Was an den nunmehr vorzustellenden Bildern interessiert, ist nach dem Gesagten weder ihre technische Perfektion noch ihr Kunst*stil*, noch überhaupt ihre künstlerische Qualität, sondern lediglich ihre Darstellweise bzw. die Apperzeption der Objekte, die zu dieser oder jener Darstellweise geführt hat.

Um auf die Verschiedenheit beider Darstellweisen, der perspektivischen und der aspektivischen, einzustimmen, seien zwei Bilder vorausgeschickt, die den Unterschied frappant vor Augen stellen: ein Ausschnitt aus der Malerei einer Truhe des Tutanchamun[12] und das Gemälde ›Don Balthasar Carlos‹ von Velázquez[13]. Beide Bilder, mehr als 3000 Jahre voneinander entstanden, sind repräsentative Spitzenwerke ihrer Zeit (Abb. 1 und 2).

Der Pharao, in einem von zwei galoppierenden Pferden gezogenen Wagen stehend, sprengt als Sieger über ein Feld mit feindlichen Südvölkern, Nubiern und Negern, hinter ihm her in drei Reihen übereinander Gefolgsleute mit Pferdegespannen und Fußmannschaften. Don Carlos reitet in fürstlichem Gewand auf galoppierendem Pferd übers Land. In der ägyptischen Malerei eine Massenansammlung von Mensch und Tier, doch keine Linie, die in die Tiefe führt. Don Carlos einsam, inmitten einer weit sich öffnenden Szenerie mit Bergen im Hintergrund, darüber ein hoher, wolkenverhangener Himmel. Tiefenraum in jeder Dimension. In der ägyptischen Malerei ist die Landschaft nur angedeutet durch eingestreute Pflanzen und damit gekennzeichnet als ein Ort (nicht Raum!).

Pharao erscheint streng im Profil, Don Balthasar Carlos in Schrägansicht; die Pferde Tutanchamuns, gleichfalls in Seitenansicht fast silhouettenhaft dargestellt, sind gestaffelt, das hintere sich dunkler gegen das vordere abhebend. Das Pferd des Spaniers ist zum Greifen körperlich, erscheint verkürzt und wie sein Reiter in Schrägansicht; die Berge im Hintergrund erreichen die Höhe der Pferdehufe. Das Madrider Gemälde ist wie aus einem Fenster gesehen, alle Bildteile sind einheitlich aufeinander bezogen, die Darstellung suggeriert Tiefenraum.

Die verschiedene Größe der Personen in dem Truhenbild ist nicht Ergebnis perspektivischer Proportionen, Pharao ist vielmehr gegenüber den Mannen gemäß seiner Wertschätzung herausgehoben. Er nimmt die Höhe der drei übereinandergeordneten Bildstreifen hinter ihm ein. Entsprechend größer gezeichnet als die Gespanne seiner Gefolgsleute ist sein eigenes Pferdegespann.

Ungeachtet dieses sog. Bedeutungsmaßstabes bleibt bei aspektivischen

Darstellungen die Größe der Gegenstände – ohne Rücksicht auf ihre Entfernung – konstant, ebenso konstant bleibt die Form und, wie ebenfalls das Original der Tutanchamun-Truhe erkennen läßt, auch die Farbe. Daß es eine hohe Urteilskraft bedeutet, Größen-, Form- und Farbkonstanz im Wechsel der Erscheinungen durchzuhalten, sei mit Nachdruck hervorgehoben.

Wenn man nun noch beobachtet, daß das ägyptische Bild oben und unten durch Ornamentstreifen eingefaßt ist, daß Pharao von Symbolgeiern überflogen wird, daß der Künstler die einzelnen Figuren konturiert hat, daß die Farben – im Kontrast zu dem Gemälde von Velázquez – ohne Nuancen oder Brechung gleichmäßig in die umrandeten Flächen aufgestrichen sind,[14] während der Spanier mit den Farben modelliert, daß weiter die ägyptischen Figuren – wiederum im Gegensatz zu dem spanischen Bild – keine Schatten werfen, so hat man an der Tutanchamun-Truhe eine Reihe signifikanter Merkmale kennengelernt.

Das Ordnungsdenken der Ägypter fordert weiterhin, daß alle Figuren sich, an einem Achsenkreuz orientiert, auf einer Standlinie erheben. Wo sie herumpurzeln – wie hier die Südländer –, ist eine bestimmte inhaltliche Aussage gemacht: Das Chaos bezeichnet die Feindwelt. Schließlich achte man auf die hieroglyphischen Beischriften, die das Dargestellte erläutern.

Klargestellt sei schon an dieser Stelle, daß die Gepflogenheit, Figuren in Seitenansicht darzustellen, für die Aspektive nicht obligat ist, ebensogut kann die Vorderansicht gewählt werden. Welche der beiden Ansichtsseiten den Vorzug hat, ist Sache eines Entscheides. Aber in Frage kommt allein eine der kantenhart rechtwinklig aufeinanderstoßenden Ansichtsseiten und nicht wie bei der Perspektive eine Schrägansicht. Schrägansicht dagegen wird bei perspektivischer Darstellung deshalb gewählt, weil sie am besten das allseitig bezogene Gesamtbild vor Augen bringt.

Noch einmal mögen zwei Meisterwerke die quasi grammatischen Darstellregeln von Aspektive und Perspektive augenfällig machen: die Klagefrauen in einem ägyptischen Papyrus (Ani[15]) im Gegenüber von Rembrandts ›Frau im Bett‹[16] (Abb. 3 und 4).

Die kniende Klagefrau am rechten Bildrand erhebt die Arme über den Kopf zum Zeichen der Trauer. Dem damaligen Brauche folgend, hat sie als Trauernde ihre Brust entblößt und ihr gelöstes, herabfallendes Haar mit einer Schleife gebunden. Beide Zeichen sind für jeden Alten Ägypter und ebenso für jeden Ägyptologen unmißverständlich Gesten der Trauer. Die Gestalt ist Mitteilung, ist Sprachgebärde, ihr Körper hieroglyphisch vereinfacht.[17]

Die Frau im Bett? Auch ihre Brust ist entblößt, aber sinnlich greifbar; ihr Haar ist umwunden, aber mit einem goldenen Zierreif, der verlockt; ihr erhobener Arm schiebt den Bettvorhang zurück, sie hält gespannt Ausschau,

Abb. 3                                   Abb. 4

ist in Erwartung. Die ganze Figur atmet, sie ist Körper, tastbarer Körper. Mit der erhobenen Hand schafft sie Raum, mit der anderen umgreift sie ihre Brust und bekundet damit auf fast knisternde Weise ihre Gefühlsregung.

Trotz formaler Ähnlichkeit stehen beide Frauenbilder, die Klagefrau und die Frau im Bett, in fast überlautem Kontrast. –

Nach dieser generellen Einstimmung folgen Beispiele zu Einzelregeln anhand ägyptischer Flachbilder als der besten Vertreter der altvorderorientalischen Kunst, und zwar demonstriert zunächst an Zeichnungen von Einzelkörpern.

Abb. 5 a–c[18]: Wie ein Gegenstand unbetroffen durch Blickwinkel und Entfernung des Wahrnehmenden unverkürzt dargestellt wird, mögen als einfachstes Beispiel die drei Kisten illustrieren, die sich, perspektivisch gesehen, (a) bei einer Anordnung von vorn nach hinten verkleinern, aspektivisch jedoch völlig gleichbleiben (b). Von den aspektivischen Kisten ist im Unterschied zu den Raum vortäuschenden (perspektivischen) nur jeweils eine der sechs Seiten gezeigt; deren vier Rechte Winkel bleiben Rechte. Eine Kinderzeichnung, welche die rechtwinklig anschließenden Seiten mit ins Bild bringt, bietet die Lösung (c), bei der die „abgewickelten" Seitenflächen die

Hauptansicht wie ein Rahmen umschließen. – Bei einem solch einfachen geometrischen Gegenstand wird die Frage, ob ein flächiges Rechteck vorliegt oder ein Kubus, durch Attribute, Beischrift, Merkmale oder aus dem Zusammenhang geklärt.

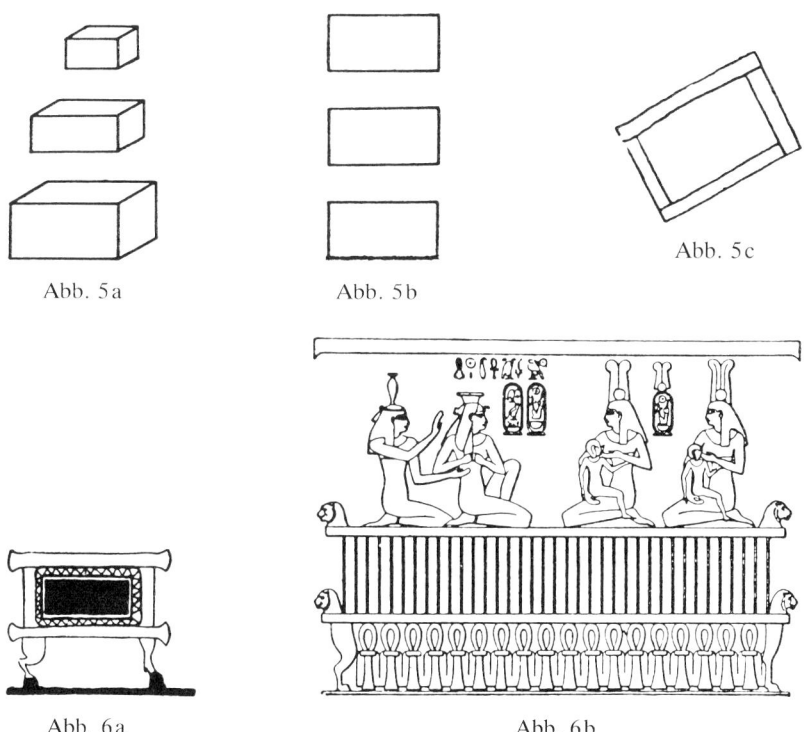

Abb. 5a        Abb. 5b        Abb. 5c

Abb. 6a        Abb. 6b

Abb. 6a und b: Von einem differenzierteren Gegenstand werden so viele Ansichtsseiten nebeneinander ausgebreitet, wie zu seiner Bezeichnung notwendig sind, so von dem Hocker (a) die Seitenansicht mit den Stierbeinen und die Aufsicht auf den Sitz. Beide Seiten stehen unverkürzt, in ihrer vollen, unverzerrten Ausdehnung maßstabgerecht nebeneinander, genauer: übereinander, beide Seiten addiert und nur einseitig aufeinander bezogen. – Ganz entsprechend sind von dem Bett (b) die Seitenlade, darüber voll ausgebreitet der Rost und darauf die Gruppe der Frauen, die auf dem (im) Bett sitzen, dargestellt; über ihnen als Symbol eines religiösen Aktes (Geburt des Königs) der Himmel.

Abb. 7: Bei der Einkaufstasche sind es gar drei Ansichtsseiten, die sich nebeneinander ausbreiten: eine Längsseite und die beiden Seitenflächen, drei Flächen also, wie sie niemals einem Wahrnehmenden gleichzeitig optisch in

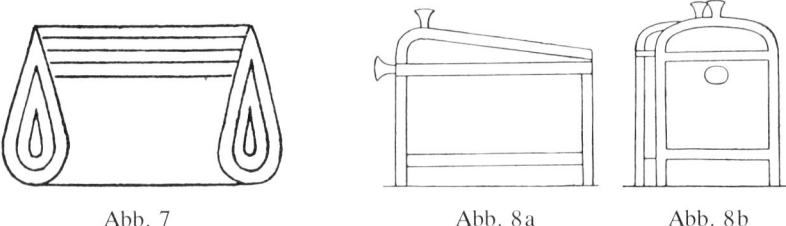

Abb. 7                Abb. 8a      Abb. 8b

den Blick kommen können. Die einzeln ausgegrenzten Teile sind als selbständige Größen durch harte Konturen fest umrissen. Der Behälter ist eindeutig und (für den Kenner), gerade durch die Wiedergabe auch der dritten Seite, unverkennbar bezeichnet und zugleich (durch Beschneidung der Längsseite) künstlerisch ansprechend zu einem Ganzen zusammengeschlossen, aber ohne multilaterale (perspektivische) Beziehung.

Abb. 8a und b: Um einen Gegenstand so deutlich wie möglich zu bezeichnen, wählt der Künstler die charakteristischsten Aspekte, wie die beiden Beispiele von verschiedenen Truhen zeigen. Bei jener mit Kanopendeckel (a) hat er die Seitenansicht vorgezogen, bei dem Paar mit Tonnendeckel (b) die Vorderansicht, denn nur so, aber so auch hinreichend, tritt die Form der Truhe jeweils klar in Erscheinung.

Abb. 9a–d: Instruktiv ist die Wiedergabe eines von Büschen und Bäumen umstandenen Teiches. Er breitet sich in seiner quadratischen Form voll aus. Um ihn herum stehen mit den Wurzeln an seinem Rande zunächst Büsche (strahlig) nach außen, und im nächsten Umviert entsprechend Bäume. Das

Abb. 9a                        Abb. 9b

Abb. 9c

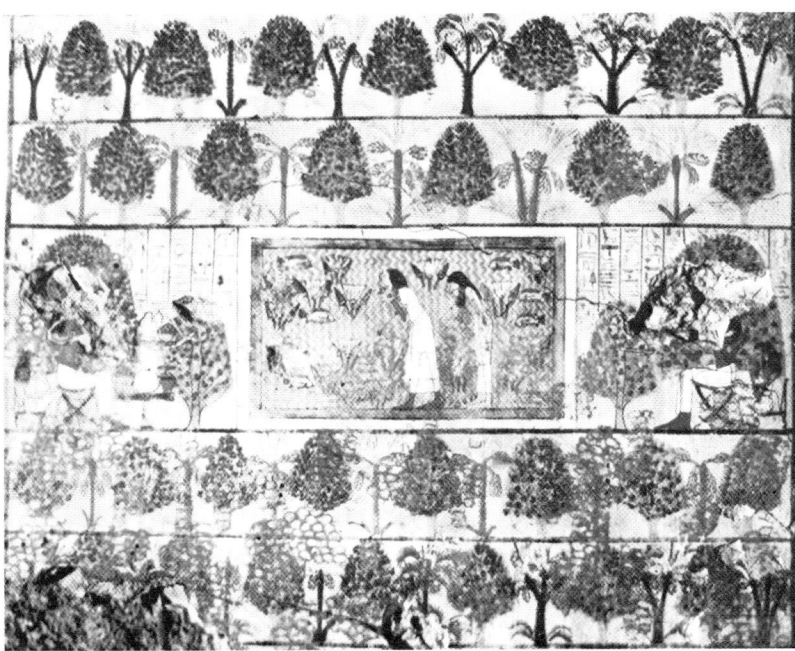

Abb. 9d

Auge hat diesen Teich umwandert, die Pflanzen sind jeweils nur auf ihre Standlinie bezogen; keine Verkürzung oder Winkelverschiebung, wie sie eine perspektivische Wiedergabe mit sich brächte, beeinträchtigen Form oder Größe der Objekte. – Neben dieser Lösung stehen viele andere, auch solche, die den Teich „zwischen" die Bäume klemmen (b), und andere, die entweder nur die (bei a) auf dem Kopf stehenden (c) oder auch sämtliche Bäume nach oben gerichtet zeigen (d). Aber immer bleiben Größe und Form der einzelnen Teile konstant, ohne sich gegenseitig zu beeinträchtigen. Für sämtliche aspektivischen Lösungsversuche stehen von den zu vergleichenden Bildproduzenten Belege bereit, bei den Kindern mit zunehmender Reife mit zunehmend aufgerichteten Figuren, aber alle ohne perspektivischen Ansatz (s. dazu Abb. 36, 39, 40).

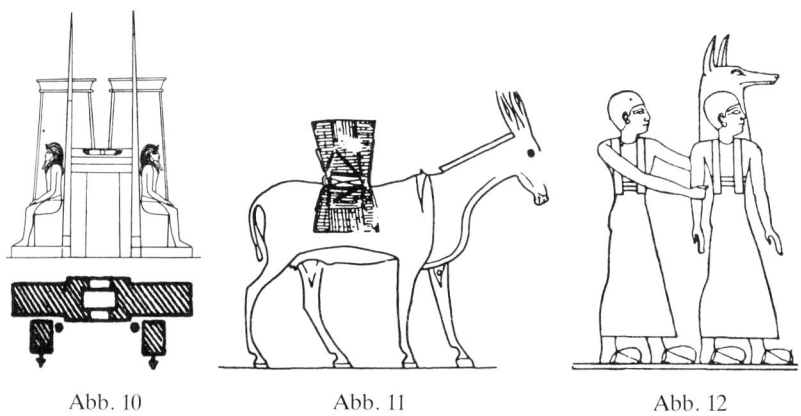

Abb. 10           Abb. 11           Abb. 12

Abb. 10: Die beiden Königsstatuen vor dem Pylon, die in Wirklichkeit dem Beschauer entgegenblicken, wie die beigefügte Grundrißskizze erläutert, hat der ägyptische Künstler gegengleich in Seitenansicht wiedergegeben, weil ihre charakteristischen Umrißlinien am besten im Profil zu gewinnen sind. Auch sie sind als selbständige Größen zu dem Pylon bildgemäß addiert, doch nicht sehbildgemäß bezogen.

Abb. 11: Nachdem Aspektive nicht das aus einem Abstand mit einem Blick zu umfassende (Seh-)Bild anstrebt, sondern frei von Bindung an optische Gesetze Wissen und Vorstellung von einem Gegenstand zur Darstellung bringt, kann sie aussagehalber selbst Bildseiten zeigen, die für das Auge verdeckt sind. Von dieser Freiheit Gebrauch gemacht hat der Künstler, der von einer einem Esel aufgesattelten Zwillingstasche beide Hälften dargestellt hat, also auch die hintere, durch den Esel für den Beschauer verdeckte. Die abgewandte Taschenhälfte ist aspektivisch an die vordere so angefügt,

Beispiele                                          23

als stünde sie auf dem Rücken des Esels. Sie ist schlichtweg addiert ohne ganzheitliche Beziehung.

Abb. 12: Selbst absichtlich und für jedermann Verstecktes macht der Künstler sichtbar, wenn er die Aussage für nötig hält: so den Kopf des Priesters unter der Schakalsmaske. Völlig frei vom Seheindruck ist hier Gewußtes wiedergegeben. – Ein weiteres Beispiel für dieses Phänomen ist die mit dem Sonnenkind schwangere Himmelsgöttin, die im Grabe Ramses' II. und auf einem Ostrakon (Abb. 35 a) überliefert ist (vgl. dazu S. 42).

Abb. 13 a                         Abb. 13 b

Abb. 13 a und b: Ebenso unbekümmert kann der Künstler etwas nur assoziativ Zusammengehöriges darstellen, wie es nicht nur nicht wahrnehmbar ist, sondern allen physikalischen Gesetzen widerspricht. So sind die aufgespeerten Fische von Wasser umgeben, als sei das Wasser ein frei in der Luft stehendes Gehäuse (a). Man erinnere sich an mittelalterliche Taufbilder, in denen der Täufling ähnlich von einem „Wasserberg" umgeben ist (b).

Abb. 14 a–d: Welchen Spielraum aspektivische Lösungen bieten, mag die Darstellung eines Waschgeschirrs veranschaulichen. Um den in der Schüssel stehenden Krug in voller Gänze zeigen zu können, hat der Künstler bei a von der Schüssel nur den Umriß gezeichnet, bei b ist der Umriß der ineinanderstehenden beiden Teile zu sehen; um dem Verzicht des bei b verdeckten unteren Teiles des Kruges zu entgehen, steht bei c der Krug in voller Höhe *auf* der Schüssel, bei d schließlich stehen die beiden Geschirrteile wie bei a inein-

24  Kunst

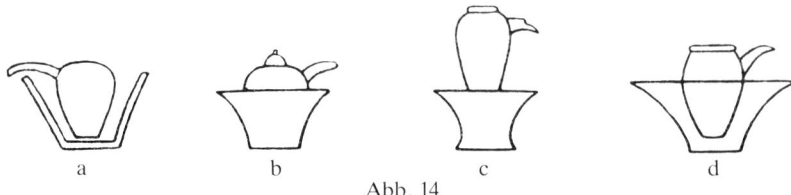

Abb. 14

ander, jedoch ist der Rand der Schüssel gezeichnet, als ob die Schüssel durchsichtig wäre; auch hier ist Verdecktes sichtbar gemacht.

Abb. 15a–c: Nicht anders als der Körper wird der Raum ohne jegliche Tiefenillusion durch ihn bestimmende Flächen komponiert. Eine königliche Kanzlei zeigt als Hauptansicht die Grundfläche, und die senkrecht sich darauf erhebenden Türen, Treppe, Götterbilder, Menschen sowie Altar sind in die gleiche Fläche eingebaut (a). Die Säulen sind durch ihre Standfläche angegeben (vgl. den abgeleiteten Grundriß b), in anderen Beispielen (c)

Abb. 15a

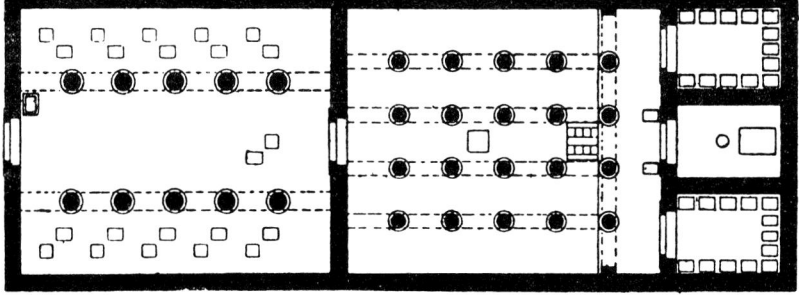

Abb. 15b

in ihrer ganzen Höhe aufgerichtet; die Türen (bei a) bald waagerecht, bald senkrecht orientiert, je nachdem wie es dem Bilde zugute kommt. Die Bauelemente sind sinnvoll einander zugeordnet, aber der Bau ist völlig frei von Struktur im einleitend explizierten Sinn. – Die ganze einebenige Darstellung ist gleichzeitig als Hintergrund für die Inschriften (bei a zwischen den punktierten Linien) benutzt.

Der Auffassung von Raum als einem aus seinen Flächen zusammengefügten Bau entspricht es, daß ägyptische Tempel – anders denn die als Organismus verstandenen griechischen – von Herrscher zu Herrscher erweitert werden konnten durch vorn, hinten und seitlich angefügte Fortsetzungen. Die Form des Tempels (nicht der Tempel!) ist offen.[19]

Abb. 16a–c: Zur Bezeichnung von Raumtiefe hat die aspektivische Kunst ihre eigenen Darstellmittel gefunden: die stufende Ordnung (a) hinter- und (b) übereinander, ja in der entwickeltsten Phase – nach einigen tastenden Vorläufern im Mittleren Reich wiederum im Neuen Reich – sogar manchmal das deckungslose Übereinander auf der als Boden verstandenen Bildfläche

Abb. 15c

Abb. 16 a

Abb. 16 b          Abb. 16 c

(c). Seitenstaffel (a) bezeichnet in der Regel die Bewegung einer Gruppe, Höhenstaffel (b) deren Menge. Im übrigen ist der „Raum" nicht in seiner Tiefe, sondern qualitativ gekennzeichnet. Er ist ein *Ort* bzw. setzt sich aus aneinandergereihten Orten zu einem quasi-Raum zusammen; Gräser am Boden evozieren die Steppe, Sand die Wüste, Papyrus eine Sumpflandschaft.

Abb. 17[20]: Wie Figuren im Raum verteilt waren, können wir, falls keine rundplastischen Gruppen überkommen sind, nur mutmaßen, doch nicht mit Sicherheit bestimmen. Für den Ägypter, der die realen Vorbilder kannte, war dies freilich kein Problem. Aber ob die Gruppe der drei Tänzerinnen und drei klatschenden Sängerinnen, die sie begleiten, und der beiden Harfner, wie es nach der Darstellung scheinen könnte, hintereinander aufge-

Abb. 17

reiht standen oder nebeneinander angeordnet waren, ob sie sich gruppenweise im ersten, zweiten und dritten Glied folgten oder ob sie etwa im Rechten Winkel oder in Hufeisenform zueinander agierten, das muß für uns offenbleiben. Bei perspektivischer Darstellweise könnte sich hier kein Problem ergeben.

Abb. 18a und b: Zum Problem wurde deutlich das Rundum einer Figurenanordnung wie bei den um einen Herd sitzenden Arbeitern. Eine Darstellung aus der 6. Dynastie gruppiert die Arbeiter in zweimal drei Personen, die sich eng gestaffelt gegenübersitzen, während eine andere Darstellung, aus der 26. Dynastie, die sich ebenfalls gegenübersitzenden Arbeiter so weit auseinanderzieht, daß sie den Kontakt mit der Feuerstelle verlieren. Auch diese Lösung bedeutete für den ägyptischen Betrachter keine Schwierigkeit, nur der Unkundige hat damit Mühe.

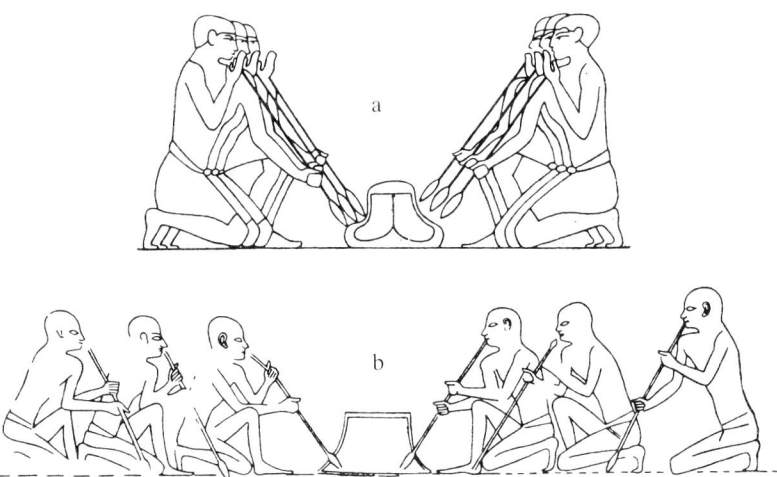

Abb. 18

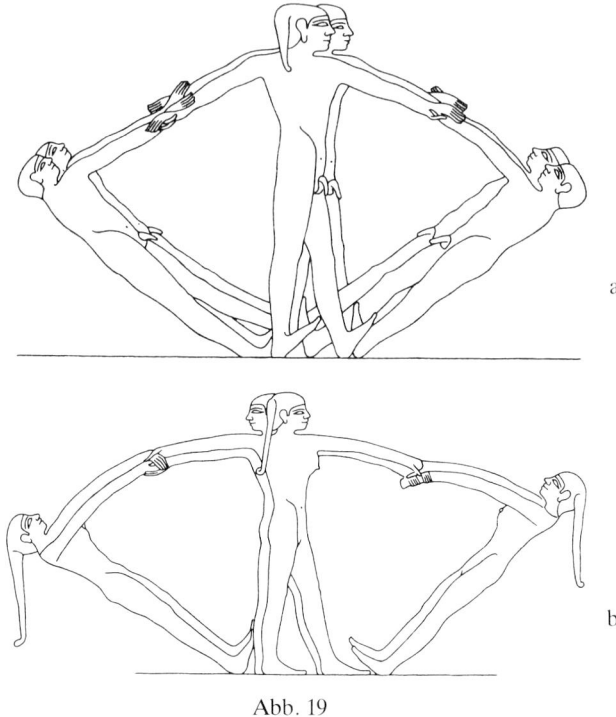

Abb. 19

Abb. 19 a und b: Noch schwieriger erscheint dem perspektivegewohnten Auge die Auflösung der Darstellung Abb. 19 a und b, die beide eine Gruppe von Kindern zeigen, welche einen „Korb" bilden. Alle Kinder blicken in Wirklichkeit nach innen, so daß die hinteren sich dem Beschauer zuwenden, die vorderen ihm den Rücken kehren. Bei einem Bild der 5. Dynastie (a) sind diese beiden Figuren nach rechts blickend vorgestaffelt gezeichnet einschließlich ihrer Köpfe, bei einem Bild der 6. Dynastie (b) dagegen sind sie rückgestaffelt, und ihre Köpfe wenden sich in entgegengesetzter Richtung. (Es ist übrigens nicht ausgeschlossen, daß die Vorstaffel gewählt ist, um das Geschlecht der Kinder zu verdeutlichen.)

Abb. 20: Noch einmal soll die Aufgabe der Rundgruppierung betrachtet werden, weil sie an einem allbekannten, für die Königstheologie unentbehrlichen Bild demonstriert werden kann: der Triumphalszene Pharaos, wie sie sich auf jedem Tempelpylon findet. Aus dem Bündel der Feinde, die der König am Schopf packt und symbolisch mit der Keule niederschlägt, schauen die mittleren dem Beschauer entgegen, die übrigen nach rechts und links.

Beispiele 29

Abb. 20

Abb. 21 a–e: Um wenigstens an einem Beispiel zu zeigen, daß innerhalb von Aspektive verschiedene Völker verschiedene Lösungen finden können, seien die fast 1000 Jahre voneinander entfernten Darstellungen vom Schleppen einer Riesenstatue verglichen. Das ägyptische Bild (a) ordnet die Zugmannschaften in vier Streifen übereinander, jede auf eine gerade Linie, das assyrische Bild (b) dagegen läßt sie in verschiedene Richtungen auseinanderstreben. Keine Regel der Aspektive wird dabei verletzt, weder Verkürzungen der Figuren im hinteren Bildfeld noch Schrägansichten oder weitere Kriterien einer Perspektive lassen sich ausfindig machen, es ist allein das Formgefühl, das beide Völker unterscheidet, nicht ihr aspektivisches Grundverhalten. Die aufsteigenden Linien mögen durch das bergige Gelände evoziert sein wie ähnlich auf der Stele des Naramsin (c). Nur im Neuen Reich

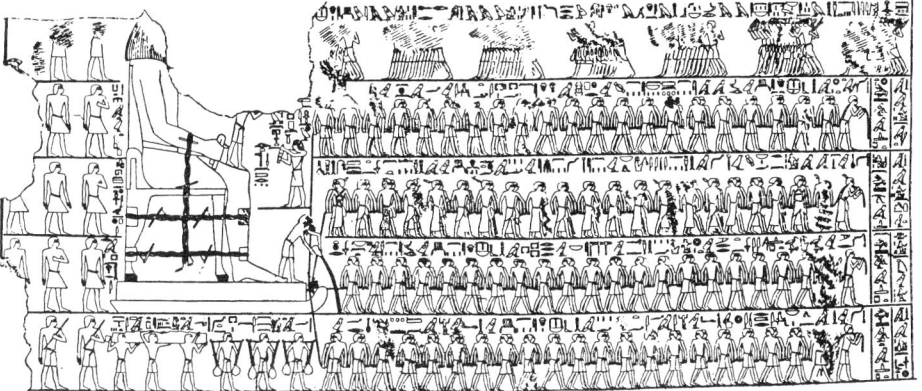

Abb. 21 a

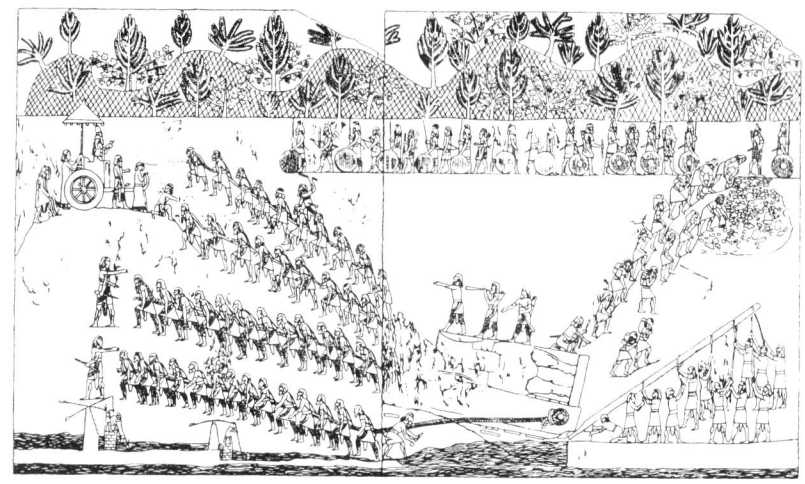

Abb. 21b

Abb. 21c

Beispiele 31

Abb. 21 d

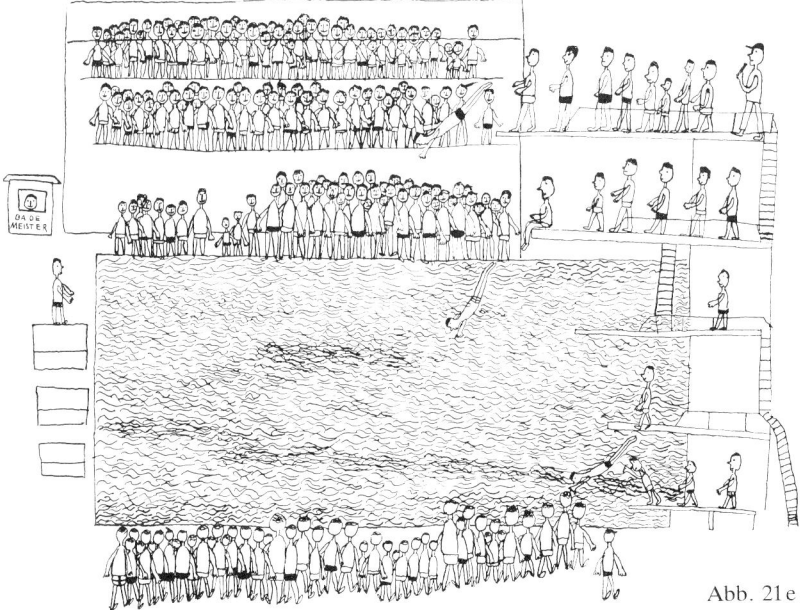

Abb. 21 e

fallen ägyptische Bilder, zumeist großflächige Schlachtdarstellungen, durch Ansätze zur „Perspektive" auf, indem die Standlinien entfallen und die Kämpfenden frei über die als Bodenfläche gedachte Bildfläche jagen.

Es mag hier sogleich die Federzeichnung des 12jährigen Wolfgang (d) angeschlossen werden (September 1971),[21] die unter dem Titel ›Die Ungarn fallen ein‹ in ihrer Darstellweise den Neuen-Reich-Bildern nahekommt, indes der gleichaltrige Rüdiger die verschiedenen Schulklassen bei einer Sportveranstaltung ›Im Schwimmbad‹ (e) auf verschiedenen Standlinien säuberlich aufreiht (Juli 1966).

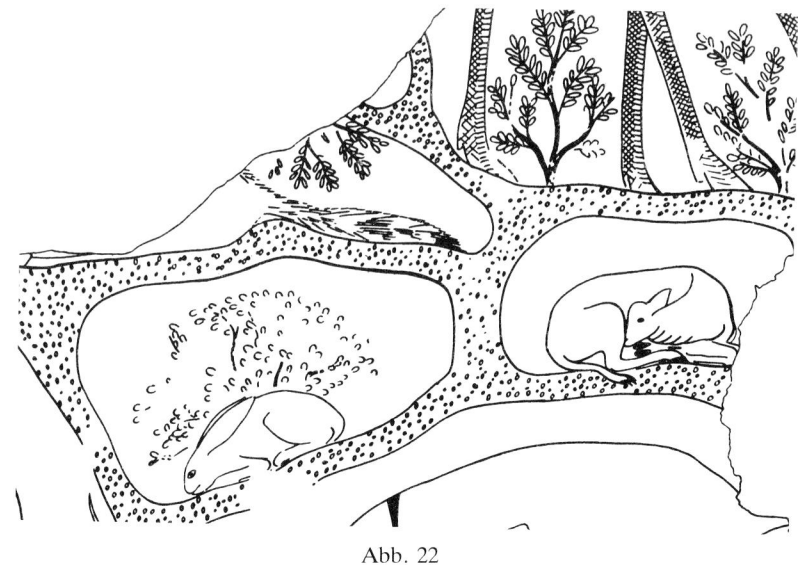

Abb. 22

Abb. 22: Einer besonderen, nicht sehr häufigen, bei Geistesveränderten aber öfter erscheinenden Landschaftsdarstellung soll noch gedacht werden: der „landkartenähnlichen" Wiedergabe. Im Grunde ist sie nichts Neues, könnte aber auf den ersten Blick überraschend anmuten. Im gewählten Beispiel haben sich ein Wildkalb und ein Hase zum Schlafe in Erdlöcher zurückgezogen; sie sind im Profil zu sehen, haben den Kopf um 180 Grad zurückgewendet; um ihren Körper herum breitet sich die Grubenfläche aus, und zwar in Aufsicht, also gegen das Tier scheinbar um 90 Grad gedreht; um diese Grube dehnt sich die sandige Fläche der die Grube umgebenden Erde. „Auf" dieser wachsen Büsche, diese wiederum in Seitenansicht gezeichnet wie das Wild, so daß die gezeichneten Flächen mehrmals umeinander rechtwinklig „abgeklappt" zu sein scheinen. Doch das Ganze demonstriert nichts weiter als das aspektivische Nebeneinander der einzelnen Bildelemente, die nicht als eine Einheit überschaut, sondern in klassischer Weise nacheinander erfaßt sind, je in ihrer charakteristischen Ansicht.

Abb. 23 a–c: Bewegung ist zwar durch Richtungsänderung – man denke an die vor- und zurückgestreckten Beine eines galoppierenden Pferdes oder an den erhobenen Arm eines hämmernden Mannes – ausgedrückt, aber nicht durch dynamisches Muskelspiel im fruchtbaren Augenblick eines Laokoon. Wo Bewegung verdeutlicht werden soll, ist sie in Phasen aufgeteilt. So der Wurf eines Räucherkügelchens in den Räuchernapf durch die Kette der Standorte, die das Kügelchen auf seiner Bahn durchläuft (a). Ein Überschlag durch den Akrobaten, der vorübergehend auf dem Rücken eines an-

Beispiele 33

Abb. 23a

Abb. 23b

Abb. 23c

deren zum Stehen kommt (b); eine Sprungfigur (c) gliedert sich kinematographisch in mehrere Stadien auf.

Abb. 24 und 25: Verschiedene Abläufe von Zeit bzw. entfernt voneinander liegende Räume können simultan zusammentreten. Als Zeuge dafür stehe ein Bild (24), in dem ein Beamter einmal dankend vor seinem König kniet (Mann gestrichelt) und sodann innerhalb derselben Bildeinheit von den

Abb. 24

Abb. 25

Seinen auf die Schultern gehoben wird. In einem anderen Beispiel (25) erstattet der General auf der linken Bildhälfte dem Königspaar Bericht, auf der rechten, Rücken an Rücken, gibt er dem Wagencorps Order (man vergleiche die Größe der Figuren!). Auch Räume können sich wie die Zeit im selben Bilde wiederholen (zur Zeit s. Kapitel „Geschichtsauffassung").

Abb. 26 a–c: Nicht weil sie ein gesondertes Problem darstellte, aber weil sie dem Leser am häufigsten begegnen dürfte und ihm den ersten Anstoß der Befremdung gegeben haben mag, sei schließlich die Figur des Menschen betrachtet. Nach dem bisher Erläuterten sollte ihre Aufschlüsselung kaum mehr Schwierigkeit bereiten.

Daß der Mensch, auf einer Standlinie stehend und am Achsenkreuz orientiert, durch seinen Umriß in Seitenansicht gezeichnet wird, versteht sich nach Gesagtem von selbst. Doch die Seitenansicht ist nicht durchgängig, sondern Auge und Schultern werden von vorn dargestellt, und zwar weil

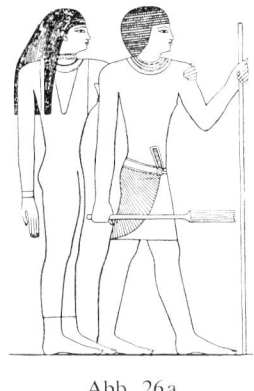
Abb. 26a

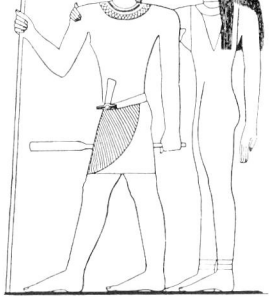
Abb. 26b

Abb. 26c

diese beiden Körperteile so am deutlichsten zu sehen sind. Wie wir festgestellt haben, kann der ägyptische Künstler mehrere Ansichten in seine Bildfläche nebeneinandersetzen, um sie zu verdeutlichen. Eins ums andere wird erfaßt, alle Teile zu einem künstlerisch schönen Ganzen zusammengeordnet. Die einzelnen Teile haben Beziehung zu ihrer Nachbarschaft, aber nicht notwendig zum Ganzen. Daher können Auge und Schultern sich bedenkenlos in voller Vorderansicht innerhalb des Gesamtbildes des sonst im Profil gezeichneten Menschen ausbreiten.

Daß um die Darstellung gerade der Schultern bzw. des Armansatzes gerungen wurde, sei nur nebenbei bemerkt. Nicht zufällig ist dem Auge besondere Aufmerksamkeit widerfahren. Das Auge als das ausdrucksvollste, höchstentwickelte der sichtbaren Organe, dasjenige, das am unmittelbarsten Kommunikation schafft, dasjenige, das auch als Apotropaikum die höchste Geltung hatte, es hatte darauf Anspruch, in seinem vollen Umriß ins

Bild zu treten. Auch bei den Geistesverwandten spielt das Auge eine vergleichbar hervorgehobene Rolle. – Wenn Stäbe, Szepter o. ä. „verdreht", „verkehrt", „verdeckt" erscheinen (c), so sind diese Mängel – denn das sind sie wirklich – zurückzuführen auf die Unsicherheit, die der Künstler erlitt, wenn er menschliche Figuren auf die Gegenseite ihrer Normalposition zu stellen hatte. Die Normalrichtung der Hauptperson ist die mit dem Blick nach rechts; darauf wird noch einmal bei dem Kapitel „Schrift" zurückzukommen sein. Die Fehler verlieren aber an Gewicht, wenn man sich immer wieder bewußtmacht, daß die Teile ja stets eine relative Selbständigkeit behalten und keine allseitige Verknüpfung beanspruchen.

Bei den „anatomisch falsch angesetzten" Händen und Füßen gelten für die – vergleichsweise selbständigen – Gliedmaßen formale Konventionen und wiederum nicht die ganzheitliche Begriffsbildung von „rechts" und „links", „oben" und „unten", „innen" und „außen". – In älterer Zeit galt die Innenansicht eines Fußes mit der Wölbung als bezeichnend für dieses Glied, im Neuen Reich dagegen auch die Außenseite mit den gestaffelten Zehen, so daß von da an (neben der älteren Darstellweise) auch zwei verschiedene („richtige") Füße gezeichnet wurden. Bei den Händen sind die Bewandtnisse etwas komplizierter, wenn auch wie bei den Füßen den Regeln der Aspektive gemäß: Leer herabhängende Hände *vor* dem Körper wenden diesem den Daumen zu, während bei der Hand *hinter* dem Körper in der Regel der Daumen vom Körper fortzeigt.[22] Sind beide Hände gleichartig an einer Handlung beteiligt oder untätig und offen, so werden beide in der Regel in gleicher „Ansicht" gezeichnet;[23] führen sie eine Handlung symmetrisch aus, so sind sie gegengleich dargestellt.[24] Bei einzelnen bewegten Händen kann der Daumen oben oder unten, zum Körper hin oder von diesem abgewendet werden.[25] Diese Regeln gelten allein für die ägyptische Flachkunst, nicht für die Plastik, deren Anatomie in dieser Hinsicht der sehbildlichen Wirklichkeit entspricht.

Die relative Selbständigkeit der Teile ermöglicht auch die Vor- und Darstellung der sog. Mischfiguren (s. Kapitel „Religion"). – Besonders instruktiv ist die Tatsache, daß die Ägypter nicht über längere Zeit beobachtbare Tiere – wie Fische – im Bild zusammengesetzt haben aus Teilen verschiedener Spezies, so daß die Einzelteile zwar vortrefflich exakt wiedergegeben sind, aber nicht unbedingt zusammengehören. Daher bei aller Genauigkeit im Detail gelegentlich eine Unstimmigkeit des Ganzen.

Abb. 27: Ein Bild, das in der ägyptischen Kunst häufig begegnet: Eine Figur führt eine andere, hier eine Göttin den König, wie oft in den Königsgräbern. Es war die Aufgabe zu lösen, den König zwar zu führen, d. h. mit ihm in gleicher Richtung zu gehen, aber mit ihm Kontakt zu halten, sich ihm zuzuwenden. So kommt das Bild der Göttin zustande, deren Profil (Füße!) sich nach links wendet und über deren nach vorn gezeichneter Brust sich der

## Beispiele

 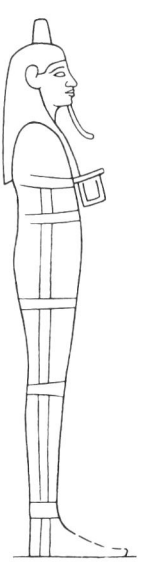

Abb. 27  Abb. 28

Kopf um 180 Grad nach rückwärts dreht. Auch Drehungen um 90 Grad kommen vor, so daß das Gesicht aus dem Bilde herausschaut, aber selten und nur um einer bestimmten Aussage willen, am ehesten in der späteren 18. Dynastie, die auch sonst entsprechende „Ausnahmen" aufzeigt, wie im Laufe des Buches mehrfach herausgestellt wird.

Abb. 28: Eine kleine Aufmerksamkeit verdient das an einer Mumie scheinbar flatternde Brusttäfelchen. In Wirklichkeit *lag* es auf der Mumienhülle, wahrscheinlich war es wohl überhaupt nur aufgemalt, jedenfalls lag es in der gleichen Richtung wie die Hülle selbst. Aber um es deutlich zu zeigen, wird es scheinbar herausgedreht, d. h. in Aufsicht dargestellt, denn mit Blick auf seine schmale Seitenansicht wäre es nicht erkennbar.

Abb. 29: Entsprechend verhält es sich mit den Brotschnitten auf dem Speisetisch, vor dem der Grabherr sitzt, eine obligate Szene in jeder Opferkammer.[26] Die Brotschnitten sind auf dem Tische *liegend* zu denken, doch um sie deutlich erkennbar zu machen, sind sie in Aufsicht so gezeichnet, als ob sie auf dem Tische stünden; bei guten Darstellungen ist der Randabdruck der Brotform wie auch der Unterschied zwischen Rinden- und Schnittseite kenntlich gemacht.

Viele derartige Einzelheiten sind zu beobachten und mögen den Leser zu genauer Beobachtung anreizen. Allerdings sollte man nicht erwarten, jede Darstellung bis zum letzten aufschlüsseln zu können; wo nicht andere Inter-

Abb. 29

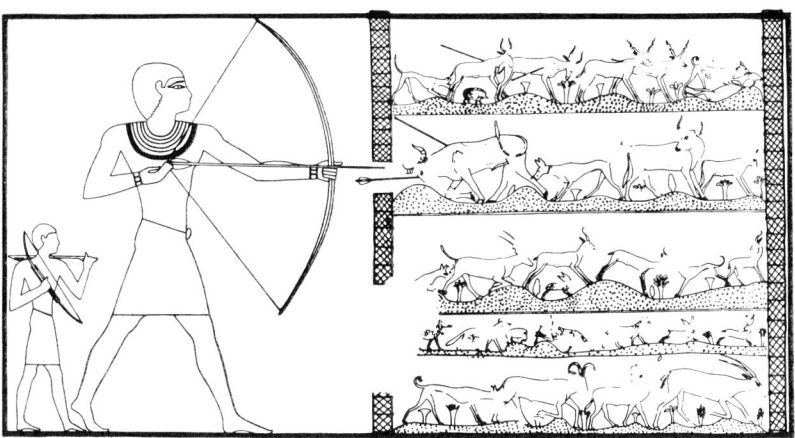

Abb. 30

pretationshilfen hinzukommen, bleibt für uns – nicht die Alten – manches Rätsel offen.

Abb. 30: Nunmehr möge eine Jagdszene einige Regeln im Bildzusammenhang veranschaulichen. Das im Gehege zusammengetriebene Wild ist auf fünf Streifen verteilt. Ihre Anordnung übereinander bezeichnet keineswegs

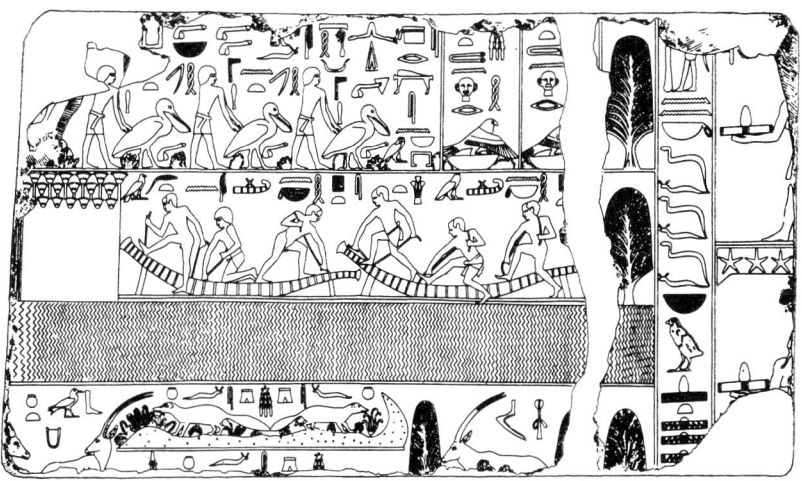

Abb. 31

einen in die Tiefe führenden Raum, sondern ist der Ausdruck eines die Fülle ordnenden Geistes. Tiere und Mann sind im Profil gezeichnet, aber Auge und Schultern des Jägers von vorn, entsprechend der Vorstellung vom Wesentlichen. Verschiedene Ansichten sind addiert, doch nicht aufs Ganze einheitlich bezogen.

Was besonders auffällt, ist die Größe des Mannes. Obwohl in Wirklichkeit kleiner als viele der dargestellten Wüstentiere, erreicht der Jäger die Höhe der fünf Bildstreifen und faßt so die Reihen wie eine große Klammer künstlerisch zusammen. Seine Größe entspricht dem Rang, den er in den Augen des Künstlers hat, und er kann diese Größe einnehmen, weil nicht die natürliche Größe, d. h. hier seine Größe im Verhältnis zu seiner Umgebung, sondern er vereinzelt gewertet wird. Das Ich ist durchweg am größten, es sei denn, es steht höherrangigen Standespersonen gegenüber. Klein ist gegen den Jäger die Dienerfigur in seinem Rücken. Man erinnere sich an die Stifterfiguren in einem Saumbausch mittelalterlicher Schutzmantelmadonnen und auch daran, daß die Proportionen des menschlichen Körpers als „heilige" Maße in den Bauhütten der Dome überliefert wurden, ehe sie die Renaissance-Künstler am Modell vermessen haben.

Daß der Zaun gerade dort durchbrochen ist, wo der Pfeil des Jägers eindringt, ist eine der Freiheiten, die die Aspektive dem Künstler erlaubt.

Abb. 31: Zum Schluß folge ein Bild aus der „Weltkammer" des Sonnenheiligtums zu Abusir, weil es einige Details bietet, die dem Betrachter ägyptischer Bilder häufig begegnen. In dem Bilde dominiert die Wasserfläche, die – einem durchlaufend gemusterten Teppich ähnlich – als ein mit Zickzacklinien (Wassergekräusel) gefülltes schmal-langes und gerade begrenztes Rechteck erscheint. Darauf – auf eigener Bodenlinie – schwimmen die Kähne mit den hantierenden Arbeitern. Am linken Rande des Gewässers steht ein am Ufer zu denkendes Papyrusdickicht, dessen Dolden wohlgeordnet in drei Streifen übereinandergestaffelt erscheinen. Unter diesem Hauptstreifen beachte man die beiden gegengleichen kleinen Raubtiere (Zorilla), die gerade ein Junges werfen. Die gepunktete wellige Fläche unter ihnen deutet einen sandigen Boden an, der aber mit allerlei Gesträuch bewachsen ist. Das hochgezogene Sandstück rechts bezeichnet ein Erdloch, in welches das Tier eben schlüpft. Über der Mittelszene werden hinter brütenden, säuberlich durch Senkrechte voneinander getrennten Kiebitzen drei Pelikane von Männern getrieben, die drei Gruppen fast ornamental gleichartig aufgereiht (man beachte den Versuch, die Schultern der nach vorn hantierenden Männer von der Seite zu zeigen!). Die drei Bildstreifen sind inhaltlich durch Beischriften erklärt. Das ganze Bild, ein Ausschnitt aus einer bildlichen Sonnenhymne, lobpreist die Segnungen des Schöpfergottes. –

Damit seien die Einzelbetrachtungen ägyptischer Darstellungen abgeschlossen. Die Probleme konnten keineswegs ausgelotet, ebensowenig die Regeln in ihrer Vielfalt behandelt werden, aber die Verfasserin hofft, das Prinzipielle so weit klargestellt zu haben, daß sich jeder mit einiger Mühe selbst weiterhelfen und die später folgende Ableitung verstehen kann. Ergänzend sei wenigstens kurz gesagt, daß alle Bilder friesartig auf den Wänden mehrfach übereinander angebracht sind und daß die Form ihrer Zuordnung grundsätzlich offen ist. Zu relativ geschlossener Form kommt es im Neuen Reich bei den Schlachtenbildern und Jagdszenen.

### 3. Parallelen geistesverwandter Gruppen

Vor den allgemeinen Schlußfolgerungen sollen wenigstens zu einigen Regeln Belege aus der Kunstproduktion der geistesverwandten Gruppen Revue passieren, wenn es schon aus Gründen der Raumbegrenzung – nicht eines Materialmangels! – versagt ist, zu jedem einzelnen Phänomen Parallelen zu bieten.

Zur Veranschaulichung der parallelen Grundposition zunächst ein Kinderbild: Dazu erinnere man sich, daß die Ägypter nach tastenden Versuchen in ihrer Frühzeit sämtliche Figuren in der Flachkunst auf eine Standlinie plazierten und mit dieser Fixierung zugleich die Grundrichtungen Senkrecht und Waagerecht als Ordnungsgerüst festgelegt haben. Die Figuren wurden hart konturiert und damit in Griff genommen und dingfest gemacht. Menschliche Figuren erscheinen im Profil bis auf Auge und Schultern. Nach

der Regel des Bedeutungsmaßstabes überragt die Hauptperson (das Ich) alle übrigen an Größe.
Dieselben Beobachtungen erlaubt die Batikarbeit der 8jährigen Christa (Abb. 32) ›Franziskus predigt den Tieren des Waldes und den Vögeln der Luft‹ (Dezember 1968). Auch Franziskus ist nicht etwa in Schrägansicht gezeigt, vielmehr gerade von vorn, also auch nicht im Profil wie die ägyptischen Figuren. Doch Ansicht von vorn und Ansicht im Profil vertreten gleichermaßen die Prinzipien aspektivischer Darstellweise – welche Ansicht der Bildner wählt, ist, wie oben gesagt, Sache seiner Entscheidung. Kinder entscheiden sich zumeist für die Vorderansicht. Die gebogene Linie, auf der Franziskus steht, umrandet nicht etwa einen Berg, vielmehr eine Wiese;

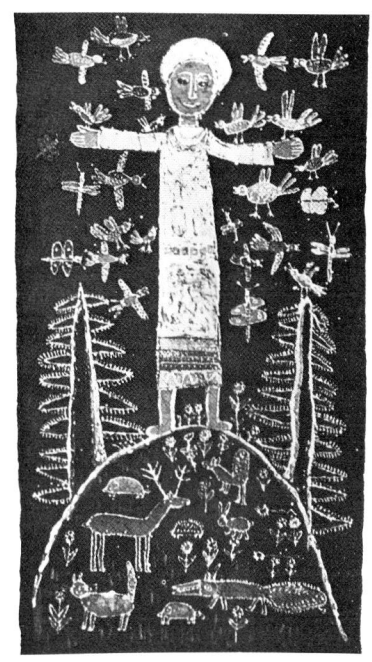

Abb. 32

demnach ist die Bodenfläche scheinbar in die Höhe gedreht. Man denke beispielsweise an die „aufgestellten" Brotschnitten (Abb. 29) – zwei Ansichtsebenen sind nebeneinander auf der Bildfläche ausgebreitet. Daß Franziskus größer erscheint als die beiden ihn flankierenden Bäume, ist Ausdruck seiner Wertschätzung. Man vergleiche Pharaos überragende Größe auf der Tutanchamun-Truhe (Abb. 1) oder den Jäger von Abb. 30!

Wie der ägyptische Künstler die verdeckte Hälfte der Zwillings-Satteltasche „auf" den Rücken des Esels gezeichnet hat (Abb. 11), so verfuhr die 8jährige Lore, als sie ihren ›Wundervogel‹ (Abb. 33) mit dem Wachsstift in einen Bildteppich malte (November 1964). Das geflügelte Märchentier ist im Profil gezeichnet, der ausdrucksvolle Schwanz erscheint in Aufsicht, ist also scheinbar um 90 Grad gedreht; beide Flügel sitzen am Körperkontur, der rückwärtige, in Wirklichkeit nicht gleichzeitig mit dem vorderen zu sehende, ist nach oben gedreht.[27] Mehrere Ansichten stehen demnach nebeneinander in der Fläche, auch der abgewandte, verdeckte Flügel ist zu sehen.

Mit Worten formuliert die 6jährige Ulrike, daß sie „hinter dem Haus" steht (Abb. 34). Anders vermochte sie die Relation nicht auszudrücken (April 1963).

42  Kunst

Abb. 33

Die bekannte Kinderzeichnung von Wilhelm Busch von dem Brei essenden Jungen mit dem scheinbar durchsichtigen Bauch, der den Brei darin sehen läßt, lenkt die Betrachtung auf die ägyptische Sonnenmutter, die ihr Kind – innerhalb einer Sonnenscheibe – im Schoße trägt (Abb. 35a), oder auf die Bäuerin im Chagallschen Gemälde ›Maternité‹ (Abb. 35b).[28] Lediglich das Wissen um die Existenz des Embryo hat diese Darstellungen eingegeben. – Nicht anders gestaltet die 8jährige Bettina ihre Wachsmalerei ›Fisch im Fisch im Fisch‹ (Abb. 35c; Januar 1974). Kurz bevor ihr Bild entstand, hatte sie die biblische Geschichte von Jona im Walfisch gehört.

Außerordentlich instruktiv ist eine Reihe von Bildern, die das Problem eines rings umgebenen Objektes zu lösen versucht. Analog zu dem ägyptischen Bild des von Bäumen umstandenen Teiches in einem rechteckigen Garten (Abb. 9a) löst eine Klasse von 8- bis 9jährigen Schülern die Aufgabe, den Kreis der Kinder darzustellen, innerhalb dessen ein Junge und ein Mädchen Katze und Maus spielen. Die den Kreis bildenden Kinder liegen (= stehen) strahlig nach außen, die unteren – wie die Bäume um den ägyptischen Garten – mit dem Kopf nach unten. Die 8jährige Silvia hat selbst den

Abb. 34

Jungen, der aus dem Kreis ausgebrochen ist (rechts unten), also isoliert steht, wie die den Kreis bildenden Kinder auf den Kopf gestellt (Abb. 36). Die Zeichnung eines der Schüler fällt dadurch auf, daß er einen Jungen an der Seite ins Profil gesetzt hat.[29]

Ganz entsprechend erscheinen vier kreuzförmig um einen Bauernhof angeordnete Gebäude eines Schizophrenen, wie man sie wahrnimmt, wenn man von Bau zu Bau herumspaziert: „schrittweise" (Abb. 37).[30] Jedes Gebäude „erhebt sich" (richtig) senkrecht auf der Bodenfläche (wie die Bäume des Gartenteiches), doch sie ergeben sowenig ein optisch-einheitliches Gesamtbild wie der Gartenteich oder der Ringelreihen der Kinder. Nebenbei bemerkt man, daß die Häuser sowohl die Langseiten zeigen wie die Giebelfronten, also Ansichten, die nur nacheinander, niemals aber gleichzeitig in den Blick kommen können. Eine ganzheitliche Zusammenschau ist dem Kranken nicht gelungen, er hat Stück um Stück abgerufen.

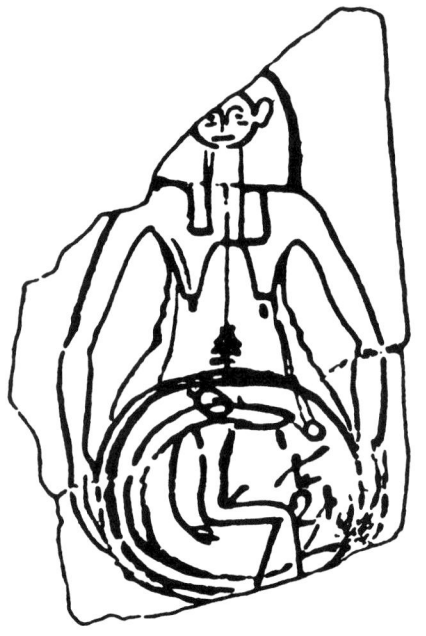

Abb. 35a                    Abb. 35b

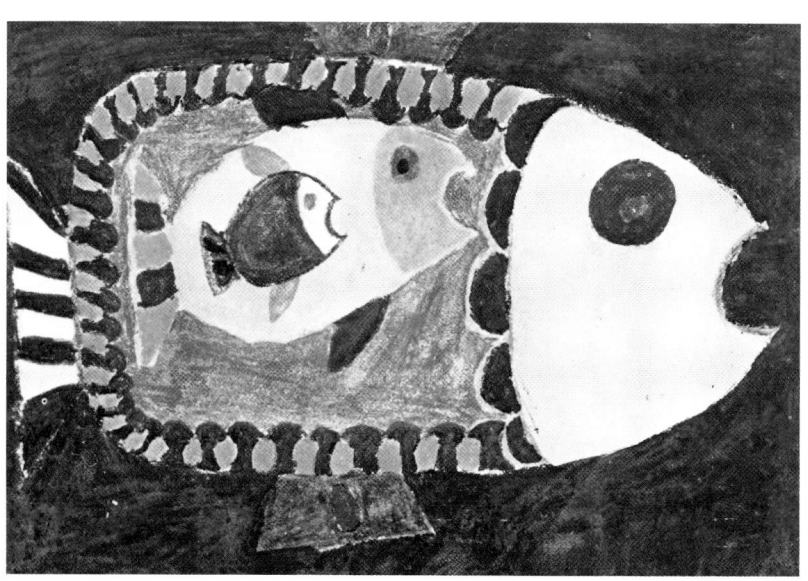

Abb. 35c

Abb. 36

So wie der Geistesveränderte ordnet die 8jährige Dorothee die Häuser ihrer ›Kleinen Stadt‹ (Abb. 38) um die überdimensional große Kirche im Zentrum des Marktplatzes (Juli 1970). Doch der Strahlenkranz der Häuser umkreist das Zentrum nur zu drei Vierteln, nur so weit, bis er auf die Erde auftrifft. Dort fahren vier Autos, und diese sind *nicht* auf den Kopf gestellt (wie bei den vorigen Bildern die entsprechenden Gegenstände), sondern sie stehen mit dem Dach nach oben. Das Mädchen hat ein gewisses Unbehagen empfunden, die radiale Ausrichtung unten fortzuführen, Kopf-unten ist ihm als „falsch" ins Bewußtsein getreten.

Eine kleine Japanerin hat die untere Reihe des Kreises bereits in ihrem 6. Lebensjahr aufgerichtet (Abb. 39), allerdings das Kind auf der linken Seite auf den Kopf gestellt. Ihr Bild, das in der Kölner Ausstellung kindlicher Märchenillustrationen (1986–1988) zu sehen war, zeigt 13 Kinder, die der Goldenen Gans aus Grimms Märchen nachlaufen.[31]

Eine große Serie von vergleichbaren Bildern aus allen geistesverwandten Gruppen, Kulturen und Zeiten ließe sich hier anschließen, die das allmähliche Aufrichten der „umgeklappten" Figuren, zuerst der unteren und dann der seitlichen, etwa am Beispiel einer Tafelrunde aufzeigen. Die 11jährige Inge hat in ihrem Aquarell dieses Problem völlig gelöst (Abb. 40; Mai 1971), aber welche Distanz trennt ihre (rein aspektivische) Darstellung von dem perspektivisch konzipierten Ankerschen (1831–1910) ›Kinderfrühstück‹, das mit seiner Schrägansicht, Körperlichkeit und allseitiger Beziehung einer

Abb. 37

photographischen Aufnahme nahekommt (Abb. 41).[32] – Nicht weniger einprägsam verraten die Abendmahlsszenen des Mittelalters dieses Ringen der alten Meister.

Auch die Bleistiftzeichnung eines schizophrenen Zimmermanns ist als Beispiel sukzessiver Apperzeption den Mahlszenen an die Seite zu stellen (Abb. 42).[33] In seinem Wirtshaussaal sind die Türen, Fenster und Menschen ähnlich „umgeklappt", die vier Männer am Tisch in alle vier Richtungen orientiert so wie bei den Ägyptern die Bäume um den Teich. (Lebewesen haben die Ägypter niemals auf den Kopf gestellt, es sei denn, um sie als Tote oder Verdammte zu kennzeichnen.)

Für das simultane Zusammentreffen zeitlich oder räumlich auseinanderliegender Ereignisse hat die Heidelberger Handschrift des Sachsenspiegels

## Parallelen geistesverwandter Gruppen

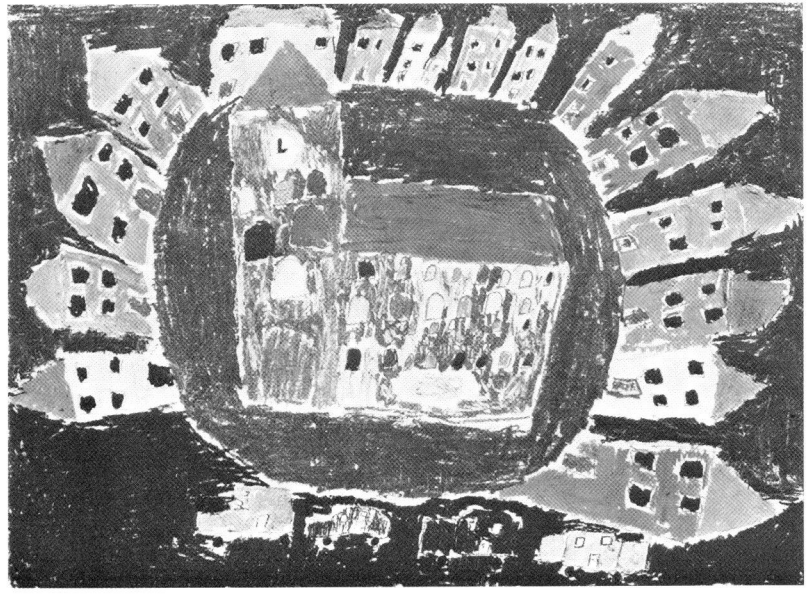

Abb. 38

Abb. 39

48　　　　　　　　　　Kunst

Abb. 40

eine originelle Lösung gefunden: Eine fünfarmige Gestalt weist mit *zwei* Händen auf die Ähren als Zeichen des von ihr zu Lehen begehrten Ackers, mit der dritten auf sich selbst als den Begehrenden, und gleichzeitig reicht sie ihre beiden weiteren Hände dem Fürsten, damit dieser die Belehnung nach damaligem Brauch vollziehe (Abb. 43).[34]

Die bei den Ägyptern beobachtete Hochstaffelung, die Tiefe suggeriert, benützt auch die 10jährige Juliane zur Darstellung (Abb. 44) ihrer 29 Kinder zählenden Klasse (Titelbild 1964). Die Schulkinder stehen nicht etwa auf verschieden hohen Treppenstufen übereinander, sondern auf gleicher Ebene; drei- bis vierfach hochgestaffelt bezeichnen sie eine raumfüllende Menge.

Der 1871 geborene Peter Moog, dessen schizophrenes Primärerlebnis ins Jahr 1908 datiert, hat – wie in vielen seiner symbolträchtigen und phantasiereichen ›Heiligenbilder‹ – die um Christus bei seiner ›Bergpredigt‹ gescharten Zuhörer auf gleiche Weise hochgestaffelt (Abb. 45).[35] Christus als die Zentralfigur überragt nach der Regel des Bedeutungsmaßstabes an Größe die vierfach übereinander gestaffelten Personen. Wegen der schier unzähligen weiteren Regeln der Aspektive, die in der ›Bergpredigt‹ wie im

## Parallelen geistesverwandter Gruppen

Abb. 41

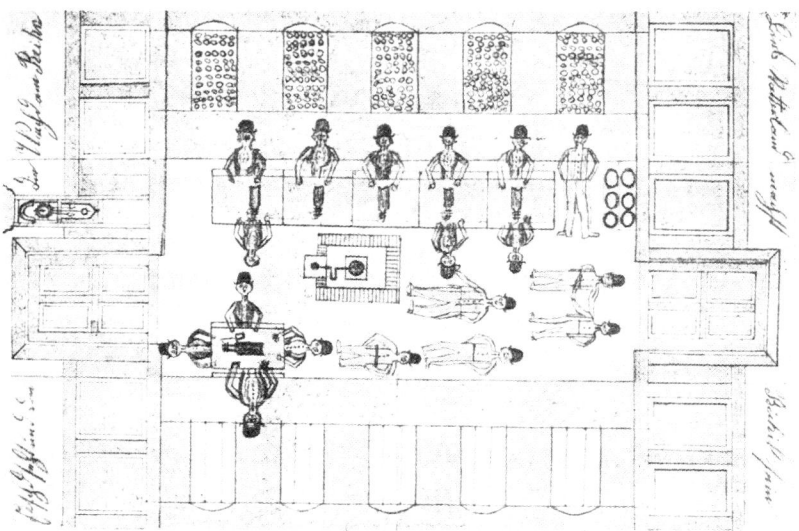

Abb. 42

50　　　　　　　　　　　　　　Kunst

Abb. 43

Abb. 44

Parallelen geistesverwandter Gruppen 51

Abb. 45

übrigen Œuvre des Patienten abzulesen sind, sollte man seine trotz vieler Absurditäten meist ergreifend schönen Bilder in Ruhe studieren.

Die *Iteration*, eine andere Weise, Menge darzustellen, die mustergültig in Ägypten beispielsweise in den langen Zügen von Opfernden begegnet, ist Ausdrucksmittel auch der Kinder und Ethnien sowie von Geisteskranken. In allen Kulturen ist das Prinzip der sich wiederholenden Figuren, die bei den einen im Profil, bei den anderen in Vorderansicht im Rhythmus eines Pulsschlages auftreten, das gleiche.

Als Beispiel eines landkartenähnlichen Bildes sei das ›Vaterhaus‹ (Abb. 46) der 6jährigen Renate herausgegriffen (Mai 1969). Es wird dem Betrachter mühelos gelingen, die erzählfreudige Malerei selber aufzuschlüsseln.

52  Kunst

Abb. 46

In der Wachsmalerei der 8jährigen Petra (Abb. 47) gibt das ›Seilhüpfen‹ zwar nicht die Phasen der Bewegung bei ein und demselben Kind wieder, wie das für Ägypten am Beispiel der hüpfenden Mädchen (Abb. 23c) illustriert wurde, sondern an drei Kindern: Seil oben, Seil hinten, Seil vorn demonstrieren Ablauf von Bewegung (April 1970).

Daß die Vertreter aspektivischer Zeichenweise die Schrift zu Hilfe nehmen, um ihre Darstellungen zu erklären, daß sie zur Symbolsprache tendieren, Symmetrie schätzen und zumindest eine Neigung erkennen lassen zu Ornament und Geometrisierung, wie sie besonders auch die Volkskunst auszeichnen, daß Schattierungen und Farbmodellierung völlig fehlen und Bewegungen zu Gesten gerinnen, kann und muß hier nicht an Beispielen nachgewiesen werden. Der Leser dürfte hinlänglich ausgestattet sein, seine Beobachtungen selbst fortzuführen. Wer künstlerischen Produkten der anvisierten Gruppen begegnet, wird sie – so hofft die Autorin – mit neu erwachtem Sinn betrachten, verstehen und würdigen.

Nur eine einzige Behauptung sei noch einmal aufgegriffen: daß Aspektive sowenig eine Frage des Stils ist wie eine der Kunstqualität. Die beiden Abbil-

Parallelen geistesverwandter Gruppen 53

Abb. 47

Abb. 48

Abb. 49

54 Kunst

Abb. 50

dungen 48 und 49 dürften mit aller Deutlichkeit erkennen lassen, daß bei fast identischem Formmotiv ihr Stil diametral voneinander abweicht. Der schakalköpfige Anubis aus Ägypten (48), der das Zünglein an der Waage prüft – wie fühlte sich doch Goethe von solchen Mischfiguren abgestoßen! –, und die Schattenspielfigur aus Thailand (49), beides Spitzenwerke der Kunst, sind bei vergleichbarer Haltung und uneingeschränkt aspektivischer Formgebung Repräsentanten radikal verschiedener Kunstgesinnung.[36]

Erweiternd sei bemerkt, daß – wie könnte es anders sein? – sich innerhalb der Kunst Aspektive nicht allein an der Flachbildnerei äußert, sondern ebenso bei der Rundplastik.[37] Die Verschiedenartigkeit springt jedem in die Augen bei dem Vergleich einer ägyptischen Statue mit einer klassisch-griechischen oder gar einer aus der Renaissance – beispielsweise einer Herrscherfigur am Friedrichsbau des Heidelberger Schlosses, einem Musterbeispiel perspektivischer Künste, mit Kontrapost, Stand- und Spielbein, Drehung, kurz: einer Figur im Sinne von Lessings „fruchtbarem Augenblick". Wer es vorzieht, sich statt am Neckar am Nil zu orientieren, erfahre den Kontrast an der Vatikan-Skulptur des ewigen Stromes (Abb. 50).[38]

Wie die Griechen von Anfang an auf Körperlichkeit aus waren, macht der Vergleich einer ägyptischen Statue mit einer aus dem archaischen Griechenland augenfällig. Wenn auch Griechenland, das die Perspektive gefunden hat – wenigstens, wie schon gesagt, die Körperperspektive, während es der Renaissance vorbehalten war, nach Vernachlässigung der Perspektive in der Spätantike und im Mittelalter die Raumperspektive zu finden –, wenn also

Parallelen geistesverwandter Gruppen 55

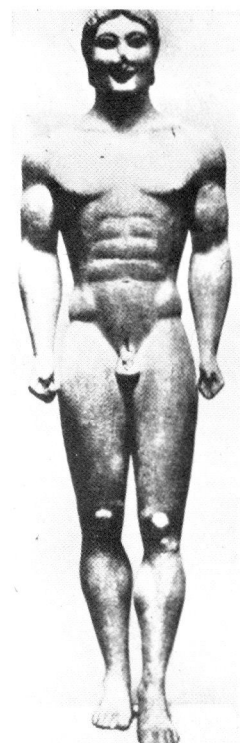

Abb. 51

Griechenland in der archaischen Zeit ebenso wie Ägypten und die anderen genannten Kulturen noch der Aspektive verhaftet war, so überrascht doch die verschiedene Weise der plastischen Bildung beider, wie ein Blick auf Abb. 51 lehren mag.

Der Unterschied in der Bildung der beiden männlichen Stehfiguren geht über den Unterschied des Stils hinaus. Schrittstellung, Haltung beider Figuren sind nahezu identisch, die archaisch-griechische Jünglingsfigur kennt sowenig Kontrapost, Stand- und Spielbein oder Drehung wie die ägyptische; sie greift nicht aus ihrer Ebene aus, ist überhaupt nicht in Handlung begriffen, und doch wird sie von innen her geradezu gesprengt von Drang nach Raumhaftigkeit. Im Abschnitt zum menschlichen Körper erfahren wir aufschlußreich, wie der frühe Grieche aufmerksam ist auf die Gelenke einer Figur – eine Sensibilität gegenüber der Funktion ist demnach von früh an spürbar.

Der griechische Jüngling läßt bereits ahnen, wie aus der gebauten Figur ein lebendiger Organismus wachsen will. Zu seiner Körperauffassung paßt

Abb. 52

zwar noch das Homerische Wort *demas*, aber fast auch schon dessen andere Bezeichnung *phye* (Wuchs), die Homer ebenso für Pflanze gebraucht. Wenn auch die Figur des Jünglings vornehmlich der Fülle seiner Kraft Ausdruck gibt, so evoziert sie doch zugleich das Bild einer Knospe, aus der soeben das Neue aufbricht.

Die beiden Abb. 52 und 53 stellen zwei Männerpaare, ein ägyptisches und ein klassisch-griechisches, nebeneinander, um den Vergleich zwischen parataktischem Erfassen und ganzheitlichem, multilateral beziehendem Erkennen an zwei hochwertigen Reliefbildern vor Augen zu stellen. Obgleich das griechische Grabmal des Artemon[39] nicht den Plastiken, sondern den Reliefs zuzuordnen ist, treten die beiden männlichen Gestalten fast körper-

Abb. 53

lich aus dem Hintergrund des Bildwerks heraus in den Raum, indes das ägyptische Freundespaar Ni-anch-Chnum und Chnumhotep[40] der Grabwand fest verhaftet bleibt.

## 4. Gemeinsame „grammatische Regeln"

Nunmehr möchte ich versuchen, zu einem Urteil über die nach den gleichen Regeln produzierten Bilder der sechs Gruppen zu gelangen, indem ich sozusagen nach ihren grammatikalischen Regeln frage.
Allen *Kinderbildern* gemeinsam ist, daß offensichtlich eine bestimmte sin-

nenhaft-geistige Kraft noch nicht ausgebildet ist, um eine Einheit als Ganzes zu begreifen. Das kleine Kind setzt zunächst eine Gesamtform aus einzelnen Teilgebilden zusammen, so wie es ähnlich in der Sprache verfährt. Allmählich vermag es, eine Form in *einem* Zuge darzustellen und zusammenstimmende Größenverhältnisse zu bilden.

Werden zunächst die allgemeinsten Beziehungen der Lage als ein Neben- oder Übereinander dargestellt, so kommen später zunehmend weitere in den Blick. Beziehen sich die Lagedarstellungen in der Kleinkinderzeichnung stückweise nur auf die jeweils nächste Umgebung, so im Laufe der Entwicklung die aufeinander bezogenen Teile auf immer größere Bereiche, bis sie sich unter der Hilfestellung von Erziehern zu einer Einheit über die ganze Zeichnung ausbreiten. Mit diesen Beobachtungen befinde ich mich in Übereinstimmung mit Kunsterziehern und -theoretikern.

Das unbeeinflußte Kind kennt keine Perspektive, keine Projektion des Sehraumes auf die Zeichenfläche, es muß sich diese Technik mit Hilfe des Erwachsenen aneignen. Dieser Vorgang ist auch heute noch schwierig und stößt auf den Widerstand des Kindes, obwohl es von klein auf rundum von perspektivischen Raumbildern, Photographien, Fernsehen, Reklamen u. a. umgeben ist. Es erlernt perspektivisches Zeichnen ähnlich wie Schreiben.

Nach der genetischen Erkenntnistheorie Piagets durchläuft das Kind der industrialisierten Gesellschaften in der Entwicklung seiner organischen und seiner kognitiven Ausstattung bis zum (10.–)12. Lebensjahr drei aufeinander aufbauende Phasen:
1. die „sensomotorische Phase", während der sich die organische Koordination und die Außenorientierung der Sinne zunehmend entwickeln;
2. die „präoperative Phase", während der ein ausschließlich an der Anschauung orientiertes Denken starre, irreversible Schemata liefert und eine autistische Fixierung die Unterscheidung von subjektiv und objektiv nicht (tragfähig) vollzieht;
3. die „operative Phase", während der zunächst die auf reale Objekte begrenzten konkreten Operationen und danach – nach dem Zugang zum hypothetischen und Abstrakten – die formalen Operationen aufkommen. (Was hier „abstrakt" genannt wird, muß streng geschieden werden von den ebenfalls von vielen „abstrakt" genannten Kinderbildern, hie ein „noch nicht", dort ein „nicht mehr".)

Piagets Arbeit macht deutlich, daß das Kind in seiner Individualentwicklung bis gegen das 12. Lebensjahr hin die wichtigsten Schritte wiederholt, die bei der mentalen Evolution der Hominiden (phylogenetisch) zurückgelegt worden sind.

In seinem umfangreichen wissenschaftlichen Werk ›Die Grundlagen primitiven Denkens‹ (Stuttgart 1984) zeigt nun Christopher Robert Hallpike auf, welche Analogien zwischen bestimmten Stadien der kindlichen Ontogenese des Kognitiven und entsprechenden Stadien der „Primitiven" (in diesem Buch „Ethnien" genannt) bestehen. In Erinnerung an die Beschimpfungen, die sich Hallpike in den meisten (ideologisch bestimmten und daher vorurteiligen) Rezensionen gefallen lassen mußte, sollte die Verfasserin dieses Buches spätestens jetzt die Waffen strecken. Wenn sie sich dennoch der Mühe der selbstauferlegten wissenschaftlichen Aufgabe nicht entzieht, so mit der Hoffnung, zum Verständnis der frühen und fernen Kulturen beizutragen und ihre Ehre voll aufzurichten. Sachlich festgehalten sei an dieser Stelle die Parallelisierung zwischen kindhaftem und „primitivem" Denken. Wie dieser Gleichklang zustande zu kommen scheint, wird im Schlußkapitel zu erklären versucht.

Das kindliche Zeichnen ist eine sukzessive Dokumentation von Vorstellungs-, Wissens- und Denkvorgängen, eine Art bildlichen Textes, der nicht die sinnliche Erscheinung, sondern das So-Sein der Dinge mitteilt, in ihren konstitutiven Teilen er-fühlt, er-tastet, be-griffen, bildnerisch sortiert.

Die bildnerische Ausdrucksform der Aspektive steht dem Kind relativ früh zur Verfügung, während die perspektivische Wiedergabe einen komplizierten Lernprozeß voraussetzt. Von selbst entwickelt es frühestens mit 8 bis 9 Jahren – aber immerhin von selbst! – einen Sinn für raumhafte Darstellungen, welcher Maße und Proportionen, auch Entfernungen sowie Verkürzungen und Zusammenlaufen von Geraden vage berücksichtigt. Aber es dauert lang, bis das Kind über Denkoperationen und technische Maßnahmen die Fläche des Zeichenblattes mit Raumkonstruktionen zu bedecken gelernt hat und die ihm vorliegende zweidimensionale Bildfläche den Blick in einen dreidimensionalen Raum freigibt, den das Auge durchwandert wie den realen Raum. Mit etwa zwölf Jahren hat es zu zeichnen gelernt, wie die Dinge beim „Visieren" oder „Anpeilen" verändert erscheinen.

„Spontane Entwicklung Begabter reicht heute in der räumlichen Wiedergabe etwa bis zur Darstellweise von Giotto. Ihr geht voraus ein Herumgehen, Herumgreifen, Herumdenken. Was nicht auf diese Weise begriffen ist, kann nicht formuliert werden. Daß in der Art der Formulierung dann jeweils die Lage der jeweiligen Kultur mitspricht, ebenso daß sogar 'exakte' Themen wie Quader in der Architektur, in Zeichnung oder Malerei umgesetzt, Selbstverständnis und Selbstausdruck spiegeln, gehört zu den wunderbaren Erscheinungen des Geistigen" (Gudrun Schnapper).

Die Beobachtungen beim Kinde sind u.a. deshalb so wichtig, weil sie ontogenetisch aufzeigen können, was sich phylogenetisch entwickelt haben mag (siehe dazu das Schlußkapitel).

In der Geschichte ereignet sich die einheitliche Schau, dieses Subsummieren der Elemente unter ein übergeordnetes Ganzes, wie eingangs gesagt, erstmals unter den *Griechen*, etwa an der Wende vom 5./6. Jh. v. Chr., in der von Japsers so genannten „Achsenzeit".

Man hat diese Wende auch unter dem Gesichtspunkt der Loslösung des Menschen aus seiner Einheit mit Natur- und Weltgeschehen betrachtet, durch die er eine Stufe höheren subjektiven Bewußtseins betreten habe. Der Vorgang ist in vielen Bereichen der Kultur ablesbar. So tritt anstelle der Mysterienspiele die Tragödie, in der der Mensch (subjektiv, nicht rituell) handelnd und leidend den Göttern gegenübertritt und sich selbst bespiegelt. Die Vorsokratiker markieren den Beginn der Naturwissenschaft, durch deren Betreiben sich der Mensch subjektbewußt aufmacht, die Natur objektivem Nachforschen zu unterstellen. Erst recht macht die demokratische Verfassung der Polis, des griechischen Stadtstaates, die Heraushebung des Einzelmenschen im Staat erkennbar. Diese Phänomene werden analog gesehen zur Entdeckung der Perspektive, die einen subjektiven Gesichtswinkel voraussetzt, aus dem die Bildobjektive gesehen und dargestellt werden.

Nicht überflüssig scheint es mir, an dieser Stelle über die sich mit der Aspektive ergebende Frage nach dem *Subjekt-Objekt-Verhältnis* der vorantiken Völker etwas eingehender zu sprechen. Ein Gegenstand ist, wie sich in den vorhergehenden Ausführungen mehrmals gezeigt haben dürfte, nicht Objekt im heutigen Sinne, denn er ist nicht so weit skelettiert, daß er nicht jederzeit Assoziierbares an sich ziehen könnte: der Fisch das Wasser, der Harfner die Blindheit, der Affe das Tanzen oder auch ein Götterleib einen Tierkopf. So kommt es so selten zum reinen Begriff wie zum abstrakten Lehrsatz – die allgemeine Formulierung greift nur bis zum Paradigma aus.

Wie sehr der Ägypter dem Objekt seine Seele belassen hat, mag ein hübsches Beispiel kurz erhellen. Eine „Bezahlungsurkunde" (sie hat hier nicht den genauen Sinn von „Quittung") besagt, daß dem Vater des Priesters Espernub Dienerfiguren (wohl aus Fayence) mit ins Grab gegeben werden sollen, um für den Verstorbenen im Jenseits zu arbeiten. Der mit der Grabausstattung seines Vaters betraute Espernub läßt sie von dem „Ober-Fayence-Modellierer im Amun-Tempel" herstellen, und dieser bestätigt dem Käufer den Erhalt des Kaufpreises, indem er erklärt[41]:

„So wahr Amun, der große Gott, dauert (ewig ist): Ich habe von dir die Bezahlung für die 365 Uschebtis und ihre 36 Vorarbeiter, 401 insgesamt, zu meiner Zufriedenheit erhalten; es sind männliche und weibliche Diener (-figuren), und ich habe von dir ihre Bezahlung in reinem Silber erhalten, nämlich den Preis der 401 Uschebtis." Und nun fährt der Hersteller in der Bezahlungsurkunde fort: „Ihr Uschebtis, geht um des Osiris (des Unterweltgottes) willen schnell an die Arbeit für den sowieso (Name von Espernubs Vater). Sprecht ‚Wir tun es', wann immer er (Espernubs Vater) euch aufruft zur Arbeit des Tages. Ich habe von ihm die Bezahlung für euch erhalten." Die Urkunde schließt: „So sprach er in Gegenwart der und der Götter (es folgen Namen), so sprach er mit seinem eigenen Mund." Es folgen die Zeugen für seine Erklärung. Die aus Fayence hergestellten Figürchen werden demnach in der Bezahlungsurkunde wie beseelte Wesen angesprochen.

Ein Ding bleibt immer der Anschauung verhaftet und kann Leben annehmen, ein Symbolzeichen z. B. Arme ausstrecken. – Sosehr die Schöpfungsmythen den Akt des Scheidens betonen, um aus dem vorweltlichen Chaos Figuren auszugrenzen – eine unerhörte geistige Leistung, der das Konturieren der Bildfiguren entspricht –, so sehr enthüllen solche über Bord greifenden Hände das Ringen um eben diese Grenzen.

Die Phänomene, obwohl durch Abgrenzung und Bezeichnung ans Licht gehoben, bleiben durchsättigt mit seelischem Gehalt. Wirkliches und Vorgestelltes, Benanntes und Verschwiegenes stehen, zwar nicht in eben dem Maße, das man für „magisches Denken" in Anspruch nimmt, aber doch bei den von mythischer Imagination angefüllten Völkern in lebendigem, dynamischem Austausch. Wo Vorstellungen gereift sind, erreichen sie zwar klar umgrenzte Gestalt, aber die Dinge assoziieren einander und stehen in geheimer Korrespondenz oder Analogie. Die Phänomene halten einander durch Fluidum, ihre Ordnung baut sich gemäß jeweiliger Wertvorstellung auf; sie ist eine hierarchische, aber keine starre, sondern konstellationsabhängige Ordnung.

In einer solchen Welt ist kaum Platz für die distanzierte Gegenüberstellung von Subjekt und Objekt, sie existiert in etwa gleich entferntem Grade bei den Alten wie bei den Kindern und weitgehend auch im heutigen fernen Osten sowie bei den tierverehrenden Fetischisten: Der Erkennende beläßt den Gegenstand des Erkennens in seiner Ruhe bei sich und ordnet ihn sich nicht unter, wie es abendländisches Denken tut, das die Subjekt-Objekt-Spaltung radikal isolierend vorgenommen hat und bis gestern davon überzeugt war, daß das physikalische Objekt, während es beobachtet wird, mit sich identisch bleibe. Erst seit Einstein ist die Vorstellung von einem reinen Objekt verschwunden und der Beobachter als ein konstituierendes Element anerkannt. Die neuere Physik ist geneigt, eine gegenseitige Abhängigkeit von Beobachter und Phänomen anzunehmen.

In der mythischen Welt waren Subjekt und Objekt qualitativ nicht voneinander unterschieden, beide hatten an Eigenschaften teil, die später ausschließlich vom Subjekt an sich gerissen wurden. Je mehr das Subjekt, d. h. der Mensch, sich seiner als eines anderen bewußt wurde, um so mehr wuchs in ihm die Neigung, sich abzusetzen. Der Riß dieses Verhältnisses führte zu einer scharfen Trennung zwischen Subjekt und Gegenstand. Der Mensch ist nun Zentrum und Katalysator der Welt. Ἄνθρωπος μέτρον πάντων. Er steht mit Herrschaftsanspruch dem Objekt gegenüber, das nicht mehr ein anderes ist neben ihm, sondern das Ferne unter ihm.

Die neue, in Griechenland eingeleitete Denkweise ist ebenso anthropozentrisch wie die Wahrnehmungweise, von der Dürer sagt: „Das Erst ist das Aug, das do sicht, das Ander ist der Gegenwürf, der gesehen wird, das Dritt ist die Weiten dazwischen." „Die Weiten dazwischen" ist das, was seit der Wende zur Renaissance mit neuem Impuls wirksam geworden ist.

Aufs engste verbunden mit der Subjekt-Objekt-Spaltung ist das *antithetische Denken* in Gegensatzpaaren, das Entweder-Oder, neben dem es das Dritte nicht gibt, während mythische Vorstellung zwar Polaritäten – fast darf man sagen: Paare – kennt wie Himmel und Erde oder „die beiden Ufer", die ganz Ägypten ausmachen, oder „Ober- und Unterägypten" als eine Bezeichnung für das ganze Land. Die polare Zweiheit ist in Ägypten, wie anderswo und bis heute in überlieferten Wendungen bei uns, Ausdruck von Vollständigkeit, die aber mehr von Gleichgewicht als von Antagonismus bestimmt wird. Man darf getrost sagen: auch hier ruhevolles, addierendes Nebeneinander; Ordnungsgefüge, doch nicht Struktur.

Einige weitere wichtige Punkte, die sich in der kurzen Zeitspanne von den archaischen Anfängen bis zur klassischen Blüte der griechischen Kultur – greifbar in der Achsenzeit – verändert haben, sind: die Entwicklung der *Axiomatik* der Mathematik aus allerdings höchst beachtlichen Leistungen additiv-pragmatischen Charakters. – Weiter der Sprachdurchbruch bis zum *Logos*begriff, wenn auch die frühen Völker alles, was sie sagen wollten, haben ausdrücken können und sicher auch alles, was wir heute auszudrücken vermögen, gemeistert hätten; das Vermögen ist das Ergebnis der Forderung (genauer im Schlußkapitel).

Weiter vergleiche man die nach Wort und Begriff weitgehend bis heute maßgebende griechische *Philosophie* mit der vorantiken „Philosophie", wie man die frühen Lebenslehren am ehesten rubrizieren möchte. Auch hier erfolgt im 7./6. Jh. der Umbruch zur klassischen Form, die – nachdem Byzanz und der Islam ihr Erbe verwaltet hatten – mit Renaissance und Humanismus zu schöpferischen Neuansätzen wiedererseht. Nach dem (naturphilosophischen) Vorsokratiker Thales von Milet (etwa 625 bis 545 v. Chr.), der später als der erste Philosoph angesehen wurde, über Parmenides und die Pythagoreische Schule, die sich vornehmlich der Frage nach dem Wesen von Harmonie (so!), Maß und Zahl widmete, springen die drei gewaltigen Häupter Sokrates, Platon und Aristoteles als die eigentlichen Begründer der abendländischen Philosophie ans Licht; Platon mit einem erstmals geschlossenen weltanschaulich-politischen und logisch-ethischen System, indes die alten Lebenslehren durchweg eine offene Form hatten und – außer Amenemope aus der 19./20. Dynastie (!) – keinen einheitlichen Bezugspunkt. Aristoteles, der sein Programm mit höchster Sprachpräzision entfaltet hat, ist zum Fundament der gesamten Scholastik geworden.

Schließlich sei erinnert an den unerhörten Neuansatz, der sich mit der geographischen *Landkarte* verbindet. Auch aus Ägypten ist auf Papyrus eine Bergwerks-Landkarte vom Wâdi Hammamât erhalten (20. Dynastie, 12. Jh. v. Chr.), aus Babylonien eine Tontafel mit einer Weltkarte, nach der die Erde eine vom „Bitterfluß" (Okeanos) umflossene kreisrunde Fläche war – beide Erstlinge staunenswerte Beobachtungs- und Abstraktionsleistungen.[42] Aber die griechischen Geographen entwickeln die Kartographie der „Kugel" Erde (so! nach Anaximander) als Projektionen (so!). Dies signalisiert eine kaum zu überschätzende Wende der Erkenntnis, vollkommen stimmig zum übrigen neuen Apperzeptionsvermögen.

*Geistesveränderte* – das sind nicht allein bestimmte Schizophrene, auch Neurotiker, außerdem Hirngeschädigte und Sklerotiker sowie Drogengeschädigte – zählen zum Teil, wie ebenfalls schon gesagt, zu denen, die in aspektivische Zeichenweise zu verfallen pflegen. Daß bei diesen Patienten weitere sog. „Anomalien" der Darstellweise auffallen, interessiert in unserem Zusammenhang nicht, vielmehr beschäftigen uns nur jene Kriterien, die sich mit aspektivischer Darstellweise berühren.

Während Karl Jaspers, der sich wohl sein Leben lang mit den hier zu debattierenden Fragen beschäftigte und dessen berühmte Studie ›Strindberg und van Gogh‹ im gleichen Jahr wie Prinzhorns bahnbrechendes und – trotz einiger Wandlung in der Interpretation psychotischer Bildprodukte – noch immer grundlegendes Werk ›Bildnerei der Geisteskranken‹ erschien, in dem Kapitel „Schizophrenie und die Kultur der Zeit" wenn auch tiefsinnige, so doch mehr allgemeine Überlegungen formuliert, kommt unter den 20 000 Veröffentlichungen zum Thema Kunst und Schizophrenie, die in den letzten 100 Jahren gezählt wurden, soweit ich sie kenne, jene von Helmut Rennert,[43] dem früheren Klinikleiter von Halle-Wittenberg, der sich seinerseits auf meine Vorarbeiten beruft, meiner Fragestellung besonders entgegen. Seinen Untersuchungen liegen jahrzehntelange minutiöse Beobachtungen und Versuchsreihen an Patienten zu Störungen der tiefenräumlichen Wahrnehmung und Wiedergabe zugrunde. Mit der Unterscheidung „Wahrnehmung" und „Wiedergabe" wird über die Feststellung hinaus das Problem berührt, ob die unterschiedlichen Darstellweisen auf der Ebene der sinnlichen Wahrnehmung oder der Verinnerlichung (Apperzeption) oder der Wiedergabe beruhen.

Unter den formalen Kriterien geisteskranker Bildnerei werden von Helmut Rennert genannt[44]:
1. der Mangel an Perspektive oder ihr gänzliches Fehlen; statt dessen Form- und Größenkonstanz, unter Berücksichtigung des Bedeutungsmaßstabes;
2. das räumliche Verhältnis zwischen den einzelnen Bildelementen ist vernachlässigt, bzw. es besteht keines;

3. eine Blickwinkelverschiebung nach oben und landkartenähnliche Darstellungen; auch Hausdurchschnitte mit gemischten Ansichten;
4. die flächenhafte Iteration von Figuren und Symbolen oder andere stereotype Wiederholungen; Vorliebe für Symmetrie, Geometrisierung und Ornament, wie sie besonders auch alle Volkskunst auszeichnen;
5. das Fehlen von Schattierungen oder von modellierender Farbvarianz;
6. dem Gerinnen der Bewegung zu Gesten entspricht das Objektivieren der Physiognomie zum Typus;
7. schließlich die Ergänzung des Bildes durch Schrift, d. h. durch Titel und Erklärungen, oder durch Schriftzeichen.

Inhaltlich hervorzuheben sind:

8. Ichbezogenheit (Autismus), magische und allegorische Szenen; das Interesse am Auge, das unter den Einzelmotiven den ersten Platz einnimmt;
9. weiter die Neigung zu Kompositgestalten von Mensch und Tier; Tierdarstellungen sind allgemein beliebt, unter den Tieren Fische und Vögel bevorzugt.

Diese listenartig aufgestellten Merkmale decken sich ganz und gar mit solchen der ägyptischen Flachkunst, und es fragt sich, wie es zu der Verwandtschaft zwischen ägyptischer Darstellweise und jener der Geisteskranken kommen kann.

Haben auch die medizinischen Forschungsergebnisse noch nicht zu einem abschließenden Urteil geführt, so wird als Ursache der aspektivischen Zeichenweise der Geisteskranken mehrheitlich eine z. B. durch nachlassende Anstrengungsbereitschaft oder durch verringerte bzw. selektive Aufmerksamkeit bedingte Regression auf infantile Zustände vertreten. Das bedeutet, daß späterworbene Fähigkeiten, wozu die Perspektive ebenso gehört wie Raum- und Zeitverständnis, verlorengehen, da der Mensch zurücktritt in eine frühere Entwicklungsphase seines individuellen Lebens. Etwas von seinem psychisch-intellektuell-willensmäßigen Urteilsvermögen ist verlorengegangen, ja geht oft nur während eines psychotischen Anfalls verloren, und dies so augenfällig, daß sich an einer im Bild sich äußernden Höhenverschiebung des Blickwinkels mit dem Lineal der Grad des Außer-sich-Seins eines Patienten bzw. dessen Rückkehr zu sich selbst geradezu abmessen läßt. Selbstverständlich gilt diese Behauptung nur für Patienten, von denen man weiß, daß sie *vor* ihrer Erkrankung in perspektivischer Raumwiedergabe geschult waren. Denn, wie schon erwähnt, ist *eine* der aspektivisch zeichnenden Gruppen die der Sonntagsmaler, will sagen: sind die zeichnerisch mangelhaft geschulten Erwachsenen unter uns. Diese haben es überhaupt nie gelernt, perspektivisch zu zeichnen; ihre Aspektive wäre demnach kein Rückfall, sondern ihr Normalfall. Perspektive muß, wie gesagt, so gut erlernt werden wie Schreiben.

Weiter fällt bei den Bildern der Geisteskranken auf, daß die einzelnen Bildelemente ihren gegenseitigen Kontakt verlieren, und es mag erhellen, daß der Kranke im gleichen Maße die elementare Kommunikation verliert. Am Rande bemerkt sei, daß die Bildnerei von Geisteskranken meist Hand in Hand geht mit Änderungen ihrer Sprache, der Wort- wie Satzbildung; auch Neographismen treten auf.

Die zeichnerischen Produkte *ungeschulter Erwachsener* unterscheiden sich oft kaum von frühen kindlichen Leistungen, so daß es sich erübrigt, ihnen hier besondere Aufmerksamkeit zuzuwenden. Das – um es zu wiederholen – heißt nicht, daß Unbeholfenheit in Formgebung oder Komposition oder mangelnde Technik hier thematisiert seien, nein, es geht einzig um das, was mit dem Fehlen der Perspektive zu tun hat, positiv gewendet: mit Aspektive.

Über die Kunst der *Ethnien* wäre Ähnliches herauszustellen und zusätzlich über die interessanten Beobachtungen zu referieren, die man, wie eingangs angedeutet, registrierte, als Naturvölker zum ersten Mal in ihrem Leben eine Flugreise machten oder gar als Piloten geschult wurden. So fielen vietnamesische Hubschrauber-Techniker, die in den USA ausgebildet wurden, dadurch auf, daß sie die Bilder nicht dreidimensional wahrnehmen konnten (von mir selbst im Nahen Osten auf dem Lande regelmäßig beobachtet) und außerdem die Größenunterschiede zwischen abgebildetem und realem Gegenstand schlecht verarbeiteten.[45]

Die Irritierung, die sie beim Anblick der Erde aus der ungewohnten Höhe überfiel, und ihre diesbezügliche anfängliche Insuffizienz, ruft ins Gedächtnis, daß Ägypten ein flaches Land ist, daß die Ägypter die Berge, soweit es sie an den Wüstenrändern gibt, möglichst gemieden haben und daß sie die Bergigkeit, die sie überhaupt erst mit den Feldzügen des Neuen Reiches im Ausland wirklich erlebten, verurteilt haben.[46] Erst durch Vermittlung der Hyksos haben sie Pferd und Wagen kennengelernt und haben seitdem wenigstens aus der Höhe des Wagenkastens und bei dem schnelleren Tempo galoppierender Pferde ihr Land gesehen, indes sie bis dahin in der Regel, wenn sie nicht zu Fuß gingen, sich rudernd oder segelnd auf den Wasserstraßen, auf dem Nil und den Kanälen, fortbewegt und von da aus ihr Land im Profil gesehen und die sich dort bewegenden Menschen und die Häuser am Ufer bei langsamem Vorbeigleiten als Silhouette erfahren hatten. Diese ägyptische Gangart war gewiß nicht geeignet, die Perspektive zu entdecken.

Daß ein enger Zusammenhang besteht zwischen der Gestalt des Lebensraumes und der Fähigkeit, seiner wohlorientiert Herr zu werden, ist den Erforschern tierischen Verhaltens (am besten bekannt durch Konrad Lorenz) längst ins allgemeine Bewußtsein getreten. Dennoch sind bildnerische Denkmäler auch aus dem bergigen Vorderen Orient uneingeschränkt der Aspektive verpflichtet (Abb. 21 b und c)[47].

Obschon es unter den *modernen Künstlern* geltungssüchtige, effekthascherische, schockierungswütige und manchmal vielleicht sogar psychopathische Bildermacher gibt, so freilich auch solche, die, des Überkommenen überdrüssig und auf der Suche nach Neuorientierung, durch aspektivische Darstellweise dem Weltgefühl unserer Zeit überzeugend Ausdruck verleihen.

Um die Modernen von Grund auf besser zu verstehen, ist es unumgänglich, sie in der Zusammenschau mit gleichzeitiger Dichtung und Musik, mit der Philosophie und der Wissenschaft ihrer Zeit, ja auch mit neuer Gesellschaftsordnung zu sehen, und es zeigt sich, daß sie mit jedem bewußten Entscheid unbewußt einem inneren Gesetz folgen, das der modernen Erkenntnisweise entspricht.

Diesen Modernen liegt, wenn wir einmal nicht die passiv inspirierte, sondern die aktive Seite ihres schöpferischen Gestaltens ins Auge fassen, eine ordnende Tätigkeit des *bewußten* Denkens zugrunde, nicht etwa ein Zurückfallen in Infantilismus, Primitivität, Archaismus, also keine Regression, sondern die philosophierende Reflexion, daß hinter der variablen Erscheinung ein eigengesetzliches Wesen existiert. Ein Wesen, das nicht subsumiert werden darf unter ein übergeordnetes Ganzes, vielmehr seine eigene Geltung und seine Würde in sich hat. Das, was vielleicht einmal auf biologisch-naturhaftem Wege in Erscheinung trat, wird bei den anvisierten Modernen in freier Entscheidung als neue Möglichkeit wiedergegriffen. Nicht mehr die sehbildliche Scheinwelt interessiert den Künstler, der bis dahin dem Übersummenprinzip der Perspektive folgte; er bringt aufs neue das Einzelteil – unverkürzt – oder auch (so im Expressionismus) dessen ungegenständliche innere Wahrheit zum Ausdruck, wie sie sich seine Phantasie vorstellt.

Diese neue Subjektivität hat in Graphik und Malerei eine Reihe von Ismen erzeugt, nicht selten allerdings auch unter Nutzung der Archetypenlehre oder überhaupt des Wissens vom Unbewußten. Das Gewollte, das Konstruierte ihrer Kunst ist spürbar – besonders bei den Surrealisten –, aber auch dieses Attribut beruht auf Entscheid, einem Entscheid für den analytischen Intellekt. Im ganzen aber: Picasso, Klee, Chagall oder Dalí, so sehr sie zum Vergleich mit schizophrener Kunst reizen mögen: Ihre a- oder antiperspektivische Darstellweise hat andere Bedingungen und Vorgänge zur Grundlage als die von Geisteskranken oder Infantilen. Diese *müssen*, jene *wollen*.

„Beim Künstler unserer Tage", so schreibt Prinzhorn, „geschah die Abwendung von der einst vertrauten und umworbenen Wirklichkeit zwar im besten Fall auch unter einem Erlebniszwang, aber ... als ein Akt, der auf ... Entschluß beruhte."

Aus Paul Klees Schriften seien in diesem Zusammenhang Äußerungen von 1912 zitiert: „Es gibt ... noch Uranfänge von Kunst, wie man sie eher in ethnographischen Sammlungen findet oder daheim in meiner Kinderstube ... Je hilfloser sie (die Kinder) sind, desto lehrreichere Beispiele bieten sie uns ... Parallele Erscheinungen sind die Arbeiten der Geisteskranken, und es ist ... weder kindisches Gebaren noch Verrücktheit hier ein Schimpfwort, das zu treffen vermöchte, wie es gemeint ist. Alles das ist tief ernst zu nehmen, ernster als sämtliche Pinakotheken, wenn es gilt, heute zu reformieren."

Daß diese Neubesinnung eklatant parallel geht mit Neuansätzen der Wissenschaft, wurde angedeutet und sei wiederholt (s. Kapitel „Aspektive und Gegenwart").

*Resümee:*
Wie die Ägypter sind auch die Sumerer, Babylonier, Hethiter und Assyrer und auch, wie schon mehrmals gesagt, die archaischen Griechen, kurz, alle Völker der frühen Hochkulturen und ebenso die frühen Asiaten und die mittelamerikanischen Kulturen[48] vor ihrer Berührung mit Europa bis zu der Schwelle getreten, hinter der perspektivische Gesamtschau sich ereignet. Und wie bei ihnen finden sich auch bei den anderen genannten fünf Gruppen wesensverwandte Eigenschaften der Darstellweise. Alle haben eine bestimmte Weise der Bewältigung des Raumes (und der Zeit) nicht geäußert.

Die Verklammerung der frühen Hochkulturen mit Kindern, mit zeichnerisch insuffizienten Erwachsenen unter uns und mit Primitiven kann nach dem Gesagten nicht mehr verwundern. Erregender ist die Gesellung des Pharaonenvolkes mit Geisteskranken und mit Modernen. Doch die Regression der einen und der willentliche Entscheid der anderen dürften die Artverwandtschaft hinreichend erklären und vor dem Fehlurteil bewahren, daß die Bildner der frühen Hochkulturen psychopathologisch gewesen seien oder an sinnesphysiologisch interpretierbaren Wahrnehmungsstörungen gelitten hätten.

Ebenso ist es im Sinne der Aspektive falsch, von „umgeklappten Bäumen", „steifen Gliedern", „falschen Proportionen" oder „unbewegten Brettchenfiguren" zu sprechen. Diese Prädikate sind gewonnen aus der Sicht der Perspektive und greifen vergleichbar daneben, wie wenn man ein Kind aufgrund seiner Unmündigkeit „dumm" nennen würde. Jedes System bedarf seiner eigenen Parameter. Keinesfalls ist der Unterschied zwischen aspektivischer und perspektivischer Kunst ein Unterschied der künstlerischen Qualität. Weder die eine noch die andere Darstellweise ist an sich ein

Gütezeichen. Sie manifestieren lediglich unterschiedliche, epochenunterschiedliche Verfaßtheiten. Kunst ereignet sich erst jenseits davon.

Der Unterschied der Darstellweise könnte, um es noch einmal vereinfacht zu sagen, theoretisch auf drei Ebenen aufruhen.

Die Bildner könnten
1. räumlich verschieden wahrnehmen, d. h. mit dem Sinnesorgan Auge räumlich verschieden sehen. Sie könnten
2. daran scheitern, das Vorstellungsbild adäquat wiederzugeben, d. h. bei der Technik perspektivischer Wiedergabe versagen; oder sie könnten
3. das sinnlich Wahrgenommene verschieden verarbeiten, d. h., der Seheindruck auf der Netzhaut könnte gefühls-, erkenntnis- und willensmäßig zu verschiedenen Raumvorstellungen führen, verschieden apperzipiert werden. –

Daß der erste Grund: unterschiedliche Optik, nur bedingt richtig sein kann, ergibt die simple Tatsache, daß sich alle genannten sechs Gruppen, einschließlich der Kinder im zeichenfähigen Alter, im Raum sicher bewegen lernen; daß sie ihn konkret beherrschen, ein Zielobjekt – etwa ein Wild bei der Jagd – zu treffen vermögen, daß sie also Abstand und Größe richtig einschätzen lernen.

Inwieweit der zweite Grund, die mangelnde Schulung perspektivischer Wiedergabe, zutrifft, wurde herausgestellt, doch diese Insuffizienz der „Sonntagsmaler" trifft nicht das entscheidende Problem.

Die gemeinte Verschiedenheit – dies meine These – beruht grundsätzlich auf der Differenz der Apperzeption. Halten wir fest: Aspektivische Bilder wollen nicht simultan überblickt werden, sondern Element für Element wie eine Art Bildersprache gelesen werden. Die Elemente sind nur auf die nächste Nachbarschaft bezogen, nicht allseitig verknüpft.

Das sensomotorische, psychisch-intellektuelle Verarbeiten des Seherlebnisses „Raum", genauer: der Dinge im Raum, gehört zu den Höchstleistungen des Menschen. Bekanntlich können Blindgeborene, die im Erwachsenenalter durch Operation sehfähig werden, niemals mehr ein vollständiges räumliches Wahrnehmen erwerben. Stellt bereits die Raumwahrnehmung ein komplexes Phänomen dar, an dessen Zustandekommen viele Faktoren beteiligt sind, so ist die Raum*vorstellung* (und entsprechend -darstellung) ein vielgestaltig durchgegliederter Endzustand psycho-physischen Geschehens, für den intentionale Aktivität aufgebracht werden muß. Hier muß ich mich darauf beschränken, auf die Forschungsergebnisse von Piaget und Inhelder u. a. zu verweisen.

Die Fähigkeit zum Erleben von Raumtiefe ist bei jedem Menschen latent angelegt, in Verbindung mit den angeborenen Funktionen des Sehorgans, die sich über lange Zeit phylogenetisch entwickelt haben. Wenn das Sehbild eine verinnerlichte Nachahmung der Wirklichkeit ist, scheiden sich allerdings nirgends so scharf wie bei der visuellen Raumwahrnehmung die objektive Gestalt der Wirklichkeit und die subjektive Weise der Apperzeption. Es scheiden sich wie bei keiner anderen optischen Wahrnehmung der Bereich der Dinge und der täuschende Schein. Nur mit Hilfe von ständiger Wirklichkeitserfahrung und Erkenntnisprozessen sind wir imstande, die *visio perspectiva* in wirklichkeitsentsprechende Verhältnisse zu transformieren. Während Perspektive wiedergibt, wie man sieht, ist Aspektive stärker orientiert am Wissen von den Dingen (vgl. Kapitel „Schluß").

Perspektivische Darstellung ist gebunden an Aktuell-Zufälliges. Sie ist nur denkbar in Zeit. Damit trägt sie das Moment des Vergänglichen in sich. Aspektive dagegen ist zeitstumm und dadurch der Dauer verhaftet. Zeitgestaltung und Raumgestaltung stehen in engstem Zusammenhang.

An dieser Stelle wird sogleich der unterschiedliche Wert beider Darstellweisen deutlich: Wird Aspektive dem Sosein des Objektiven gerecht, so erscheint der Gegenstand bei perspektivischer Darstellweise verzerrt. Dem Schein der Dinge wird ihr Sein geopfert. Man wolle nicht vergessen, daß nicht allein Perspektive eine menschheitsgeschichtliche Leistung bedeutet, es ist eine nicht minder große Leistung, wenn der Mensch entgegen dem ständigen Wandel der Erscheinung an dessen Konstanz festhält.

Es war kein Geringerer als Platon, der dem zu seiner Zeit weit verbreiteten Widerstand gegen die Neuerung der Perspektive als eines trügerischen Zerrbildes des Wirklich-Seienden vielfach Wort verlieh.[49] Bezeichnenderweise vertritt der nicht minder geniale Goethe zu seiner Zeit die Gegenposition, wenn er 1799 treffsicher notiert: Die deutschen Kunstliebhaber halten sich „gewöhnlich viel zu lange bei der ägyptischen, ältestgriechischen, altitalienischen, besonders aber der altdeutschen Kunst auf, deren Verdienste meist nur ein historisches, selten ein höheres Kunstinteresse haben, und die sich gegen die freie Größe vollendeter Werke wie das Buchstabieren zum Lesen, wie Stottern zum Rezitieren und Deklamieren verhalten."[50]

Will man eine *psychologische* Wertung vornehmen, so sei daran erinnert, daß der aspektivisch darstellende Mensch sich auf den Leib- und Umraum konzentriert, d.h. insbesondere den Eigenraum und seine nächste Umgebung. Mit dieser Begrenzung signalisiert sich das Bedürfnis nach Geborgenheit. Mit der Perspektive tritt der Mensch aus dieser Begrenzung heraus und wählt für den allseitigen Überblick einen Standort. Perspektive ist standortgebunden. Wie aber sollten die frühen Menschen, die Kinder, die Ethnien oder Geisteskranken zu einem eigenen Standpunkt gelangen? Die Gesellschaftsordnung der archaischen Völker war anders angelegt, wie im Kapitel „Staat und Gesellschaft" zu lesen sein wird. Man erinnere sich hier an Sockel und Rückenpfeiler ägyptischer Statuen! Gebundenheit, greifbare Nähe, Aufruhen und Anlehnen – nicht Freiheit eines Höhenfluges.

Da sich zeigen wird, daß sich das parataktische Nach- und Nebeneinander wie in der Kunst so in der hierarchischen Gesellschaftsordnung, auf den Gebieten der Wissenschaft – deutlich am Beispiel der Medizin und besonders erhellend bei der Mathematik –, in der durch Polytheismus und Mythen gekennzeichneten Religion, in Sprache, Literatur, Geschichtsauffassung, im Rechtswesen, kurz in den Vorstellungs- und Denkformen aller kulturellen Sparten wiederfindet, wird die These, daß die bildnerische Artverschiedenheit ein Grundverhalten der Alten Ägypter und der Vergleichsgruppen zu erkennen gibt, doch wohl zur Gewißheit.

Dieses Grundverhalten ist ein schrittweises Erfassen überschaubarer Teile eines Ganzen, aus welchen sich das Ganze (additiv) zusammensetzt. Entsprechend wird die ägyptische Vokabel (neben anderen) „zusammenfügen, zusammensetzen" *(ts)* für „schaffen, bilden" gebraucht, sowohl für den Schöpfungsakt Gottes als auch für das künstlerische Herstellen von Figuren.

Nachdrücklich überzeugen dürfte die frühe Auffassung des menschlichen Körpers als eines Kompositums von verhältnismäßig selbständigen Teilen. Obwohl der Körper von der Natur als ein Organismus vorgegeben ist, wurde er nicht als solcher verstanden, vielmehr in eben derselben Weise, wie sie hier aus den in der Kunst gestalteten Figuren rückgeschlossen wurde. So dürfte das folgende Kapitel besonders aufschlußreich sein.[51]

## III. DER MENSCHLICHE KÖRPER

So augenfällig die Kunst, so begreiflich der eigene Körper; faßbar für jedermann und schon deshalb geeignet, als anschließendes Beispiel die Gedanken zur Aspektive zu demonstrieren,[1] mehr noch: Im Umgang mit einem naturgegebenen Organismus gewonnen, dürften sie besonders beweiskräftig sein.

Wie in aspektivischer Sicht ein differenzierter Gegenstand primär nicht als Einheit erkannt, vielmehr sukzessiv erfaßt wurde, d. h. als ein Nebeneinander seiner vergleichsweise selbständigen Teile, so wurde der menschliche Körper nicht als Organismus, sondern als ein Kompositum seiner Glieder verstanden.

Zu Beginn der Überlegung sei die Rangstreitfabel vom Kopf und dem Bauch ins Auge gefaßt, die sich nachmals als Agrippalegende die literarische Welt erobert hat.[2] Auch wenn der Schluß des ägyptischen Textes verloren ist, so läßt das Erhaltene unmißverständlich erkennen, daß Kopf und Bauch um die Vorrangstellung streiten und um weiter nichts. Indem sie gegeneinander auftreten, behaupten sie sich wie zwei selbständige Wesen. Der Streit ist ein Streit um hierarchische Ordnung, ohne die funktionale Abhängigkeit der Körperteile voneinander zu berühren, jedenfalls im erhaltenen Teil. Ob dem Text eine Naturlehre zugrunde liegt oder ein theologisches System, ist für die vorliegende Frage belanglos, behaltenswert nur, daß die einzelnen Glieder als selbständige Handlungsträger auftreten. Wie bei den Ägyptern liest sich die Fabel ähnlich bei vielen Primitivvölkern.[3]

Anders aber in der Antike. Nicht erst von Menenius Agrippa (um 494 v. Chr., Livius II 32), der sie als Lehrbeispiel zur Vermittlung zwischen Patriziern und Plebejern verwendet, schon bei Äsop findet sich diese – später in nicht mehr überschaubarer Zahl verbreitete – Rangstreitfabel als ›Streit zwischen dem Magen und den Füßen‹ (Fabel Nr. 132 Hsr.).[4] Bei ihrer Fassung fällt auf, daß die beiden Körperteile nunmehr ihre Abhängigkeit voneinander erkennen und sich als *organisch* zusammengehörig verstehen.

Dieses Verständnis von organischer Einheit wird deutlicher noch bei Paulus (I. Korinther 12, 12), dessen Text zwar der Antike verpflichtet ist, der aber den in der „Achsenzeit" (Jaspers) veränderten Geist noch expliziter zum Ausdruck bringt als die griechisch-lateinische Fassung. Im Gleichnis vom Menschenleib heißt es: „Denn gleichwie *ein* Leib (σῶμα) ist und hat doch *viele* Glieder (μέλη), alle Glieder aber des Leibes, wiewohl ihrer *viele* sind, und doch *ein* Leib sind, also auch Christus . . ." und (am Ende des

Gleichnisses, 12, 26): „Und so *ein* Glied leidet, so leiden *alle* Glieder mit; und so *ein* Glied wird herrlich gehalten, so freuen sich *alle* Glieder mit." Hier ist der Leib (= Körper) ein Organismus, in dem *sämtliche* Glieder als voneinander abhängig erklärt werden. Der Schritt zur Gesamtschau ist getan.[5] Die frühe hierarchische Vorstellung von einem stockwerkartigen Aufbau ist der Erkenntnis nicht nur der gegenseitigen, sondern der allseitigen Beziehungen gewichen.

Die ägyptische Vorstellung vom Körper als einem Kompositum von (selbständigen) Gliedern leuchtet bereits aus dem Vokabular auf. Neben einigen Modalbezeichnungen stehen für „Körper" der Plural von *c.t* = *c.wt* (Glieder) und der Plural *ḥc.wt* (sing. Rumpf). Beide Ausdrücke lassen den Körper als eine Summe von Teilen erkennen, wie sie bei der Leiche auseinanderfallen können, wie sie bei der Mumifizierung zusammengehalten werden sollen und wie sie bereits „im Ei zusammengefügt" worden sind.

Die einzelnen Teile müssen sich nicht notwendig decken mit den einzelnen Organen oder anatomisch ausgrenzbaren Gliedern, sie können sich auch über Körperbezirke erstrecken, die – etwa bei einer entzündeten Hautpartie[6] – lediglich visuell ein Teilstück bilden. Der Körper wird demnach auch nach Ausweis des Vokabulars nicht etwa als Organismus verstanden, selbst wenn das Herz vielfach als eine Art Zentrum gesehen worden ist, von dem außer Gedanken und Gefühlen auch die Gefäße ausgehen (s. S. 118f.). Der Körper wird aus einer Anzahl von Teilstücken zusammengesetzt, „verknotet, zusammengeknüpft", er ist etwa das, was wir eine „Gliederpuppe" nennen.

Keineswegs sind zum Leben sämtliche Teilstücke vonnöten. Bei der Balsamierung, die ja als Voraussetzung jenseitiger Existenz galt, konnte man auf das auch sonst ignorierte Gehirn verzichten,[7] ebenso auf die Nieren, die auch beim lebenden Menschen nie recht in den Blick kamen. Schwerer wiegt die Tatsache, daß die mumifizierten Organe in Kanopenkrügen außerhalb des Körpers beigesetzt wurden – und das im Unterschied zu den der Mumie beigefügten magisch wirksam gedachten Amuletten, deren Position am Körper exakt festgelegt war –, so daß sie nicht einmal innerhalb des Körpers den Anruf zur Auferstehung vernehmen konnten. Die gemeinsam verpackten Organe der Bauchhöhle verdanken ihr Beieinander lediglich ihrem topographischen Zusammenhang und nicht etwa einer Funktionseinheit.

Bemerkenswert ist ferner die große Zahl (mehr als 200) von Namen für die vergleichsweise geringe Zahl an damals erkannten Organen des menschlichen Körpers. Wie H. G. Blersch herausgearbeitet hat, ändern sich die Bezeichnungen der Organe gemäß dem Aspekt, unter dem sie (medizinisch) betrachtet werden. Das Kopfzerbrechen der Ägyptologen über die „Synonyme" oder den sprachhistorischen Wechsel der Bezeichnungen der Organe vereinfacht sich häufig zu der schlichten Erkenntnis, daß das gleiche Organ je nach medizinischer Fragestellung verschieden bezeichnet wird.

Nicht anders lehrt es die Flachkunst. Je nach Gesichtspunkt verändert sich – um bei dem geläufigen Beispiel des Waschgeschirrs zu bleiben, seine Darstellung (s. Abb. 14): Krug innerhalb der Schüssel, verdeckter Teil unsichtbar; Krug innerhalb der Schüssel, voll sichtbar, Schüsselrand fehlt; Krug „auf" der Schüssel stehend; Krug innerhalb der Schüssel, beide Teile der Garnitur voll sichtbar.

Für die zeichnerische Wiedergabe der inneren Organe in der Flachkunst ist der Ägyptologe angewiesen auf die Determinative ihrer Vokabeln. Nicht anders als in der großen Kunst zeigen sie den „hieroglyphisch" vereinfachten – meist von der Natur stark abweichenden – Umriß ihrer Gestalt, oft in Verbindung mit Anhängseln ihrer Umgebung;[8] häufig ist auch der Körperteil (Kopf, Bein), in oder an dem sich die Organe befinden, hinzugesetzt. In der Flachkunst hat ein Bildgegenstand bekanntlich ebenso eine Bindung zur unmittelbaren Nachbarschaft, doch nicht notwendig zum Ganzen: Ein Baum steht senkrecht auf der Standlinie, aber nicht notwendig „im Raum" (s. Abb. 9a). Nur eine handhabbare Teilgröße wird begriffen, eine überschaubare Größe gesehen.

Fazit: Daß der Körper eine anatomisch-physiologische Funktionseinheit darstellt, daß die Organe gegenseitig voneinander abhängen, liegt weit abseits von ägyptischer Vorstellung. Und nicht minder weit davon, daß Leben ein Prozeß ist, der in der Zeit abläuft. Leben als Vorgang kam den Ägyptern nicht in den Blick. Es werden in der Kunst Kindheit, Mannesalter und Greisentum als die markanten Lebensstadien wie ein Aggregatzustand wiedergegeben, in den eine Lebensspanne zusammengeschlossen ist ( 𓀔𓀗𓀘 ).

Selbst der Tod galt als eine extreme Daseinsform, die ihrerseits von der jenseitigen Existenzweise sprunghaft abgelöst wird.

Diesem Aussparen des Transitorischen – um es einmal negativ auszudrücken – entspricht es, daß auch Krankheit nicht als ein Prozeß verstanden wird, sondern als ein ruckartig veränderter Zustand. Der Patient wird dementsprechend durch Behandlung „sofort" gesund. Etwaige präzise Zwischenstadien werden ohne zeitliche Beziehung als selbständige Bilder gesehen, als ob verschiedene Seinsformen am Weg des Lebens wie Kostüme bereitstünden, in die der Mensch nacheinander hineinsteigt. Das übergangslose Nebeneinander entspricht dem harten Beieinander „verschiedener Ansichten" in der Flachkunst (vgl. Abb. 6 und 7).

Ein aus vielen Teilen zusammengeknoteter Körper wird folgerichtig auch therapeutisch-prophylaktisch Stück um Stück besorgt. Daß für die Therapie generelle Behandlungsanweisungen fehlen, bezeugt die gleiche Geisteshaltung innerhalb der medizinischen Lehre. Aus den zwangsläufig zahllosen medizinischen Anweisungen und magischen Praktiken sei der modellhafte Zauberspruch für ein Kind herausgegriffen, dessen (potentielle) Krankheit

„aus allen Gliedern" zu vertreiben ist, vom Scheitel bis zu den Fußknöcheln.[9]

Nicht weniger als 36 Teile (2 davon sind im Text zerstört), dabei derart detaillierte wie die Augenbrauen und Brustwarzen, werden – nachdem der Schützling wie üblich mit einer Gottheit in analogen Zusammenhang gebracht ist, in diesem Fall wie beinahe stets mit Horus – nacheinander mit Göttern geglichen, die einzelnen Glieder dabei (wie fast durchweg in verwandten Texten) in der Reihenfolge von oben nach unten aufgerufen: der Kopf mit seinen Teilen, Nacken, Brust und Arme mit Fingern, Leib und schließlich Beine und Füße. Die Verbindung der Glieder mit Gottheiten ist bei dieser „Gliedervergottung" nicht kanonisiert, eher durch Wortspiel und Assoziation bestimmt.[10]

Identifizierung des kranken Kindes mit (dem Gott) Horus

Die Neschu-Krankheit aus allen Gliedern eines Kindes zu vertreiben.
Du bist Horus und du erwachst als Horus.
Du bist der lebende Horus;
ich vertreibe die Krankheit, die in deinem Leibe ist,
und das Leiden, das in deinen Gliedern ist ...

(Beschwörung)

(Neschu-Krankheit), befalle nicht seinen Kopf ...
Befalle nicht seinen Scheitel ...
Befalle nicht seine Stirn ...
Befalle nicht seine Augenbrauen ...
Befalle nicht seine Augen ...
Befalle nicht seine Nase ...
Befalle nicht seinen Mund ...
Befalle nicht seine Zähne ...
Befalle nicht seinen Schlund ...
Befalle nicht seine Zunge ...
Befalle nicht seine Lippen ...
Befalle nicht seinen Schädel ...
Befalle nicht seine Schläfe ...
Befalle nicht seine Ohren ...
Befalle nicht seinen Nacken ...
Befalle nicht seine Schultern ...
Befalle nicht seine Arme ...
Befalle nicht seine Finger ...
Befalle nicht seine Brustwarzen ...

Befalle nicht seine Brust ...
Befalle nicht seinen Leib ...
Befalle nicht seinen Nabel ...
Befalle nicht seinen After ...
Befalle nicht seinen Phallus ...
Befalle nicht seine Leisten ...
Befalle nicht seinen Rücken ...
Befalle nicht seinen Hintern ...
Befalle nicht seine Hinterbacken ...
Befalle nicht seine Beine ...
Befalle nicht seinen Fuß ...

Ein solcher Text soll keineswegs, wie immer wieder behauptet, durch die gliedweise Behandlung den „Schutz des Leibes vervielfachen", vielmehr bemüht er sich, das Kompositum Mensch durch eine Vielzahl konstitutiver Teile als eine Ganzheit zu erfassen. So vorzüglich die Ägypter im einzelnen beobachtet haben, ihre Betrachtung der einzelnen Glieder führte (in der Medizin) über eine hohe Spezialisierung schließlich zur Erstarrung und nicht zum Verständnis des Organismus. Diese Zusammenschau erfolgte – wie könnte es anders sein – am Umbruch der („Achsen"-)Zeit, und dies durch Hippokrates[11]: Er hat eine Krankheit als Prozeß verstanden, durch den die normalen Körperfunktionen gestört sind. Der Grieche hat Anatomie und Physiologie in ihrem Funktionszusammenhang erkannt und hat Krankheit als zeitlichen Vorgang entdeckt. Die moderne Medizin ist durch ihre Spezialisierung auf dem Wege, die Ägypter, auf neuem Niveau, wieder einzuholen.

Die „Gliedervergottung" ist Bestandteil sowohl medizinisch-magischer wie apotropäisch-protektiver Texte bzw. Praktiken, für Gesunde, Kranke, Verstorbene auf allerlei Anwendungsgebieten. Doch ihr Anlaß und ihr Zweck sind für vorliegenden Artikel belanglos, entscheidend ist hier allein, daß in diesen Texten der Körper als Addition von Teilen gesehen ist und nicht als ein Organismus mit allseitig voneinander abhängigen Gliedern. Diese Ansicht hat der Ägypter *ab ovo* vertreten, wie anschließend erörtert sei.

Nach Ausspruch der Isis ist des Osiris Same „im Innern ihres Leibes", und sie hat ihn „zusammengefügt zur Gestalt eines Gottes (Horus) im Ei" (Uterus). Auch Amun-Re in seinem Aspekt als Schöpfergott Chnum hat „den Samen der Götter geknüpft". Schon in den Pyramidentexten verdankt der König seine Entstehung dem *ts* (knüpfen) so gut wie dem *ḫpr* (werden), und um ihn wiedererstehen zu lassen, wird „sein Kopf an seine Knochen (u. ä.) geknüpft".

*Ts* (knüpfen, knoten) ist ein Schlüsselwort für die Vorstellung des „zusammengefügten" Menschen. Der homerische Mensch, also auch einer aus der aspektivischen Periode, aber aus Griechenland, hat anstelle der „Knoten" zwischen den Gliedern mit starken (!) Muskeln, ... Gelenke, μέλεα καὶ γυῖα.[12] Der Grieche bekundet schon in archaischer Zeit ein auffallendes Interesse an der Dynamis des Menschen, an seiner Bewegung, an seinen flinken Beinen und demnach an den Scharnieren der Knie, wie er auch in gleichzeitiger Rundplastik eine Spannung der Figur erkennen läßt, die das Gebilde nahezu sprengt, während der Ägypter bei einer rundplastischen Darstellung des Menschen, der in Haltung und Stellung der archaisch-griechischen vollkommen gleicht, die statische Ruhe, das absolute Sosein artikuliert (Abb. 51).

Die sukzessive Erfassung des menschlichen Körpers hat ihren erfreulichsten Ausdruck gefunden im Beschreibungslied der Liebeslyrik.[13] Die Erscheinung der Geliebten wird in lockerer Folge Teil um Teil ob ihrer Vollkommenheit gepriesen; adjektivische Attribute oder Vergleiche rühmen ihre Eigenschaften. Ohne seelische Anteilnahme und zunächst auch ohne feste Koppelung zwischen Glied und Sprachbild ersteht die Geliebte von Kopf bis Fuß vor den Augen des Hörers oder Lesers entlang der additiven Aufreihung der Lobsprüche über die bis zu drei Dutzend Körperteilen. Daß die Zahlen mit Symbolgehalt, wie die 9 und in den späten nüchternen Listen die 12, an Vorrang gewinnen, steht der Denkweise der Zeit wohl an. Auf die 12 schließlich kanonisch festgelegt, wurden die Körperteile danach den Zeichen des Tierkreises beigegeben und sind schließlich in mittelalterliche Kalenderillustrationen eingegangen.

> Die Tugendleuchtende, Strahlenhäutige,
> mit Augen klaren Blickes,
> mit Lippen süßen Sprechens.
> Sie hat kein Wort zuviel.
> Mit hohem Wuchs und schimmernder Brust.
> Echtes Lapislazuli ist ihr Haar.
> Ihre Arme übertreffen das Gold.
> Ihre Finger sind wie Lotoskelche.
> Mit schweren Lenden und schmalen Hüften,
> sie, deren Schenkel um ihre Schönheit streiten,
> edlen Ganges, wenn sie den Boden betritt,
> raubt mein Herz mit ihrem Gruß.

Wenn Ägypten auch das Beschreibungslied am klarsten ausgeformt hat, so fehlt die Gattung jedoch nicht ganz in der gleichzeitigen Umwelt, die unzweifelhaft allein aufgrund gleicher (aspektivischer) Erfassung eines Ganzen aus dessen Teilen den Typus des Beschreibungsliedes gefunden hat. So der akkadische Hymnus auf Ninurta,[14] in dem die Glieder dieses Gottes vom „Antlitz" bis zu den „Beinen" verschiedenen Gottheiten gleichgesetzt werden.[15]

Dem Ägyptischen geistesverwandt sind weiter die vergleichbaren Teile des Hohenliedes[16] und das altarabische *nasîb*, dem das jüngere (arabische) *ghazal* entspricht – das Goethes Ghazel ›In tausend Formen magst du dich verstecken‹ aus dem ›West-östlichen Divan‹ wohl seine verdientermaßen berühmteste Nachblüte verdankt (s. S. 120) – und auch, literarisch eingebunden, die Lieder Anakreons.[17] Daß Spätantike und Mittelalter, in deren Bildkunst die Perspektive nur noch nachglimmt, das Beschreibungslied, wenn auch für Aussagen mystischer Minne, weiterhin verwendeten, kann keinen verwundern, dem das Verhältnis jener Epochen zur Aspektive bewußt ist. Auf der unterschwellig jederzeit vorhandenen Möglichkeit aspektivischen Erkennens kann sich das Beschreibungslied ebenso entfalten wie die „naive Malerei". Der Liebe europäischer Volkpoesie zum Beschreibungslied hat bekanntlich Shakespeare durch sein 130. (Spott-)Sonett endgültig den Garaus gemacht.

> Ihr Aug ist nicht so hell wie Sonnenlicht;
> ihr Mund hat nicht die Röte von Granaten;
> schneeweiß ist Schnee, ihr Busen ist es nicht;
> das Haar sei Gold? Ihr Gold ist schwarz geraten.
> Wohl sah ich Rosen, weiß und rot, und doch,
> auf ihren Wangen sah ich sie nicht blühn;
> und manche Düfte wehen süßer noch,
> als die im Hauch von ihren Lippen ziehn.
> Gern lausch ich ihrer Stimme, doch der Klang,
> ich weiß es ja, er wiegt Musik nicht auf;
> noch niemals scheut ich einer Göttin Gang –
> geht aber sie, so tritt sie herzhaft auf.
> Und doch, beim Himmel, meine Liebste weicht
> nicht *einer*, die der Dichter falsch vergleicht.
> (übertragen von Hanno Helbling)

Es ist hier nicht der Ort, die poetische Form des Beschreibungsliedes zu untersuchen und es als den Gegensatz zu Goethes dynamischem Ghazel zu erklären. Nur soviel: Trotz Anlehnung des Weimarers an die persische Litanei der „grenzenlosen Gedichte" steigert sich die Gleichniskette nach spiraligem Aufsteigen, durch Raffung, Synkope, Modifikation – nicht zu einem Ende, sondern zu einem Schluß, einer schließlichen Anrede des Allerhöchsten. „Ein deutsches Herz ... mit eignem Feuer" hat so, hat anders gedichtet.

Die Würdigung der Glieder als selbständige Größen erweisen ähnlich die kultischen Beschreibungslieder; hier möge es genügen, auf die hymnische Spezies der wohl auf archaisches Königszeremoniell zurückgehenden Morgenlieder hinzuweisen. Zur morgendlichen Begrüßung der Gottheit wird darin die Vielheit der göttlichen Aspekte durch Namen und Epitheta rühmend umschrieben, besonders im Kult für Hathor von Dendara und für Horus von Edfu, deren Körperteile vom Kopf bis zu den Zehen „erwachen, um Freude zu bereiten". – Ein ungewöhnliches Beispiel einer „Gliedervergottung" bietet die Sonnenlitanei, der Jan Assmann mit viel Scharfsinn eine Gemeinschaftskonzeption entwunden hat, wie sie für die Entstehungszeit des Textes als einer Epoche des Vorstoßes in Richtung „Perspektive" nicht überraschen würde.

An ganz anderer Stelle soll endlich nochmals die gliedweise Erfassung des Körpers verdeutlicht werden: bei den sog. Mischgestalten, bei denen die Teile des Körpers von Mensch und Tier zusammengefügt erscheinen; so bei Sphinx, Greif, Ba-Vogel, Höllentier, bei den tierköpfigen Gottheiten, den göttlichen Gestalten der sog. mythologischen Papyri und den zahllosen „Dämonen" der Unterwelt. Zwar ist die Zusammenfügung der verschiedenen Wesensteile derart elegant und überzeugend gelöst, daß man – ist man erst mit ihnen ausreichend umgegangen – die *realiter* unmögliche Gestalt solcher Kompositionen überhaupt nicht mehr seltsam findet, doch im Sinne anatomisch-physiologischer Lebewesen sind sie eine einzige Provokation (als welche bezeichnenderweise Goethe auch „die Hundsköpfigen" empfunden hat). Aber die kompositären Teile wollen nicht anders denn als Zeichen für sprachlich nur schwer formulierbare theologische Aussagen verstanden sein und erheben in ihrer Vereinigung keinen Anspruch auf reale Existenz (Abb. 48).

Unter den Kompositwesen zu höchstem Aussagewert gesteigert erscheint der omnipotente Gott, dessen Gestalt eine Vielzahl von Köpfen und Gliedmaßen vereinigt (Abb. 54); Köpfe von Löwe, Schlange, Schakal, Widder, Falke u. a. erheben sich über dem Kopf meist eines Bes, dessen menschlicher Körper mit mehreren Flügelpaaren und Krokodilschwanz ausgestattet ist und an dessen Knien und Füßen Schlangen und weitere Tierköpfe hervortreten. Außer in Vignetten erscheinen sie rundplastisch als Bronzefiguren mit einzeln verbildlichten, gläubig zu verehrenden und im Zauber zu beschwörenden Eigenschaften, welche die Machtfülle einer Gottheit sichtbar demonstrieren. Diese pantheistischen Gottheiten, Amun-Re, Harmerti oder auch Haroëris genannt, wollen die synkretistischen Vorstellungen der späten Zeit einfangen.[18] Solche Kompositgebilde, deren Ganzheit sich aus einer Summe von Wesens-Aspekten ergibt, haben darstellerische Vergleiche im Mittelalter, und sie kehren in der Bildkunst seit dem Expressionismus – man denke an Dalí – auf neuer Bewußtseinsebene wieder.

Der menschliche Körper 79

Aus dem Gesagten ergibt sich, daß die Ägypter den Körper nacheinander, Glied um Glied, erfaßt haben, während sich deren Einssein erst im klassischen Griechenland als etwas Wesentliches vorschiebt. Mag es uns zunächst auch befremden, daß das Ägyptische keine Bezeichnung gehabt haben sollte für „Körper" in dem uns gewohnten Sinne, d.h., daß es ihn primär nicht als substantiell geschlossene Einheit mit funktionell allseitig zusammenhängenden Gliedern aufgefaßt hat, so mag man weniger irritiert sein, wenn man bedenkt, daß auch „der homerische Mensch" noch kein σῶμα hatte, vielmehr wie die Ägypter γυῖα und μέλεα, also „Glieder". Die Einheit als etwas Wesentliches war auch den frühen Griechen noch verdeckt, ja genaugenommen kennt Homer sogar nicht einmal Wörter für Arm und Bein, sondern nur für deren Teilstücke Oberarm, Unterarm, und entsprechend Oberschenkel, Unterschenkel, Fuß (und Gelenke!).[19]

Ausgezeichnet erkennen bereits die Verfasser eines Standardwerkes zur Geschichte der Medizin aufgrund ihrer untersuchenden Beobachtungen entscheidende Kriterien der vorantiken Geisteshaltung: Die Widersprüche ihrer verschiedenen „Theorien" und Heilpraktiken, die Nähe zu begabten Naturvölkern, die Hochleistungen der Einzelerkenntnisse und Einzelmaßnahmen und die „Traditions-Überschätzung"; auch sie machen

Abb. 54

den „anders gearteten Geist" der Griechen verantwortlich für die – in unserem Sinne – „vollendetere Stufe" – hier – der Medizin. Ich zitiere aus ihrem Werk[20]:

„Wir haben also bei den alten Babyloniern eine Mischung verschiedener Krankheitstheorien; dämonistische, kosmische, parasitäre, humoralpathologische; eine Mischung von übersinnlichen und rationellen Vorstellungen, deren einzelne Komponenten ... ohne Rücksicht auf die ihnen untereinander anhaftenden Widersprüche zu einem Gesamtbild vereinigt wurden." Weiter unten[21]: „Die altägyptische Heilkunde ähnelt – trotz mancher Abweichungen im einzelnen – in ihren Grundzügen jener Babyloniens." Schließlich[22]: „Wir haben also, alles in allem genommen, in der ägyptischen ebenso wie in der altbabylonischen Medizin Leistungen vor uns, die bei ihrer Vermengung von empirischem Rationalismus und religiösem Mysticismus zwar der äußeren Form nach sich nicht sehr weit über das Können mancher begabter Naturvölker erheben, ihren tatsächlichen Wirkungen nach aber eine vortreffliche Grundlage für die weitere Entwicklung einer höheren Medizin abgaben. Und wenn diese altorientalischen Völker über die Ansammlung von Einzelkenntnissen und einzelnen Heilmaßnahmen nicht herausgekommen sind, so lag dies vor allem daran, daß die bei ihnen herrschende Überschätzung der Tradition durch fortwährendes Mitschleppen des Althergebrachten das Neue nur so weit aufkommen ließ, wie es sich ohne weiteres dem Alten anfügte. Es bedurfte also eines von einem anders gearteten Geiste beseelten Volkes, um diese Hemmungen zu überwinden und dadurch die Medizin auf eine höhere Stufe der Vollendung zu heben. Dieses Volk waren die Griechen."

Was hier als „Überschätzung der Tradition" und „Mitschleppen des Althergebrachten" herausgestellt wird, entspricht genau dem Verhalten des schrittweisen Vorgehens, das sich durch Anbindung an das Vorige sichert.

Diese hier festgestellten Merkmale gehören im Prinzip zu den durchgängigen Kennzeichen der „vorgriechischen" Kulturen, wie der Leser in den vorausgegangenen wie folgenden Kapiteln dieses Buches leicht erkennen wird. Wer das „noch nicht" bei den Alten Ägyptern schlecht verträgt, mag sich daran aufrichten, daß das ägyptische Verhältnis zum Konkret-Sinnlichen eine Fülle von modalen Aspekten geschaffen hat, wie wir sie heute nur noch in Träumen erfahren. Davon zeugt im vorliegenden Zusammenhang die erwähnte große Anzahl der Organ-Bezeichnungen. Für die organisch-einheitliche Zusammenschau seit der Renaissance hat der Mensch schließlich einen nicht geringen Preis gezahlt.

Dem Kapitel über den menschlichen Körper kommt, wie eingangs gesagt, insofern besondere Bedeutung zu, als hier nicht von einer Darstellung rückgeschlossen wird auf eine Vorstellung, sondern weil sich die Vorstellung des frühen Menschen durch seine Praktiken unmittelbar kundtut. Nicht das von den frühen Völkern Gestaltete ist hier untersucht, vielmehr wird das addierende, das „aspektivische" Er-fassen eines von der Natur vorgegebenen Organismus umweglos greifbar.

Damit wird auch die bändefüllende Diskussion über den Funktionsmechanismus des Sehens, welche die Neurophysiologen im Zusammenhang aspektivischer Kunst heftig beschäftigt hat, gefördert. Daß eine höchst komplizierte Kooperation bzw. Wechselwirkung zwischen Seh- und Tastwahrnehmung zum Erlernen des dreidimensionalen Sehens nötig ist, besagt nichts über das oben dargelegte Verständnis des menschlichen Organismus, mithin ebensowenig über die (bildliche) Darstellweise eines Gegenstandes. Nach wie vor entscheidet die Apperzeption (s. Schlußkapitel).

## IV. STAAT UND GESELLSCHAFT

Schon die Zweiteilung, die der Titel nahelegt, ist für Ägypten wenig sinnvoll. Weder für das eine noch für das andere gibt es eine ägyptische Vokabel. Der Staat wird, kurz gesagt, repräsentiert durch Pharao. Er, der gotthaltige Herrscher, steht an der Spitze, er allein, der auf Erden die Rolle Gottes übernimmt; alle Beamten (und Priester) sind seine Delegierten. Die Nähe zu Pharao bestimmt den Sozialstatus eines Ägypters. Wer es zum Titel „Sohn des Königs" oder gar zum „leiblichen Sohn des Königs" gebracht hat (im Alten Reich), der hatte eine hohe Reputation. Die Unterscheidung von *government* und *civil society* ist auf Ägypten und die frühen Hochkulturen nicht anwendbar. Ihre Sozialordnung mit der Bauformel des Herrschens und Beherrschtwerdens und ihrer statischen Gebundenheit ohne die Intention eines Wandels kennt keine Querverbindungen sozialer Gruppen. Die ägyptische Gesellschaft ist eine aggregierte,[1] nicht strukturierte, wobei „Struktur" nicht gebraucht ist in dem heute oft üblichen Allerweltssinn von einem Gefüge bzw. Zusammenhang irgendwelcher Art, sondern, um es noch einmal zu wiederholen, im Sinne Kants, nach dem Struktur das Bezugssystem im Aufbau eines Ganzen sich dergestalt darstellt, daß sich die „Lage und Verbindung der Teile eines nach einheitlichem Zweck sich bildenden Organismus" definiert. Bei diesem Strukturbegriff sind „einheitlich" und „organisch" Schlüsselbegriffe im Sinne multilateraler Beziehungen der zu einem Ganzen verwobenen (nicht addierten!) Teile. Nur so und nicht anders ist auch in diesem Kapitel der Begriff „Struktur" angewandt.

„Aggregiert" bzw. „Aggregation" hingegen bedeutet die Ansammlung, die durch Aneinanderhäufung von Teilen, durch Aneinanderreihung von Einzelnen ohne einheitliche Verbundenheit zustande kommt. Aggregation steht damit abgehoben von Struktur und Organismus im Sinne Kants.

Die (soziale) Aggregation der frühen Völker soll allerdings nicht verwechselt werden mit einer lockeren egalitären Herdenschar, denn sie ist geordnet, und zwar hierarchisch geordnet, jedes Individuum konturiert und letztendlich auf den Herrscher bezogen.

Dies vorweg zum Einstieg in die hier aufgeworfene Frage und zur begrifflichen Klärung; im folgenden eine genauere Darstellung der sozialen Verhältnisse im Alten Ägypten. Dabei kommt nur die Konstruktion in den Blick, nicht die wirtschaftliche Seite.

Die ägyptische Gesellschaft ist, wie schon gesagt, eine aggregierte Gesellschaft. Ihre konstituierende Einheit ist das Individuum, allenfalls die Kernfamilie. Doch selbst Ehe und Familie stellen keine unauflösliche Gruppe dar. Erst in der Spätzeit der ägyptischen Geschichte entwickelt sich eine Familiensolidarität („Vetterles-Wirtschaft" der Priesterfamilien) und bahnen sich gewisse (Kult-)Gemeinschaften an.

Lenken wir zunächst unsere Aufmerksamkeit etwas intensiver auf die Ehe! Um es vorweg negativ zu fassen: Es gibt keine Großfamilien, keine Sippengemeinschaft, die ihre kollektive Identität durch eine Reihe von Generationen behielten.[2] Die alleinige funktionierende Familieneinheit ist die Ehe bzw. Zwei-Generationen-Einheit. Die Kernfamilie besteht aus Vater, Mutter und den unverheirateten Kindern; dazu können alte, verwitwete, verwaiste oder hilfsbedürftige Verwandte und Ammen aufgenommen werden.

Die Familienmitglieder haben keinen gemeinsamen Zunamen, es gibt überhaupt keine Familiennamen, jedes Familienmitglied trägt nur einen oder zwei Rufnamen.[3] Geschwister, sogar verschiedengeschlechtliche, können in ein und derselben Familie sogar den gleichen Namen haben, so daß das Individuum namentlich nicht immer scharf herausgehoben zu sein braucht, sondern fast wie ein amorphes Teilchen in der genetisch undifferenzierten Masse eingebunden ist. Das ist allerdings die Ausnahme.[4]

In der Regel ist der Name von eminenter Bedeutung, denn er konturiert den Einzelnen, hat – wie das Wort allgemein – daseinswirkende, grenzensetzende Kraft, die ein Lebewesen erst zur Person be„ruft". Zur weiteren Konturierung der Individuen diente die Filiationsangabe „Sohn bzw. Tochter des – auch der – NN". Weiter wird die Person verdeutlicht durch ihre Titel. „Behängt man sich mit Titeln" zuzeiten auch „wie mit Amuletten"[5], so finden sich die echten Titel, die die jeweilige Tätigkeit ihres Trägers bezeichnen, doch immer eng mit dem Namen verbunden und werden damit eine quasi-Namenserweiterung. Bezeichnend für Titulaturen ist die Tatsache, daß sich die Amtstitel häufig mit den Titeln der Untergebenen verbinden, so daß die Befehlsgewalt der Vorgesetzten „mosaikartig" zusammengesetzt erscheint, wie W. Helck formuliert.[6] Durch ihre Titel ist eine Person auf der Stufenleiter der Hierarchie plaziert, d. h. in der Vertikalen eingeordnet. Jeder hat seine Platznummer auf der Sprossenleiter bis hinauf zum Wesir, der faktisch – einschließlich der Rechtsprechung – seit der 2. Dynastie die Spitze einnimmt. Pharao als das *noli-me-tangere*-Oberhaupt ist vom gemeinen Mann soweit distanziert, daß eine Berührung durch ihn den Tod bedeuten kann.[7]

Nach dem Gesagten versteht sich von selbst, daß die Frau ihren Namen mit der Eheschließung nicht etwa ändert. Sie behält weiterhin ihren Rufnamen. Für den Mann ist sie fortan seine „Frau". Außer „Mann/Frau", „Vater/Mutter", „Sohn/Tochter", „Bruder/Schwester", selten „Schwiegervater/-mutter" und vielleicht „Schwiegersohn/-tochter" gibt es bezeichnenderweise im Ägyptischen keine Verwandtschaftsbezeichnung,[8] also weder Schwager/Schwägerin, Neffe/Nichte, Vetter/Base, Halbbruder, Stiefbruder, noch Großeltern,[9] Urgroßeltern und die entsprechenden *vice-versa*-Bezeichnungen. Doch durch Addieren der elementaren Verwandtschaftsbezeichnungen (Zusammensetzung) konnte man jeden Verwandtschaftsgrad genau angeben.

Die Ehe wurde in Ägypten leicht geschlossen und auch leicht wieder aufgelöst. Mehrehe (und Konkubinat) gab es praktisch (außer im Königshause) nicht, aber man konnte mehrere Ehen hintereinander eingehen, ohne Treuegelöbnis auf Lebenszeit. Keine moralische, ethische oder religiöse Vorstellung erwartete eine Bindung, „bis daß der Tod sie scheidet". Ehebruch wurde allerdings schwer geahndet bis hin zur Todesstrafe.[10]

Die Ehe gründet sich allein auf die Willenseinigung der beiden Partner, zusammenzuleben und Kinder anzustreben, der Akt der Eheschließung ist demnach deklaratorischer Art und begründet eine rein säkulare Institution. Sie ist also keineswegs ein Sakrament, und mit ihr verbinden sich keinerlei Zeremonien. Nachdem die Ägypter bei ihrer Schreibseligkeit alles und jedes aufgezeichnet haben, darf es, nachdem einschlägige Texte oder Bilder fehlen, als sicher gelten, daß es keine Hochzeitsfeier gab und die Eheschließung mit keinerlei Festlichkeit verbunden war.

Entsprechend leicht war eine Ehe geschieden; auch hier genügte die Willenseinigung der Partner, ihre Beziehung zu beenden. Die Scheidung konnte von jedem der beiden Partner vollzogen werden.[11]

Sinn für eine „alte Familie", deren Linie in eine möglichst lang zurückliegende Vergangenheit verfolgt werden konnte und die sich in die Zukunft verlängern sollte, ist erst um etwa 600 v. Chr. in Ägypten aufgekommen, wo Ahnenreihen, da es einer Tradition ermangelte, zwar kaum bekannt waren, aber fingiert wurden. Ahnenkult hat es nie gegeben, die Nachkommen waren lediglich verpflichtet, die Verstorbenen am Grab zu versorgen. Kinder hatte man, wie es Ludwig Hamburger für die Thai formuliert, „wie Blumen, die man aussät und von denen man erwartet, daß sie sich weiter aussäen, aber nicht wie frische Äste am Baum der Familie". Tatsächlich werden in einer altägyptischen Lebenslehre die Kinder „Blumen" genannt, „die dein Auge betrachten kann. Es wäre schade, wenn sie fehlten…"[12]

Die Alten lebten essentiell in der Gegenwart und interessierten sich nicht für ihren Stammbaum. Es wäre lächerlich, sich vorzustellen, daß sie gar eine genealogische Wissenschaft betrieben hätten. Der Einzelne war nicht Glied eines gemeinschaftlichen Ganzen, das von einer Basis über Gruppen zu einer Einheit emporsteigt, sondern blieb wesentlich ein Einzelner in der Masse, die zusammengehalten wurde durch die Person des Königs und auf ihn bezogen war.

Das heißt nun aber nicht, daß der Ägypter kein geselliger Mensch gewesen wäre und seine Familie, Haus und Hof nicht geschätzt, sogar geliebt hätte. Eher im Gegenteil. Seine Bindung an die nächste Umwelt war stark. Der Einzelne wußte sich in der Familie geborgen und pflegte Familiensinn. Kinder wurden von der Gottheit erbeten, Mütter waren hochverehrt, die Gattin hieß „die Geliebte", später sogar „Schwester" ihres Gatten.

Nach brieflichen Zeugnissen meinte sich der Familienvater dem Ende nahe, wenn er berufshalber vorübergehend von seiner Familie getrennt leben mußte. Er fühlte sich, als ob er schon „in der Dat" (Unterwelt) wäre, und flehte die Daheimgebliebenen um Briefe an und um Fürsprache bei seinem Ortsgott.

Es sind nicht allein die Familienangehörigen, zu denen der (30 km!) fern weilende Mann sich sehnt, es ist sein Haus, sein Boden und auch sein Wohnort.[13] Der Ägypter hielt es nur aus, wenn er die Scholle seiner Heimat an den Füßen spürte.[14] Dies Haften am Boden entspricht in der Kunst der Eigenart, plastische Figuren auf einen Sockel oder doch eine Plinthe zu stellen, und auch die Bodenlinie in der Flachkunst ist nicht frei von dieser Bedeutung. Das Bedürfnis nach Geborgenheit, dem die Angst davor entspricht, aus seiner Bindung heraustreten zu sollen, erzeugte in der Plastik zudem den Rückenpfeiler; er ist keine technische Notwendigkeit, sondern erwächst einem psychischen Bedürfnis.

Für Sinuhe, den Nationalhelden Ägyptens, war es höchste Erfüllung, am Ende seines Lebens aus der Fremde, in der er es sogar zu hohen Ehren gebracht hatte, durch königliche Gunst in die Heimat zurückkehren zu dürfen und dort ein Grab (durch Pharao) zu erhalten.[15] Kein Abenteurerdrang lockte das Nilvolk in die Ferne, nicht bestieg man ohne Not einen Berg,[16] man wünschte sich in den engen Kreis seines Haushaltes, in das Vertrautsein der angestammten Umgebung, deren Fläche sich bis zum Horizont des Wohnortes ausgedehnt hat. In seiner „Stadt" angesehen, von den Mitbewohnern verehrt und bei ihnen beliebt zu sein, gehört zum Tugendideal der Alten Ägypter. Ein früh verstorbenes Kind suchte im Jenseits darin Trost, daß es von seiner Familie beklagt und von der Stadt betrauert wird.[17]

Arbeitsplatz, Schenke, Angehörige und Freunde waren die „Fernziele" des Ägypters; für die keineswegs in einen Harim eingesperrten Frauen waren es das umliegende Feld und der Markt, für die Sängerinnen unter ihnen der Tempel; alle klammerten sich an die unbedingte Hoffnung, dereinst in der Heimat-Nekropole bestattet zu werden. Dort auch galt es, den Grabdienst zu versehen, dorthin riefen die Nekropolenfeste, während Kalender- und Götterfeste die Gemeinden vornehmlich um die Tempel versammelten.

In den Tempeln amtierten Männer wie Frauen, teils ehrenamtlich, teils beruflich. Erst in der Spätzeit reisen zu Götterfesten auch Oberägypter ins

Delta oder Deltabewohner nach Oberägypten, während man sich früher begnügte, familiengemeinsam zu Fisch- und Vogelfang in nahe gelegene Sumpfgebiete zu stochern.[18] Nur Verwaltungs- und Aufsichtsbeamte, Boten, Kuriere oder Händler und die Staatsspitze machten beruflich nötige Reisen durchs Land, nur notfalls ins Ausland.[19] Jenseits der Landesgrenzen sein zu müssen, war für jeden, auch den Soldaten, ein schlimmes Los!

Die bilaterale Gesellschaftsordnung läßt sich im Alten Ägypten durchgehend beobachten. In den Lebenslehren, die den Menschen zu rechtem Verhalten anleiten, ist bevorzugt das Verhältnis eines Mannes – gemeint ist in aller Regel ein Beamter – zu seinen Vorgesetzten oder das zu seinen Untergebenen behandelt, seltener das zu „einem, der dir gleichgestellt ist". So etwas wie Solidaritätsbegriff mit gleichrangigen Kollegen gibt es nicht, d. h. keine sensible Querverbindung.

Auch innerhalb der Familie herrscht eine vertikal-lineare Ordnung. Der Familienvater ist das Oberhaupt, die Ehefrau tritt, wie es sinnfällig die Kunst erweist, hinter ihn zurück bzw. ist minderberechtigt, wenn auch für die Verhältnisse des damaligen Orients überraschend frei und selbständig; von den Kindern sind die Söhne bevorzugt, wenn auch Mädchen von der Gottheit erbeten werden, der älteste Sohn steht über dem Zweitgeborenen.

Und so wie innerhalb der Familie ist die Gesellschaft hochgestaffelt bis zur königlichen Spitze. Die einzelnen Stufen innerhalb der Arbeiterschaft, der Bauern, der Beamten, der Priesterschaft und des Militärs in ihrer Kompliziertheit und Wandlung im Laufe der Geschichte hier auszubreiten, wäre wenig sinnvoll und darf mit gutem Gewissen unterbleiben, da es auf das dominante Prinzip ankommt und nicht auf ägyptologische Detailerhebungen.

Die praktische Spitze der Landesverwaltung ist der Wesir, dem es im Alten Reich gelingt, Tendenzen zu exemten Siedlungen, verbunden mit größerer Freiheit der Verwaltungsbeamten, abzufangen. Im Mittleren Reich ist trotz großer Aufsplitterung der Zuständigkeiten der einzelnen Verwaltungsbezirke die Zentralisierung eher stärker denn schwächer. Im Neuen Reich wird die Landesverwaltung insofern reformiert, als nun Ober- und Unterägypten je getrennt einem Wesir unterstehen, Militär und Tempel eigene Vorsteher haben und Nubien von einem „Königssohn" verwaltet wird. Im oberägyptischen Theben entsteht ein von Priester(familie)n besetzter „Gottesstaat" mit eigenen Domänenverwaltern. Wie auch immer geartet, das Prinzip der hierarchischen Verwaltungsorganisation – ohne tragende Querverbindungen – bleibt durchweg gewahrt.[20]

Die Priester sind zwar in „Phylen" eingeteilt, doch nur aus arbeitstechnischen Gründen. Das gleiche gilt für die Arbeiterschaft. Zwar sind die Arbeiter in Gruppen geordnet, aber nur zahlenmäßig und nicht etwa zu einer Art gewerkschaftlicher Ziele zusammengeschlossen. Auch für die kaum belegten Streiks gibt es weder Parolen noch irgendwelchen gemeinsamen Kampfgeist. Die Arbeiter, von ihren Vorgesetzten angeführt, verweigern die Fortsetzung ihrer Arbeit schlicht deswegen, weil sie mangels „Löhnung" am Verhungern sind.[21] Es fehlt an Querverbindungen, wie sie strukturierte Gesellschaften kennzeichnen, und demgemäß an gemeinnützigen Einrichtungen, außer – in beschränktem Maße – Schulen für Jungen (und zur musischen Erziehung für Mädchen). Diese Schulen, Tempel- oder Residenzschulen, sind Ausbildungsstätten für „Schreib"-(= Beamten-) Berufe.

Bilden sich Gruppen, so sind sie locker gefügt und kurzlebig, mehrseitig verbinden sich Personen nur von Fall zu Fall, aber sie bilden kein stabiles Ganzes mit eigenem Namen, eigenen Rechten und Pflichten oder eigenem Vermögen oder gar – unnötig zu sagen – mit Mehrheitsentscheid. Selbst bei effektivem Zusammenwirken fehlt bei den Mitgliedern der spezifische Gemeinschaftssinn, man handelt nicht in gemeinsamer Verantwortung.

Das Fehlen von Querverbindungen äußert sich weiter im Nichtvorhandensein von Krankenhäusern oder anderen gemeinnützigen Einrichtungen wie Kinderhorten oder Altenheimen. Es gibt weder Verbände noch Vereine, noch Clubs, weder Zünfte noch Innungen, noch Handwerkskammern, weder Genossenschaften noch Gesellschaften irgendwelcher Form, auch keine versorgungsrechtlichen Kassen. Fast scheint es grotesk, solche Institutionen bei den frühen Hochkulturen zu erwarten, dennoch ist es nötig, sich diese Andersartigkeit ins Bewußtsein zu rufen.

Nicht nur fehlt der Begriff der Kollegialität, selbst die Beziehung zu Sachen ist lose. Sachen werden – außer Waffen – in der Regel nicht gepflegt, der Umgang mit Werkzeug ist sorglos-distanziert.[22] Auch zum Tier besteht, sofern es nicht heilig gehalten wird, ein Verhältnis, das sich in seiner zärtlich-grausamen Beziehung kaum von dem unterscheidet, wie es Kinder zu Tieren haben. Eine Abweichung ist bezeichnenderweise in der 18. Dynastie, wie bei dem Prinzen und nachmaligen König Amenophis II., zu konstatieren.[23]

Überhaupt verändert sich die Gesellschaftsform – wie die Kunst – spürbar in der 18. Dynastie. Während die skizzierte Rangleiter für das Alte Reich feststeht und im Mittleren Reich diese Organisation des Beamtentums und noch augenfälliger die der Miliz im Überkommenen verankert bleibt, löst sie sich im Laufe der 18. Dynastie merklich von der Tradition. Den Gipfel eines neuen Sozialgefüges erreicht das Elitecorps der Wagenkämpfer.[24]

Möglicherweise resultiert die Veränderung aus dem Einfluß der Hyksosherrschaft in der sog. 2. Zwischenzeit, deren Staat „feudalistisch" aufgebaut und mit der Gesellschaftsform der hurritischen Stadtstaaten verwandt war, eher aber aus dem imperialistischen Ausgreifen Ägyptens nach Vorderasien. Jetzt machte man nicht mehr nur Beutezüge in den Sudan,[25] um dort Gold und Exotika einzuhandeln, oder Expeditionen in den Sinai, um dort Kupfer und Malachit zu gewinnen, oder Handelsexpeditionen nach Asien; nun galt es vielmehr, sich mit den erstarkten kleinasiatischen Völkern als eigenständigen Körperschaften auseinanderzusetzen. Daß die Hyksos, Hurriter und ihnen voran die Hethiter früher als die Ägypter zu anderen Sozialformen gelangt sind, bleibe nicht unerwähnt. Die Völker des Vorderen Orients waren ständigen Reibungen ausgesetzt, indes Ägypten bis zum Einfall der Hyksos in einer *splendid isolation* sich ungestört nach eigenem Gesetz bewegen konnte.

Im Neuen Reich lernte Ägypten Babylon, Mitanni und später die Hethiter als respektable Größen kennen, mit eigener Autorität, es erkannte in diesen „Barbaren" selbständige Kulturvölker, mit denen man sich zu arrangieren hatte. Der Einfluß von Mode und Musik aus Vorderasien ist den altägyptischen Darstellungen unmittelbar abzulesen. Götter wurden hin und her übernommen. Dolmetscher erlernten die fremden Sprachen und korrespondierten in ihnen (Amarnabriefe). Wird von ägyptischer Seite auch das Gefälle vom Nil zum Orontes und zum Zweistromland betont und galten auch ägyptische Weisheit, ägyptisches Zauberwesen, ägyptische Medizin, ägyptische Götterwelt sowie ägyptischer Reichtum (Gold) bei den asiatischen Vasallen – vielfach sogar bei den Großmächten – als unerreichbar, so sah sich Ägypten doch Mächten gegenüber, die bedrohlich werden konnten und es auch wurden, bis es schließlich zu einem gegenseitigen Vertrag unter Ramses II. gekommen ist.[26] Bezeichnenderweise waren es die im Sinne von Strukturen am weitesten herausgesprungenen Hethiter, mit denen dieser weltgeschichtlich erste Völkervertrag abgeschlossen wurde.

Kurzum, in der 18. Dynastie wurden erstmals beachtliche Querverbindungen gesponnen, der Blick hatte sich geweitet auf Größen hin, die es zu beachten galt und mit denen man Beziehungen knüpfen mußte. Weniger wohl das konkrete Vorbild einer andersartigen Gesellschaftsform als die Notwendigkeit, sich Seite an Seite einzurichten, scheint mir der Ausgangspunkt für die gesellschaftlichen Neuerungen der 18. Dynastie zu sein. Dazu gehört nicht zuletzt die Wende der Blickrichtung auch in die Zukunft.[27] Es ist dies die Zeit, in der nicht „Geschichte beginnt", aber Geschichte als Veränderung wahrgenommen wird, d. h. Geschichtsbewußtsein aufkommt.

Mit dem damals erwachsenen neuen Verhältnis zur Zeit geht Hand in Hand das Interesse an der Zeitmessung: Die Wasserauslaufuhr wird bereits am Beginn der 18. Dynastie erfunden.[28] Andere damalige Erfindungen führen dazu, daß die Leistungen Einzelner, seien es Erfinder, Organisatoren oder Soldaten, herausgehoben werden und somit einer distinktiven Wertschätzung des Individuums eine Bahn gebrochen wird. Weder früher noch später in der ägyptischen Geschichte hatte das Individuum einen solch hohen Stellenwert wie in der 18. Dynastie.[29] Jetzt hat sich das Individuum von Rang vorübergehend losgelöst vom König, während sich vorher und

– bis zur Spätzeit – nachher in der Regel zwar der eine vom andern durch seinen Namen abgesetzt, aber seine Motivation allein durch den Willen des Königs erhalten hat: Namen wie Autobiographien erweisen, daß es der König ist, der den Einzelnen schafft und erhält.[30]

Die Vorstellung der ägyptischen Gesellschaft als einer auf Pharao bezogenen Herde, die in der Bezeichnung „aggregiert" (*grex* = Herde) ihr Etikett findet, wird am schönsten bestätigt durch den seit dem Alten Reich in Fülle belegten Beinamen des Herrschers als „Hirten", der sein Vieh (= Menschen) „hütet". Auch Götter, insbesondere der Kulturbringer Osiris, Könige durch die ganze Zeit der ägyptischen Geschichte und (später) auch hohe Beamte, Gouverneure und Vizekönige von Kusch werden als Hirten bezeichnet. Wie der Himmelsgott „seine Kälber" (= die Sterne) hütet, der Schöpfergott „das Vieh Gottes" (die Menschen),[31] in später Zeit sogar der Tod als der „Hirt von allem, was auf Erden ist" erkannt wird, so leitet der König die Ägypter als Hirt und Hüter.[32]

Seine diesbezüglichen Abzeichen sind Krummstab und *flagellum*, dieselben, die ein in nomadisch-vorgeschichtliche Zeit zurückgehender Häuptlingsgott (Anedjti) als Hirte der Herden getragen hat. Mit dem Krummstab hat bekanntlich der Hirt ein Vieh, das er aus der Herde herausgreifen wollte, am Bein umhakt und herangezogen. Dieser Krummstab als Abzeichen des Hirten schwang sich auf bis in die Hand der Majestät, des „guten Hirten", als Herrschaftsemblem.[33] Der Gute Hirte ist mehr als ein Symbol für besorgte Leitung, für Wachsamkeit, Schutz und Pflege; dieses Würdeprädikat, das seine Kraft aus der Lebensweise der über das ganze Land dicht gestreuten ägyptischen Viehhirten eindrucksvoll bezog, war ein durchpulstes Prädikat, das den leisen geistesgeschichtlichen Wandel Ägyptens anzeigt.[34] War der König eingangs der Geschichte der „wesentliche Repräsentant Ägyptens gegenüber den Göttern, als Gott aber Herr des um seinetwillen geschaffenen Landes"[35], so galt er bald als jener, der um der Menschen willen geschaffen wurde. "The concept of the good shepherd rather than the distant and lordly owner of the flocks shifted the idea of kingship from possession as a right to responsibility as a duty. Property itself had rights, and the possessor was obliged to exert himself to the point of pain in protecting and nurturing his flocks."[36]

Die ob ihrer großen Zahl verwendete Prädikation des Guten Hirten mit zahlreichen Varianten, besonders in der Zeit des Endes der 18. bis in die 20. Dynastie, könnte phrasenhaft anmuten, wenn sie nicht immer wieder in konkretem Zusammenhang oft prekärer Situationen den Königen zugesprochen wäre. Für die 1. Zwischenzeit und das Mittlere Reich wird die Verantwortlichkeit Gottes und des Königs für die Menschenherde immer stärker betont und auch die Verantwortung, die der König Gott gegenüber für seine Herde trägt. Im Neuen Reich wird die Menschenherde, „das Vieh Gottes", bezeichnenderweise auf die Menschen des damals erst voll in den Blick getretenen Auslands ausgeweitet und wird betont auch die Kreatur einbezogen.

Ramses II. nennt sich „inkarnierter Gott, Re für das Land, lebender Amun für Ägypten, guter Hirte für die Menschen; wenn er aufgeht, leben ihre Herzen". Wem käme jetzt nicht der in dem ›Sonnengesang‹ des Franz von Assisi und dem 104. Psalm widerklingende große Amarna-Hymnus in den Sinn, in dem Echnaton Gottes Fürsorge für alles, was lebt, exemplarisch besingt?[37] In dem „Hohenlied" auf den Guten Hirten, einem großen Sonnenhymnus aus dem späten Neuen Reich,[38] der mit dem 23. Psalm verglichen werden darf, ist der Gute Hirte das Bild aller Bilder und wird als solcher, der damaligen Wandlung zu einem individuelleren Verhalten des Menschen zu Gott entsprechend, auch von dem einzelnen Beter angerufen.[39] Noch die ptolemäischen Könige bezeichnen sich als „Hirt von Millionen"[40], „Rinderhirt von Hunderttausenden, Leiter der Lebenden auf der ganzen Erde".

Das schöne Bild vom Guten Hirten ist auch den Christen von heute vertraut, erwuchs aber auf dem Kulturboden der alten Völker, in Ägypten, Mesopotamien, Israel und im Mittelmeergebiet, und war sinnerfüllt, solange Gesellschaften sich als Herden verstanden. Eine strukturierte Gesellschaft würde sich für diesen Vergleich bedanken, während sich auch der heutige Christ durch seinen „König" scheiden läßt nach „Schafen" und „Böcken" (Mt. 25).

Außer in einem kurzen Aufstand eigenmächtigen Willens, der – weil ungeübt im rechten Verhältnis zum Nebenmenschen und fern der Fähigkeit allseitigen Zusammenspiels – seine Schranken nicht kannte und zum Chaos der 1. Zwischenzeit führte, und nach der bitteren Erfahrung, daß entfesselter freier Wille auch falsche Entscheidungen treffen kann, fügt sich *idealiter* der Einzelne in die von Gott am Beginn der Zeiten gesetzte Ordnung, die Ma'at.

Dieser *ordo mundi*, der Recht, Sitte, Sozialordnung, das Richtige einer Erkenntnis oder Operation und auch die Naturordnung sowie den gesamten Kosmos umfaßt, wurde durch die Weisen von Gott bzw. dem Leben abgelauscht und als Wegweisung den Menschen gelehrt. Der Ma'at-gemäße Mensch ist der „Schweiger", der sich der Ma'at entsprechend verhält, indem er zur Ma'at ja sagt und nicht gegen sie aufbegehrt. Er wird im Jenseitsgericht bestehen und unter den Seligen bis zum Jüngsten Tag fortleben.[41]

Mit der 18. Dynastie entfaltet sich der Einzelne zu einem Selbst, das nun in freiwilliger Unterordnung dem König Gefolgschaft leistet und sich in die gesellschaftliche Hierarchie selbständig eingliedert. Jetzt werden Leistungen, Erfindungen, Heldentaten Einzelner hervorgehoben;[42] jetzt gründet sich der „Name eines Menschen auf seine Taten, so daß er in diesem Lande (Ägypten) niemals untergehen kann"[43]. Unter Echnaton wird das Individuum wieder unter die Sohlen des Pharao gedrückt und verliert seine Entscheidungsfreiheit bis ans Ende der ägyptischen Geschichte.

Auch wenn sich Ausnahmen bereits vom Alten Reich an aufzeigen lassen, so wird die Verlaufslinie der Stellung des Einzelnen bzw. individueller Eigenbestimmung davon grundsätzlich nicht tangiert.

Eine anfängliche Hinwendung zur Strukturbildung ist in der Spätzeit Ägyptens zu beobachten durch die Institution von Kultgemeinschaften, wie sie auch in Israel die erste Gemeinschaft nach der Landnahme stiftete, indes die Stämme politisch nur lose miteinander verbunden waren. Für Ägypten wird eine Kultgemeinschaft bereits in der Arbeitersiedlung Dêr el-Medîna in der 19. Dynastie für möglich gehalten,[44] ohne daß sie bewiesen werden könnte. Doch unter Amasis (570–526) beginnen sich Kultgemeinschaften zu formieren; kein Beispiel läßt sich früher tatsächlich nachweisen,[45] in ptolemäisch-römischer Zeit sind sie zahlreich, doch für diese Zeit kann griechischer Einfluß nie ausgeschlossen werden.

Allein, die spätzeitlichen Kultgemeinschaften sind Korporationen mit Rechten und Pflichten. Man vereinigte sich zu Götter- und Königsfesten, nahm sich notleidender Mitglieder an, hatte an ihrer Beerdigung teilzunehmen, durfte nach dem Moralkodex innerhalb der Gemeinschaft weder streiten noch jemanden verleumden oder die Frau eines Mitglieds verführen; dazu gab es offensichtlich auch gelegentliche Schweigepflichten. Die Kultgemeinschaften hatten ihre eigene Jurisdiktion, der sich die Mitglieder unterwerfen mußten, ehe sie das öffentliche Recht in Anspruch nahmen. Sie waren in sich hierarchisch gegliedert, die Mitglieder hatten bestimmte Funktionen inne; doch die Statuten mußten alljährlich (!) neu sanktioniert werden. Kosten wurden gemeinschaftlich getragen.[46]

Wenn auch nicht präzisiert und vervollkommnet wie in griechisch-römischer Zeit, sind diese seit Amasis (Mitte des 6. Jh.) belegten Kultgemeinschaften doch relativ autonome Gesellschaften innerhalb des staatlichen Gebildes bzw. querverbindende Vereinigungen – erste Anfänge von Struktur.

Ich fasse zusammen: Was sich an der Kunst augenfällig offenbart, hat sich, da die Kriterien nicht an der Oberfläche liegen, sondern für die Wesensverfassung der Produzenten gelten, auch an der Gesellschaftsform zeigen lassen. Im Gegensatz zur strukturierten Gesellschaft ist sie eine aggregierte. Aggregierte Gesellschaften haben ihre Ordnung, aber diese Ordnung ist eine vertikal-lineare, einfädig-hierarchische. Sie unterscheiden sich von strukturierten – wenn einmal statt abstrakter Begriffe ein Bild gebraucht werden darf – wie eine Webkette *versus* ein Gewebe, d. h. durch Addition gewonnene Zusammenfügung der Bestandteile *versus* einen Organismus mit allseitig voneinander abhängigen Gliedern.

Evolutionistisch-funktionalistisches Denken, das im strukturalistischen von heute seinen vorläufigen Höhepunkt erlangt hat, ist der Grund dafür, daß der Blick für aggregierte Gesellschaftsformen bisher verstellt war. Mit einem strukturalistischen Ansatz läßt sich eine „vorgriechische" Gesellschaftsform nicht erfassen. Erst – so hat es Wolfgang Fikentscher plausibel herausgearbeitet[47] – die nachachsenzeitliche Kultur Griechenlands, die Zeit der Polis und der Tragiker, sowie die prophetisch-jüdisch-christliche Kultur haben die Gegenbegriffe, welche Organismus bzw. strukturierte Organisation zeitigen, gefunden und in ihnen gedacht und sie gelebt.

Eine aggregierte Gesellschaft ist – im Unterschied zur strukturierten – gekennzeichnet durch die Addition von Einzelmenschen, die entscheidend ohne Querverbindungen nebeneinander leben. Verbindungen werden nur locker und kurzfristig eingegangen, man kennt außer zum König kaum rechtliche Treuebeziehungen und gemeinschaftliches Leben auf gemeinsame Verantwortung. Der Einzelne ist kein *zoon politikon*, er ist ein Wesen, das nur an seine nähere Umgebung gebunden ist, sich aber nicht versteht als Teil eines übergeordneten Ganzen, vielmehr als auf einer Sprosse der Leiter stehend, die hinaufführt – in Ägypten zu Pharao, wie es das Bild des 12jährigen Reiner veranschaulicht (Abb. 55).[48]

Abb. 55

## Staat und Gesellschaft

In aggregierten Kulturen, deren Fikentscher unter der Bezeichnung „fragmentiert" acht Stufen unterscheidet, bei welcher Graduierung das Alte Ägypten die fünfte Stufe einnehmen würde, ist – wenn sie hier der Kürze halber zusammengefaßt charakterisiert werden dürfen – der Einzelne in den Handlungswillen der königlichen Macht eingefädelt. In strukturierten dagegen gehören die Menschen so gut vertikal-linear zusammen wie sie durch Gruppen miteinander querverbunden sind. Damit entsteht ein System von Konfrontationen, von Verhältnissen und Beziehungen, genauer von multilateralen Verflechtungen, die zu einem kaum entwirrbaren Ganzen verschlungen sind. Innerhalb einer Gruppe ist der Einzelne für die ganze Gruppe verantwortlich und entfaltet sich als ein Individuum, für das die Größen Willensfreiheit und Schuldbewußtsein relevant werden.

Daß sich im Ägypten der 18. Dynastie und mit der Spätzeit Änderungen fassen lassen, ist gesagt worden; kaum gesagt werden muß, daß sich Erscheinungen nirgends in Reinkultur finden. Im Neuen Reich sind auch sonst Änderungen in Richtung Perspektive zu beobachten, aber hier geht es darum, ein nicht nur markantes, sondern ein für die Kultur insgesamt konstitutives Phänomen herauszuschälen.

## V. RECHTSWESEN

Rund um 3000 v. Chr., d. h. zu Beginn der ägyptischen Geschichte, hat sich das Volk organisiert, etwa gleichzeitig, als es den Himmel organisierte, die Grundlagen seiner Wissenschaft legte, die Schrift erfand und den Kalender ebenso wie den Kunstkanon schuf und mit der Erziehung des Menschen begann. Diese damaligen Entwürfe existierten, grob gesprochen, bis zum Kontakt mit den Griechen und, gebrochen, bis zur Zeitenwende.

Der neu begründete Staat forderte die rechte Verwaltung und eine tragende Rechtsform. Diese im 3. und 2. Jtd. gültige Rechtsform ist eine (theokratische) Ordnung – in den gleichzeitigen Kulturen des übrigen Alten Orient nicht anders als in Ägypten – mit (Gott-)Königen an der Spitze. Jede Art von Staatsgewalt auf allen hierarchisch geordneten Stufen der Staats- wie Tempelverwaltung leitete sich ausschließlich vom König her. Die Untertanen waren dem König rechenschaftspflichtig, zumindest fiktiv, wenn der König auch seine Funktionen delegieren konnte, so die weltlichen an den Wesir und seine Beamten, die kultischen an die Priester. Die Ausrichtung auf einen obersten Regenten bildet auch den Rahmen der Gesetzgebung und bestimmt die moralischen Lebensregeln so gut wie die rechtlichen Ordnungen. Jede Ordnung war eine Ordnung von oben nach unten, strukturelle Querverbindungen der Glieder dieser Ordnung haben sich nicht entwickelt.[1] Die Lebensregeln sind, wenn auch entscheidend Verhaltensregeln für das irdische Leben, meist religiös eingebunden und beziehen auch das Verhalten bei kultischen Begehungen ein.

Als höchste Instanz, selbst dem König vorgeordnet, gilt die Ma'at, die kosmisch-ethisch-sozial-rechtliche Welt-Ordnung, die – wie im Alten Testament die Weisheit[2] – am Anfang der Zeiten steht. Ma'at als rechtlich-soziale Ordnung ist der Inbegriff ethischer Gemeinschaftswerte und umfaßt Gerechtigkeit und Wahrhaftigkeit ebenso wie Kanon und Sitte. Da sich bei den Alten der Ma'at-Begriff auf die Idee gründet, daß sich die Welt aus dem Göttlichen entfaltet hat, d. h., daß sie eine Emanation göttlicher Weisheit darstellt, einen Niederschlag der Ur-Vollkommenheit, so ist Ma'at ein statischer Begriff, die Emanationen sind deren Explikationen. – Im Gegensatz zu dieser Idee der Emanation steht jede Lehre, die eine Entwicklung vom Niederen zum Höheren annimmt. Sie hat einen Zielpunkt in der Zukunft und ist mit Kausalität, Folgerichtigkeit und mit Dynamis verbunden. – Das Ruhende, Bleibende, Stetige, das sich auf die je einzelnen Gebiete ausbreitet, d. h. die Emanation, entspricht dem flächigen Wesen aspektivischer Kunst.

Der frühe, aspektivische Rechtsbegriff beruht auf dem Grundgedanken des Gleichgewichts, der sich im *do ut des* ausdrückt: Wenn man Gott opfert, erwartet man von ihm eine entsprechende Gabe – an Schutz, an Hilfe, an Gnade, bzw. wenn Gott eine Gunst erweist, hat er Anrecht auf ein Dankopfer.[3] Die Entsprechung von Gabe und Gegengabe bestimmt ebenso das rechtlich-ethische Verhältnis im Alltag: Fürsorge für die Kinder wird beglichen durch Fürsorge für die im Alter hilfsbedürftigen Eltern bis hin zum Totendienst an ihrem Grab.

Gesetzgebung wie Erziehung, d. h. Gebote wie Lebensregeln der Weisen, stellen es sich zur Aufgabe, das gesetzte Recht mit dem Rechtsgefühl der Rechtsgemeinschaft in Übereinstimmung zu bringen und zu erhalten. Dabei gilt es, sich ständig wachzuhalten für die Ma'at. Denn die Ma'at ist gefährdet und muß immerzu gehütet werden, praktisch gesprochen: Die Ordnung muß laufend neu hergestellt werden. Dieses In-Ordnung-Bringen ist theoretisch ein Glätten, Besänftigen, Beruhigen, Herstellen-wie-es-war, in voller Breite. Es ist nicht ein „Verbessern", nicht „Vorwärts", nicht „Empor", keinerlei Reform. Es kennzeichnet den tüchtigen Pharao, daß er „das Land beruhigt *(shr, sgr)*", wie es entsprechend den vorbildlichen Untertan kennzeichnet, daß er „schweigt", d. h., daß er sich einfügt in das Bestehende, das Althergebrachte, das von Beginn der Schöpfung bewährte Gute. Denn das Vollkommene liegt am Ursprung, „in den Zeiten des Re", nicht in der Zukunft. Ein Höheres, Entwickelteres wird nicht konzipiert,[4] die Ur-Weisheit tritt mit dem Schöpfergott in die Welt, wenn sie nicht schon vor ihm existiert hat. Daß sich eine gewisse „Höherentwicklung" dennoch vollzogen hat, geschah unabsichtlich, man darf ungehemmt sagen: wider den Plan der Menschen, war aber eine zwangsläufige Folge von Erfahrung und Einsicht.

Die Alten Ägypter, nicht ein Volk der Eroberungen, sondern ein ausgesprochenes Rechtsvolk, haben zahllose Rechtsdokumente hinterlassen – Königsdekrete, Gerichtsprotokolle, Tempelarchive, Rechtsgeschäfte oder Satzungen verschiedener Art – mit sauberer Gedankenführung. Schematische Gliederung nach Präskript, Datum, Namen des Königs, Aussteller und Empfänger, Text und Schluß mit dem Namen des Schreibers; in den Privaturkunden und für das Gerichtsprotokoll wird das Schema von Datum, Nennung des Gerichts, Wiedergabe des Verhandlungsverlaufs und schließlich ein Vermerk über die etwaige Herstellung von Abschriften exakt befolgt. Die sachliche Gliederung in Tatbestand und Entscheidung zeichnet ägyptische Rechtsurkunden bereits seit dem Alten Reich eindrucksvoll aus.

Wie alle frühen Rechtskodizes stellt auch das ägyptische Recht eine Kompilation von Regeln und Vorschriften dar, die allenfalls assoziativ aneinandergereiht, aber nicht systematisch geordnet oder gar durchstrukturiert war. Vorschrift steht neben Vorschrift, Regel neben Regel, wie in der Kunst Aspekt neben Aspekt als Teilgrößen, in der Anatomie Organ neben Organ als (unverflochtene) Einzelglieder, in der Bruchrechnung Teilbruch neben Teilbruch oder in der Geschichtsvorstellung Regierungsperiode neben Regierungsperiode als je geschlossene Einheiten. Auch das bedeutendste Gesetzgebungswerk jener Zeit, der Kodex Hammurabi, der zwar wenig praktische Auswirkung hatte, wie die Einzelurteile entnehmen lassen, ist keineswegs systematisch aufgebaut, sondern assoziativ-reihend. In der Rechtsanthropologie wird diese Form von Rechtsbehandlung, die noch immer zwei Drittel der Weltbevölkerung betrifft, als "ancient laws", "tribal laws" oder "primitive laws" bezeichnet. Doch das beschäftige hier nicht.

In solchen Rechtskodizes werden die Fälle nebeneinandergestellt ohne durchgängige Verhaltensrichtlinien, ohne klare und aufeinander bezogene generelle Regeln. Zwar kollidiert das Bedürfnis nach Billigkeit, d.h. nach einer individualisierenden, allen Besonderheiten eines Einzelfalles gerecht werdenden Entscheidung, auch bei uns heute gelegentlich mit dem Bestreben einer generellen Regelung, welchen Konflikt bereits Aristoteles bemerkt hat; aber diese aus der Mannigfaltigkeit des Lebens erwachsende Schwierigkeit, der heutiges Recht durch Ermessensspielraum begegnet, ist eine grundsätzlich andere Divergenz als die zwischen „aspektivischer" und „perspektivischer" Anlage eines Gesetzbuches. Die „perspektivische" Orientierung ist um eine einheitliche Verhaltensregulierung, um eine widerspruchsfreie, homogene Rechtsordnung bemüht. Die Widerspruchsfreiheit der Verhaltensregelung wird durch eine Rangordnung der Kompetenzen wie der Normen garantiert. Im „aspektivischen" Recht dagegen stehen die Fälle, nicht anders als in den Lebensregeln die Merk- oder Sprichwörter, nebeneinander, selbst wenn sie sich widersprechen. Nur kleinere Sinneinheiten werden – assoziativ – zu Kapiteln vereinigt.[5] Zwingend nachvollziehbare und vorhersehbare Begründungen gibt es nicht. Die Regeln versetzen nicht in den Stand, aus gegebenen Ergebnissen neue Ergebnisse so zu gewinnen, daß ein geschlossenes Gebäude von Verallgemeinerungen und Konkretisierungen zu errichten möglich gewesen wäre. Anstelle des allgemein formulierten und damit abstrakten Gesetzes von heute tritt bei den Alten der Analogiefall, so wie in der Mathematik das Paradigma.[6]

„Aspektivisches" Recht formuliert den Einzelfall anschaulich konkret, „perspektivisches" Recht subsumiert abstrakt-allgemein sämtliche Analogiefälle in einer einzigen Regel. Nicht der Ausschnitt des Einzelfalles kommt mehr in den Blick, sondern – aus der Distanz das Ganze überblickend – erfaßt das heutige Gesetz *idealiter* sämtliche einschlägigen Fälle. Aspektivisches Recht ist kasuistisch, perspektivisches vereinheitlichend. Dazu reimt es sich, daß beim frühen Recht Definitionen fehlen, denn Definitionen bedürfen der verallgemeinernden, höheren Begriffskategorie.

Einen Schritt in die verallgemeinernde Formulierung tut das ägyptische Totenbuch, das die ethischen Verhaltensnormen festlegt, nach denen sich der Verstorbene vor dem Jenseitsrichter zu verantworten hat. Darin heißt es (in Kapitel 125) etwa: „Ich habe niemanden weinen gemacht", oder: „Ich habe das Maß nicht verfälscht." Ähnlich abstrakt können gelegentlich Verhaltensregeln in Lebenslehren gefaßt sein,[7] also im Moralkodex, der allerdings kaum je – anders als der Dekalog – Rechtsfragen tangiert.

Dieser Beitrag aus der ägyptischen (und altvorderorientalischen) Gesetzestechnik mag bestätigen, daß sich im Rechtswesen wiederfindet, was auf anderen kulturellen Gebieten für die Aspektive herausgestellt wird. Ergänzend sei zur Unterstützung der These ausgrenzender Teilbetrachtung bemerkt, daß eine „Hausurkunde" nach gesetzlicher Vorschrift von Jahr zu Jahr erneuert werden mußte, andernfalls wurde sie hinfällig. Ihre Geltung war kurzfristig.

Die inhaltliche Seite des ägyptischen Rechtes, das sich bis in Märchen und andere Erzählungen hineinschlängelt, interessiert hier nicht. Pauschal sei lediglich gesagt, daß ägyptisches Strafrecht, an dem unseren gemessen, zwar grausam genannt werden muß, aber weit humaner gewesen ist als das der gleichzeitigen Umwelt. Bei Strafandrohungen ist nur selten „die spiegelnde Strafe", das Talion (Auge um Auge, Zahn um Zahn), nachzuweisen, obwohl dies dem Gleichgewichtsdenken entsprochen hätte. Ägyptische Rechtspraxis zielt auf gütlichen Vergleich unter Hintansetzung einer juristischen Entscheidung.[8]

Ägyptisches Recht ist empirisches, auf Erfahrung beruhendes Recht, das erst in demotischer Zeit, freilich weiterhin kasuistisch, aber doch zusammenhängend „kodifiziert" wurde.[9] Man gelangte nur beschränkt zu gewissen Abstraktionen und Abgrenzungen. Bezeichnend ist die Findung des Privatrechtes insofern, als sie die Beziehungslosigkeit der Individuen, richtiger: ihre alleinige Ausrichtung auf das staatliche Oberhaupt, den König, aufdeckt. Es gab keine Querverbindungen von Gruppen, die Kernfamilie war die Teileinheit des Ganzen (Volkes), und auch diese Kleinsteinheit spaltete sich immer wieder auf. Damit ist der Boden für das Privatrecht bereitet, dessen Form sich bis zur Gegenwart erhalten hat. Der Aufspaltung in Individuen ist letzten Endes auch die freie Stellung der Frau als Rechtsperson zu danken. In dieser Rechtsordnung konnte sich jeder „weitgehend nach Gutdünken eigene Rechte gestalten" (Allam).

Wenn im demotischen Privatrecht der Wille des Menschen weit stärker berücksichtigt wird als zuvor, auch wenn der bloße (römische) Konsensualvertrag noch weit entfernt ist, so ist diese Einbeziehung eines zusätzlichen Faktors eine Erweiterung im Sinne mehrerer Relationen und auch einer stärkeren Aufmerksamkeit gegenüber physiognomischer Eigenart, die gleichzeitig in der bildenden Kunst aufwacht (Porträt).

In griechisch-römischer Zeit wird das ägyptische Recht als ein "case law" immer weiter zurückgedrängt zugunsten des Rechts der neuen Herren. Diese verwickelte Auseinandersetzung kann hier nicht dargelegt werden. Nur dies: Bei der Zivilprozeßführung werden nun anstelle des Kontrasturteils „A hat recht, B hat unrecht" Tatbestand, Entscheidungsgründe und Urteilstenor einer Sache genau behandelt und über die Sitzung einschließlich der verlesenen Schriftsätze und des Urteils detailliert Protokoll geführt und dieses von Gerichtsschreiber und Richter unterzeichnet. Eine solche Differenzierung entspricht der Drehung und Wendung der neuen (griechischen) Plastik gegenüber den rechtwinklig zueinander stehenden Ansichtsflächen ägyptischer Statuen oder, auf dem Gebiet der Malerei, der nuancierten Farbgebung gegenüber den flächig mit Grundfarben bemalten ägyptischen Figuren.

Im ganzen bleibt festzuhalten: Die juristischen Zeugnisse lassen erkennen, daß Ägypten keine theoretischen Gedanken über die Grundlagen des Rechts entwickelt hat. Zwar ist die Ma'at ein zentraler Begriff auch des Rechts, aber sie ist nichts anderes als ein breitflächiges Ideal, dessen göttliches Wesen sich in Emanationen entfaltet. Es läßt sich kein Bemühen feststellen, eine widerspruchsfreie, homogene Rechtsordnung durch einheitliche Verhaltensregelung zu entwerfen. Die Alten schufen ein auf (konkreter) Erfahrung beruhendes assoziativ-reihendes "case law".

## VI. GESCHICHTSAUFFASSUNG

### 1. Kleinbogige – großbogige Apperzeption

Nach dem bisher gewonnenen Verständnis zur altägyptischen Apperzeption kann nichts anderes erwartet werden, als daß die Ägypter auch Geschichte in der ihnen spezifischen Weise aufgefaßt haben, aufgefaßt als eine Reihung von kurzfristig einander folgenden Einheiten. Wie Tag und Nacht sich folgen, immer wiederkehrend, wie die Jahreszeiten – sich in gleichem Rhythmus wiederholend – den Puls des Lebens in Gang halten, so auch folgt gemäß der Wahrnehmungsweise der Alten Regent auf Regent als Vollstrecker des immer gleichen Handlungsauftrags.[1]

In der mythischen Rolle des Gottes Horus erfüllt jeder Pharao *idealiter* dasselbe ihm von der Ma'at vorgezeichnete Muster. Einzig die Handlungen des Königs, des Obersten in der sozial-hierarchischen Rangliste, einzig die Handlungen Pharaos machen Geschichte.[2]

Diese seine Geschichte ist aber erst sekundär die Geschichte von Kriegen und Eroberungen und besteht nicht in Sozialreformen oder in wirtschaftlichen Erfolgen, sondern sie ist Erfüllung dessen, was am Anfang der Zeiten die Geschichte initiierte und was repetierend zu geschehen hatte: zu schaffen und zu erhalten. Wie der Urgott die Welt, so hatte Pharao das Reich zu „schaffen" und es gegen die (fiktiv) ständig andrängenden Feinde zu behaupten, analog zu der Aufgabe des Sonnen- und Ordnungsgottes Re, der tagtäglich den Apophisdrachen niederkämpfen mußte (S. 104). Außer für die Schaffung und Erhaltung des Reiches war der König zuständig für die kosmische und soziale Ordnung in ihrem weitesten Umfang.

Mit dem Tod des regierenden Pharao ist ein Handlungskreis gerundet, und mit dem Regierungsantritt seines Nachfolgers beginnt ein neuer. Jeder Pharao ist eine neue Emanation des Gottes Horus mit der prinzipiell gleichen Aufgabe wie sein Vorgänger. Eine historische Fortentwicklung – gar noch zu einem Höheren, Besseren – wird nicht gedacht; Geschichte als Ganzes ist kein linearer Verlauf, der die Ereignisse regierungsübergreifend zu einer Kette verhaken würde.

Wohl ist dem Ägypter die Vergangenheit bewußt, aber sie wird nicht reflektiert, sie ruht bei ihm wie ein Bleibendes, das sich vom Gegenwärtigen nur durch den Namen des Pharao unterscheidet. Nur in wenigen Ausnahmen, bezeichnenderweise im Neuen Reich und in der Spätzeit, wird die Erkenntnis einer Zeittiefe bemerkbar.[3] Historische Einbrüche von der

Gewalt einer Sturmflut, wie sich einer in der 1. Zwischenzeit ereignet zu haben scheint, sind in mythische Bilder oder doch in die literarische Form einer allgemeinen Lehre bzw. Klage gefaßt.

Geschichte war für den gesamten Alten Orient entscheidend Erfüllung von immerseienden mythischen Mustern. Für dieses Geschichtsbild war nicht die Einmaligkeit eines Ereignisses bestimmend, sondern das vorwiegend in der Natur erlebte Spiel der Wiederkehr, die rhythmische Wiederholung eines Typus, eines Modellfalles, orientiert an der Welt der Gestirne oder, wie gesagt, am täglichen Kreislauf der Sonne und wie im Wechsel von Tag und Nacht so an dem der Jahreszeiten, in Ägypten auch an der regelmäßigen Überschwemmung des Nils, allgemein am Werden und Vergehen der Vegetation und des Lebens überhaupt.

Solche Ordnungen waren für die frühen Menschen Machterlebnisse, in denen sich Gott offenbart. Sie wurden mythisch umschrieben als Schöpfungswerke Gottes, in anderen Kulturen als Geburt und Sterben der Götter oder als *hieros gamos*. In dem sich wiederholenden Naturgeschehen sahen die alten Völker des Vorderen Orients das unmittelbare Walten Gottes, und sie sahen sich selbst eingebunden in dieses Spiel der Mächte. Ein solches Daseinsverständnis ist weit entfernt von einem Geschichtsbild, wie es uns mit der Bibel als der ersten aus der altorientalischen Tradition herausgesprungenen neuen Geschichtsauffassung vorliegt.

Vergleicht man die altorientalische Geschichtsdarstellung mit der Israels, so zeigt sich – um es einmal schlagwortartig auf Begriffe zu bringen –, daß die Bibel eine „Geschichte" schreibt, die andern aber „Geschichten".[4]

In Israel ist rund 500 Jahre vor Thukydides eine Geschichtsschreibung gelungen, die sich radikal von jener der damaligen Umwelt absetzt. Die anderen, die Sumerer, Akkader, Ägypter, die Phönizier und selbst die am weitesten vorgepreschten Hethiter[5], sind an mythische Vorstellungsweisen gebunden, die ihnen zwar Annalen eingaben, kleinbogige Darstellungen von Einzelereignissen, Königsinschriften zumeist, doch keine Geschichte als ein die Zeiten umspannender, durchgehender Verlauf. Um die frühe Geschichtsauffassung deutlich zu kontrastieren, soll später die israelitische Betrachtungsweise ausführlicher herangezogen werden, doch zunächst ist noch einmal breiter zu sprechen von der Aufgabe des die Geschichte vollziehenden Pharao. Ausschließlich ist es Pharao als der Repräsentant des Königtums, in dessen Handlungen sich Geschichte manifestiert.

## 2. *Ägypten und Alter Orient*

Jeder ägyptische König „verknüpfte die beiden Länder" (Unter- und Oberägypten), d. h., er gründete den ägyptischen Staat, auch noch, nachdem dieser 3000 Jahre und länger bestand. Er „erschlug die Feinde", „erweiterte die Grenzen" – ob sie in seiner Regierungszeit je überschritten wurden oder nicht –, er „beschützte die Witwen und Waisen", und selbstverständlich beging er die kultisch notwendigen Feste, denn deren Ritual vergegenwärtigte die uranfänglichen gottgesetzten Ordnungsmuster und wehrten immer aufs neue den ordnungsfeindlichen Mächten. Der frühe Kult und die Götterfeste versetzten die Vollziehenden bzw. die Festteilnehmer quasi *realiter* in das mythische Ereignis, und von dessen Vollzug gingen die schöpferischen Kräfte aus, die die ständig gefährdete Weltordnung erhielten. Nicht eine geschichtliche Tat, vielmehr ein gottheitliches Geschehen trägt die Welt.

Pharao spielte seine Rolle nach überliefertem Muster, und von jedem wird der gleiche Typus von Erfolg berichtet, ob er auf ihn zutrifft oder nicht. Das Wort hat magische Kraft, ist machtgeladen, grenzensetzend, daseinwirkend. Unangenehmes, Niederlagen, Verluste können demnach nicht fixiert werden, sonst würden sie dauerhaft existent.[6] Doch nicht nur deshalb wird Negatives nicht berichtet, sondern eben auch deshalb, weil der König als eine gotthaltige Person sich offiziell so verhält, wie es die göttliche Ordnung gebietet. Noch heute nach Jahrtausenden legen die mit Inschriften überrieselten Tempelwände von dem „ordnungsgemäßen" Verhalten Pharaos Zeugnis ab.[7]

Daß die Vorstellung von einem sich wiederholenden Muster völlig starr sei, wäre jedoch eine irrige Annahme, denn jederzeit können neue Muster gefunden und kanonisiert werden. (Nur selten, aber immerhin, finden sich Beispiele wie das Relief Pharaos mit der Darstellung des Sieges über eine libysche Fürstenfamilie, welches im Laufe von fast 2000 Jahren dreimal von drei verschiedenen Königen mit den immer gleichen Namen der Libyer in Tempeln erscheint.) Aber keinerlei Bereicherung verändert die Tatsache, daß Geschichte eine Summierung von Einzelereignissen bleibt, die reihend aneinandergebunden, doch nicht kausal verknüpft werden zu einem fortlaufenden Geschehen. Mit jedem König wird neu datiert, addiert werden die Regierungsjahre dieses einen Königs oder allenfalls begrenzter Perioden; und noch weniger werden sie von einem Fixpunkt aus fortlaufend gezählt. Die Epochendatierung, nach der die historischen Ereignisse später zeitlich bestimmt wurden – wie nach der Olympischen Ära, dem römischen *ab urbe condita*, der jüdischen, christlichen oder islamischen –, setzt die Vorstellung von Geschichte als einem Ablauf von miteinander in Beziehung stehenden Ereignissen voraus. Es ist nur selbstverständlich, daß von einer Regierungszeit allein die markanten Ereignisse, genauer: die positiv markanten Ereignisse in den Annalen festgehalten werden.

Den frühen Völkern war die Konzeption einer durchlaufenden Zeit schon deshalb nicht möglich, weil es einen abstrakten Begriff von *der* Zeit nicht gab. Zeit ist immer qualitätsgebunden,[8] sie ist eine „Lebenszeit", eine „Zeitspanne", eine „rechte Zeit *(kairos)*", eine „Gelegenheit", eine „Erntezeit" usf., und so auch eine Regierungszeit (neben einer anderen), die jeweils für sich inhaltlich konkret gefüllt war. Viele Ausdrücke für einzelne „Zeiten"[9] bezeichnen, was heute in „der Zeit" aufgehoben ist, denn der jeweilige Aspekt einer Zeit führt zu einem eigenen Urteil. So waren die Stunden des Tages und der Nacht nicht nur verschieden lang, sondern hatten auch verschiedene Qualitäten und Namen. Die drei im Erleben verschiedenen Phasen der Sonne am Tag: Morgen-, Mittags- und Abendsonne wurden drei verschiedenen Gottheiten – Chepre, Re und Atum – zugewiesen. Ein „Moment" war die Zeit, in der ein Nilpferd den Kopf aus dem Wasser hebt zum Atemholen (auch hier anschaulich konkrete Vorstellung) – ich will nicht weiter ausholen. Die einzelnen Kalenderjahre waren in der frühen Geschichte nach hervorstechenden Ereignissen benannt. Wenn nicht zu Datierungszwecken gebraucht, dann ist die ägyptische Vokabel für „Jahr" eine, die „das-sich-Erneuernde, das-sich-Verjüngende" bezeichnet *(rnp.t)*, womit sie auf die periodische Wiederkehr der Naturerscheinungen hinweist (auch Geschichte ist ein Stück „Natur"). Das immer Gleiche kehrt immer wieder, ohne Ende; der Sohn folgt auf den Vater nach dem mythischen Vorbild der Thronfolge des Horus nach seinem Vater Osiris, dem analog Herrscher auf Herrscher einander folgen – der Horus-König auf den zu Osiris gewordenen Vorgänger-König. Das Wiederaufsprießen des Halms aus dem gestorbenen Saatkorn ist ein Bild, da sich mit Osiris – und entsprechend mit Attis und Adonis – als einem Vegetationsgott verbindet, aber diese Vorstellung mag nur beiseite anklingen.[10]

Daß außer dem ewigen Turnus auch eine verbindende Linie von gestern über heute zu morgen in den Blick der Alten gekommen ist, sei hier nicht verschwiegen, aber – und das ist wiederum bezeichnend – nur für kleinste Zeiteinheiten, für die kleinen überschaubaren Bogen. „Ich bin das Morgen, der Herr des Gestern", formuliert ein Totentext aus dem Mittleren Reich,[11] oder „Ich war klug für die Zukunft, ich lernte aus dem Gestern", ist auf einer Grabstele der 18. Dynastie zu lesen.[12] Ansätze zur Betrachtung der Geschichte als eines Kontinuums sind demnach vorhanden gewesen,[13] aber sie hatten nicht die Stoßkraft, die Vorstellung von Geschichte als durchgehenden Verlauf zum Durchbruch zu bringen, erst recht nicht das Bewußtsein von einer kausalen Verknüpfung der Ereignisse. Tragend bleibt die Vorstellung von der Periodizität, wie sie sich in der Geschichtsschreibung entscheidend nicht anders als in der Annalistik niederschlägt, d.h. in addierender Reihung von Einzelfakten und -ereignissen, die von der modellgemäßen Konkretisierung der Ma'at durch Pharao kündet. Geschichte hat primär kein *telos*, auf das hin die Taten der Herrscher angelegt wären.

Die Periodizität als Ausdruck additiver Apperzeption äußert sich in der ägyptischen Geschichtsauffassung u.a. auch in bestimmten Festen, die eine

Königsherrschaft durch Wiederholung des Krönungsaktes (so im Sed-Fest nach 30jähriger Regierungszeit[14]) erneuern. Nach Zeiten politischer Unruhen wird bewußt die „Wiederholung der Geburt", d. h. der Schöpfung, begangen, so bei Amenemhêt I. (1991 v. Chr.) die Begründung der 12. Dynastie als der Neuanfang der Geschichte nach den religiösen und politischen Wirren der 1. Zwischenzeit; unter Sethos I. (1312 v. Chr.) die erste Herrschaft nach der Turbulenz der Amarnazeit und der darauffolgenden Restaurationszeit; und schließlich mit Ramses XI. (1115 v. Chr.), der mit seiner Rückkehr aus der Deltaresidenz der Ramessiden nach dem oberägyptischen Theben, der klassischen Residenzstadt des Neuen Reiches, das zerfallene Reich durch die „Wiederholung der Geburt" (der Schöpfung) noch einmal zusammenzuhalten versuchte.

Auch wo eine Vokabel für „werden" oder „entwickeln" gebraucht wird, ist sie frei von Zielstrebigkeit und linearer Ausrichtung; auch sie beinhaltet nur, wie die Zirkumpolarsterne um den Pol zu kreisen oder wie die Sonne ihren Rundlauf anzutreten. „Sein" ist lediglich als „Geformtes" abgegrenzt gegen das „Nichtsein" der amorphen Masse chaotischen Urstoffes voll potentiellen Gehaltes. – Soviel an Abbreviatur grundsätzlichen Verhaltens der Ägypter zur Zeit, soweit es von unserem heutigen, einem über-blickenden Verständnis, abweicht.

Die entscheidenden Figuren altägyptischer Geschichte sind – weißschwarz-malend – der den Staat repräsentierende König und der Feind. Die faktisch handelnden Nebenfiguren treten als Delegierte des Königs auf. Der König steht für alles, was geschieht, und da er eine gotthaltige Person ist, kann nichts mißlingen; der König ist unfehlbar, ist unbesiegbar, ist einzigartig und unersetzbar, in seinem Amt unantastbar mustergültig, durch ihn kann nichts „Böses" geschehen. So allerdings nur die offizielle Auffassung vom Königtum. Daneben gibt es in anderen Literaturgattungen von den Königen Menschliches und Allzumenschliches zu lesen.[15]

Pharao proklamiert keinen Regierungsentwurf außer dem, alles zu tun, was seine Vorväter taten, und das möglichst besser als sie. Er steht damit mit dem Rücken zur Zukunft. Daß der König *de facto* situationsgemäß reagiert, ist eine andere Sache, doch der Idee nach handelt er „ordnungsgemäß", d. h. in der Absicht, die Welt so, wie sie Gott einst erschaffen hat, zu erhalten. Damit verbindet sich für ihn die Aufgabe, für Menschen und Tiere die Nahrung zu besorgen, die Frauen schwanger werden zu lassen, den Fortbestand des Viehs zu sichern, die Nilüberschwemmung zu regeln, allgemein: allem Lebendigen Lebensodem zu verleihen. Im Sinne dieses Aspekts trägt er den Beinamen „Vater und Mutter [aller Menschen]"[16].

Verdeutlicht wird die heilbringende Rolle Pharaos, wenn sie mit einem *topsy-turvy* kontrastiert wird, m. a. W., wenn dem Heilzustand seiner Regierung eine Unordnung vorausgeht. Diese wird denn auch in den Annalen häufig behauptet, ohne daß sie tatsächlich geherrscht haben muß. Die auch hier kantenscharf schwarz-weiß-zeichnende Gegenüberstellung von Chaos und Ordnung besagt, daß Pharao lediglich das sich in den feindlichen Mächten repräsentierende „Böse bekämpft", aber er führt – nach diesem Geschichtsbild – nicht wie die Israeliten „sakrale Eroberungs- und Vernichtungskriege". Die Auffassung vom König als einem göttlichen Stellvertreter ist so und ähnlich zwar allgemein altorientalisch, jedoch nicht alttestamentlich. Der König der Bibel ist kritisierbar. Was die Altorientalen von ihren Königen aussagen, sind nach der Bibel Eigenschaften allein ihres Gottes.

Noch einmal: Die ägyptischen Könige strebten der Idee nach nicht einem (zukünftigen) Ziele zu, sie strebten nicht nach Fortschritt, überhaupt nicht nach Veränderung, sondern sie aktualisierten auf Erden den mythischen Kampf der Götter gegen den (Apophis-)Drachen, wie das der biblische Gott am Anfang der Zeiten gegen Leviathan alias Tannîn = $\delta\varrho\alpha\varkappa\omega\nu$ getan hat. Ihre Tendenz war: Erhaltung der von Beginn an gesetzten Ordnung. Dieses retrospektive Normverhalten begünstigt Stabilisierung, Beruhigung, Festhalten an erkannten und anerkannten Werten.

Mythische Geschichten sind immerwährend präsent, in Vergangenheit, Gegenwart und Zukunft. Dieser Geschichtsvorstellung fehlt gewissermaßen – für uns paradoxerweise – der Begriff der Zeit, bzw. es wird in der Regel nur die kurze Zeitspanne einer einzelnen Regierung überschaut, allenfalls ein Ablauf vom Beginn in irgendwelcher Zeit bis zur jeweiligen Gegenwart. Höchst ausnahmsweise wird – und dies ist weit entscheidender – ein kurzfristiges Ziel in der Zukunft anvisiert, z. B. durch eine gewisse Vorratswirtschaft bei drohender Hungersnot.[17] Der Betrachter steht jeweils im Binnenraum seiner Gegenwart und nicht über den Ereignissen, welche Position ihm allein den Blick freigeben würde nach hinten und nach vorn. – Der in seinem Kreis Befangene hat kein Augenmerk auf die allseitigen Verflechtungen der Ereignisse und deren Beziehungen, wie sie heutige Geschichtsbetrachtung unabdingbar fordert.

Sollte meine Darlegung ausführlich und detailliert sein, so müßte ich ergänzen, daß es auch innerhalb der offiziellen altorientalischen Geschichtsüberlieferung – wenigstens in bestimmten Zeiten – realere Geschichtsdarstellung und also -auffassung gibt und daß man Pharaonen als Persönlichkeiten greifen kann, daß ihre Leistungen zumindest verschieden akzentuiert und auch inhaltlich verschieden mitgeteilt werden,[18] doch auch dann bleiben sie entscheidend konkrete Füllung des mythisch gesteckten Rahmens. Nichts ändert sich grundsätzlich an der Vorstellung von einem modellhaft-geschichtlichen – nicht: Verlauf, sondern: Sein.

Von einer solchen Geschichtsschreibung als von „Geschichtsfälschung" zu sprechen, wäre grundfalsch, es würde die Geistesart der Alten verkennen. Für mythisch gebundene Völker wäre eher unsere Art geschichtlicher Berichte, einschließlich der alttestamentlichen, insofern falsch, als sie das, was sich nach Gottes Plan nicht ereignen *sollte*, festhält. Denn mit der Fixierung bekommen Dinge Gestalt, Dauer und Wirkkraft, während sie durch Nicht-Beachten, durch Verschweigen, genichtet werden.

Vorantike Geschichtsschreibung begnügt sich, im großen gesehen, mit der jeweiligen Gegenwart im Umkreis des Erlebnishorizontes der Berichterstatter, und diese wägen die Erheblichkeit mit dem Gewicht des normgemäßen Sollens. Durch die schriftgemäße Verankerung des, ägyptisch gesprochen, Ma'at-gemäßen Verhaltens, d. h. durch das Sagen des Sollens, wird das mustergültige Sein geradezu geschaffen. Einmalige Ereignisse, die aus dem Rahmen fallen, geschehen zwar, aber gewissermaßen wider Willen. Sie werden tunlichst entweder mißachtet oder verworfen, wenn nicht an die Idealvorstellung angepaßt.

Folgerichtig sind die der Ordnung widersprechenden Begebenheiten wie Seuchen, Königsmord, soziale Unruhen, politische Reformversuche oder gar „Bastille-Stürme", auch Fremdherrschaft und militärische Niederlagen kaum überliefert. Solche sind in der Regel nur erschließbar durch die Aufzeichnungen der (feindlichen) Sieger, wie die Assyrerherrschaft durch die Assyrer oder der Exodus durch das Alte Testament oder auch die Hyksosherrschaft erst aus den stolzen Berichten ihrer ägyptischen Besieger, die das Neue Reich begründet haben. Über Amenophis/Echnaton erfahren wir die Nicht-Sollen-Ereignisse, die Folgen seines religiösen Reformversuches, erst durch die Restaurationsdekrete seiner Nachfolger Tutanchamun und Haremhab.[19]

Mythisch-zyklische Betrachtungsweise der Geschichte zeitigt Rapport über Einzelereignisse in loser Reihung. Die Ereignisse mögen eine partielle Verbindung haben mit dem Nächstliegenden, doch sie ergeben keinen flüssigen Ablauf und erst recht keine vielseitige Verspannung.[20] Wie in der Malkunst die Bäume sich zwar rechteckig von der als Bodenlinie verstehbaren Standlinie absprezen, aber sich nicht notwendig senkrecht in die Höhe strecken, so bleibt die allseitige Bezugnahme der geschichtlichen Ereignisse in Annalen außer acht. Es besteht ein Verhältnis zur Vergangenheit, und zwar in dem Sinne, daß sich die Gegenwart an der Vergangenheit als dem ebenso erstrebenswerten wie wiederholbaren Vorbild orientiert, aber die Vergangenheit wirkt lediglich wie ein fruchtbarer Nährboden in die Gegenwart hinein. Freilich wird dabei immer wieder einmal über die unmittelbar zurückliegende Vergangenheit des vorigen Herrschers zurückgegriffen auf frühere Zeiten, dann nämlich, wenn ein Herrschaftswechsel, etwa eine neue Dynastie, ihr Auftreten dadurch zu rechtfertigen suchte, daß die unseligen Zeiten, denen sie ein Ende bereitet, „illegal", „widergöttlich" o. ä. waren.[21]

Stellen wir bei einem Blick zurück zur Kunst ein vergleichbares Verhältnis zur Vergangenheit fest, so denken wir nicht an die Archaismen bestimmter Zeit (vor allem der 26. Dynastie), vielmehr an die kaum merkliche Wandlung von Stil und Thematik im Verlaufe der 30 Jahrhunderte ägyptischer Geschichte. Auch innerhalb dieses Kontinuums heben sich in der 18./19. Dynastie Zacken heraus, ehe sich unter hellenistischem Einfluß eine Auseinandersetzung mit neuer, perspektivischer Betrachtungsweise anbahnt.

Im geschichtlichen Erfassen äußert sich die Verbundenheit mit der Vergangenheit, z. B. in der Namenswahl nach vorbildlichen Ahnen in der – wahrscheinlich weitgehend fiktiven – Aufstellung langer, jahrhundertelanger Stammbäume und in der Verehrung bis zur Vergöttlichung – und damit Ent-historisierung! – überragender Gestalten der Vorzeit. Bezeichnenderweise werden seltener deren Qualitäten inhaltlich expliziert, bereits der Name, Inbegriff des Wesens, wirkt als bloßes Substrat in die Gegenwart hinein.[22]

Wenn die ägyptischen Annalen auch insbesondere von jenen Ritualhandlungen berichten, die der Erhaltung der Ma'at dienen, d. h. von Tempelbauten, religiösen Stiftungen, von der rituellen „Vernichtung der Feinde", deren ikonographische Umsetzung fast jeder Tempelpylon auf seiner Stirnseite trägt – den Pharao als Triumphator, der die an ihrem Haarschopf zusammengebündelten Fremdvölker mit einer Keule erschlägt (Abb. 20); zum Zeichen seines Sieges reicht der Gott (Amun) ihm das Sichelschwert[23] – so dienten sie doch den Historiographen Herodot und Manetho (um 300 v. Chr.) als chronologisches Gerüst. Schon im Neuen Reich benutzte man hier und da diese Annalen zu bewußtem Vergleich von Einst und Jetzt, nachdrücklicher dann erst in der Spätzeit.

Wo übergreifende altorientalische Werke durch beachtliche Geschichtskenntnis verblüffen, stellen sie doch nur eine Reihung von Einzelereignissen dar und verbinden die Regierungen allein durch eine Menge von Plus-Zeichen zu einer „Ganzheit". So überliefern einige ägyptische Königslisten die Namenreihen der Herrscher (angereichert allenfalls mit der Zahl der Regierungsjahre), ohne daß von ihnen faktisch-reale Handlungen oder auch nur Attribute mitgeteilt würden. Größere Untergliederungen – wie Altes, Mittleres und Neues Reich – bewegen sich entlang der Horizontalen, doch ohne Querverstrebungen. Wie im Bereich der Regenten so liest es sich in dem der zivilen Ordnung: Durch Ahnenreihen wird der Letztgeborene an seine Vorfahren gebunden (häufig auch sein Amtsanspruch legitimiert).

Geschichtsschreibung war letzten Endes Rechenschaftsbericht vor den Göttern und Nachgeborenen; Biographien, welche die Leistungen und Verdienste nichtköniglicher Personen aufzählen, appellieren an die Hinterbliebenen und Nachgeborenen, dem Genannten nach seinem Tode Gebete und Opfer darzubringen.[24]

Auch das Geschichtsbild zeigt sich in keiner Kultur als absolut reiner Typ, die Wirklichkeit ist stets ein Amalgam, zumindest nicht schlackenfrei. Doch das darf nicht beirren, wenn es gilt, Grundtypen mit ihren Spezifika, ihren entscheidenden Ordnungen, Folgerungen und Bedeutungen herauszustellen. Ein Prometheus, der in die Zukunft hinein plant, ist für Ägypten undenkbar. Der Friedensvertrag zwischen dem ägyptischen König Ramses II. und dem Hethiter Chatuschil, der, auf einer Wand des Karnaktempels eingemeißelt,[25] als der erste völkerrechtliche Vertrag der Welt gilt und vielleicht mehr von den Hethitern als den Ägyptern angeregt wurde, ist mit seinem Blick über die Grenzen ein Vorgriff auf die „perspektivische" Sicht der Geschichte.

Bezeichnend für die ägyptisch-aspektivische Apperzeption auch von Geschichte bleibt aber, daß der Ägypter (und seine geistigen Verwandten) entscheidend in der jeweiligen Gegenwart lebt, daß er zwar von Gestern *weiß*, es ihm aber als *movens* kaum bewußt wird. „Der Ägypter trägt seine Eierschalen mit sich herum", formulierte einst der Ägyptologe Adolf Erman und trifft damit genau: daß sich die Ägypter vom Gewesenen nicht trennen, es aber nur als Vorbild mit sich schleppen, ohne ihm den Wert einer *causa* beizumessen. Dieses Verhaftetsein mit der Vergangenheit läßt sich auch so übersetzen: daß der Ägypter zwar einen Maßstab besitzt, aber diesen Maßstab nur benützt, um Linien und Flächen zu bemessen, nicht aber einen Raum; man realisiert lediglich den Ort.

Mit der Regierungserklärung der Pharaonen, in allem deckungsgleich zu handeln wie ihre Thronvorgänger (und sie möglichst zu übertreffen), erstreben sie das Ideal aller „diffundiert-fragmentierten" (Fikentscher), nach meiner Terminologie „aggregierten" Gesellschaften: „Je älter, desto besser." Auch in der Pharaonenzeit sah man die Norm „in den Zeiten des Re" oder – nach anderen Texten – „beim ersten Mal (des Sonnenaufgangs nach der Erschaffung der Welt)" ans Licht getreten, aber das veranlaßt nicht, die Gegenwart kritisch mit der Vergangenheit zu vergleichen. Die Vergangenheit wird mehr empfindungsgemäß mit der Gegenwart zu einer Einheit von Lebensauftrag verschmolzen. Hat der Ägypter die Zukunft im Blick, so vorwiegend in der Form eschatologisch-spekulativer „Verkündigungen".[26]

Ich rekapituliere: Das Leben mit der Vergangenheit bedeutet für den Ägypter Wiederholung regelmäßigen Geschehens, die Zukunft Fortsetzung früherer Regelmäßigkeiten, aber nicht eine Kette erstmaliger Ereignisse. Zwar müssen in der Realität immer wieder aktuelle Entscheidungen getroffen werden, die sich nicht darauf beschränken lassen, Rollenträger in einem quasinaturnotwendigen Spielverlauf zu sein, doch *ex post* werden solche „Seitensprünge" möglichst zu einem Normverhalten stilisiert. Wo ägyptische Geschichte aus der Ma'at ausspringt – wie die beiden Zwischenzeiten, Fremdherrschaften und Amarnazeit –, werden sie aus dem offiziellen Geschichtsbild eliminiert, nichtnormgerechte Handlungen verfemt. „Gute" Geschichte macht, wer Vorgegebenes vollzieht, nicht macht sie der, der frei entwirft und neu gestaltet.

Wie im Bildrepertoire der Kunstdenkmäler Motive über Generationen hinweg tradiert werden, so werden auch in Regierungserklärungen bzw. -ansprüchen und in Idealbiographien nichtköniglicher Personen Taten überliefert, wie sie die Ahnen erbrachten, auch wenn diese „fiktiven Standard-Ereignisse" nicht auf die genannte Person zutreffen.[27] Das Gestern ist Bestätigung des Heute. Diese statische Vorstellungsweise von geschichtlichem Sein, wie sie auf die frühen Völker zutrifft, tendiert nicht auf historische Entwicklung, sondern, um es noch einmal zu sagen, auf Kontinuität. Die kleinteilige Betrachtungsweise gruppiert ansatzweise Dynastien und Reiche, aber – und das ist wesentlich – ohne deren Dynamis zu achten.

Nur wieder mit der 18./19. Dynastie kommt Geschichtsbewußtsein und in seinem Gefolge eine gewisse Geschichtsschreibung auf, die bewußt auf die Zeiten der Vorgenerationen zurückblickt. Man schreibt Königslisten, vergleicht gegenwärtige mit vergangenen Taten und erneuert sogar nach Aktenstudien (Chaemwêse) die Königsnamen an Pyramiden des Alten Reiches.[28] Übertroffen wird diese Geschichtsforschung dann erwartungsgemäß in der Spätzeit.[29]

### 3. Israel

Aus der mythischen Darstellung mit weitgehend zyklischem Zeitbegriff und Muster-Vorstellung herausgesprungen zu sein in geschichtlich-reales Denken mit Zeit als Verlauf, ist, wie schon angedeutet, das Verdienst der Israeliten, wie es sich im Alten Testament niederschlägt. Die entscheidende Neuorientierung beruht auf einem „Bund" geheißenen Vertrag mit Gott bzw. einem Vertrag Jahwes mit seinem Volk. Diese Vorstellung findet sich außer in Israel in keinem anderen Lande des gesamten Alten Orients. Jahwe ist der Herr der Geschichte, Geschichte das Wirken Gottes. Das Wirken Gottes ist zukunftgerichtet und hält somit das Volk in Spannung. Nicht wie die altorientalischen Könige steht Jahwe mit dem Rücken zur Zukunft, sondern er wendet sein Antlitz nach vorn und damit auch seinem Volk den Kopf einem zukünftigen Ziele entgegen.

Die israelitische Geschichtsschreibung[30] ist offensichtlich mit dem Beginn der Königszeit aufgekommen, aber deutlich nicht etwa deshalb, weil sie an der Königsgeschichte besonders interessiert gewesen wäre, sondern weil zu dieser Zeit der Sinn für eine neue Geschichtsbetrachtung erwacht war. Geschichtsbetrachtung ist ja immer Geschichtsinterpretation, und israelitische Geschichtsbetrachtung ist religiöse Interpretation. Ihr war primär nicht an geschichtlichen Vorgängen gelegen, sondern am *Wirken Gottes* in der Geschichte.

Jetzt kommen Ursache und Folge in den Blick, und dies unter dem *signum* des Glaubens. Zwar haben auch in der übrigen altorientalischen Welt die Götter den Sieg verliehen, aber sie haben nicht zielsetzend, strafend und führend in das Weltgeschehen eingegriffen. Altorientalische Geschichtsschreibung ist politisch-staatlich inspiriert, israelitische ist die Geschichte Gottes mit seinem Volk. Für Israel steht Jahwe im Hintergrund allen Geschehens. Immer war es Jahwe, der Sieg oder Niederlage verlieh, Niederlage als Strafe für Ungehorsam und Abfall. Das Schicksal des Einzelnen interessiert nicht, nur das Schicksal des Volkes, seine Weg-Führung zum Heil. Israelitische Geschichte ist Heilsgeschichte, das Alte Testament nach dem Ansatz von Friedrich Delitzsch ein „Tendenzwerk".[31]

Bereits die frühesten geschichtlichen Fakten Israels sind mit dem Namen Jahwes verbunden. „Jahwe, der Israel aus Ägypten herausgeführt hat", scheint die älteste und am stärksten verbreitete Bekenntnisformel der Israeliten zu sein. Das andere Bekenntnis findet sich in den Formeln, die Jahwe als denjenigen bezeichnen, der die Väter berufen und ihnen das Land verheißen hat. Und schließlich gesellt sich hinzu die Erfüllung von Jahwes Verheißung: die Landnahme. Summarisch gefaßt liest sich dieses Credo in Dtn. 26,5–9.

Dieses kurze, streng gefaßte Bekenntnis darf wohl als der Nukleus der israelitischen Geschichte angesehen werden. Er formuliert die Hauptdaten der Väterzeit bis zur Landnahme, zum ewigen Ruhme Gottes. Diese Zeitspanne galt ursprünglich als die eigentliche Zeit der Heilsgeschichte und nichts darüber hinaus.[32] Auch als dieses „kanonische" Geschichtsbild vom Exodus bis zur Landnahme zeitlich mehr und mehr ausgeweitet wurde, blieb sich die Grundkonzeption israelitischer Geschichte insofern immer gleich, als nur insoweit von Geschichte gesprochen wurde, wie Jahwe die Zeiten mit seinem Entscheid und mit seinen Taten füllt.

Wie die theologische Forschung durch historisch-kritische Methode, auch angeregt durch altorientalische Textbefunde, im laufenden Jahrhundert erkannt hat, ist die Geschichte, die sich im Alten Testament niederschlägt, nicht etwa von Anfang an so geschrieben worden, wie man sie heutzutage liest, sondern sie wurde zumeist lange nach den Ereignissen aufgezeichnet und mehrfach redigiert.[33] Erst das stark griechisch beeinflußte Buch Daniel (entstanden 164 v.Chr.) entwirft ein universal-eschatologisches Bild vom gesamten Weltgeschehen.

Stellt man die israelitische Geschichte der altorientalischen gegenüber, so fällt zweierlei unmittelbar auf: das verschiedene Verhältnis zur Zeit und das verschiedene Verhältnis zu Gott. Das Henne-Ei-Problem bleibe hier beiseite.

Zunächst zur Zeit! Bemerkenswert ist bereits die frühe israelitische Historisierung der von den Kanaanäern übernommenen Jahresfeste. Die aus der kanaanäischen Religion erwachsenen Feste und kultischen Bräuche waren agrarisch bestimmt, aber die Israeliten, obwohl inzwischen zu einem wohletablierten Bauernvolk geworden, haben sie in historische Feste übersetzt, sie vor allem mit dem Exodus in Zusammenhang gebracht, oft auf Biegen und Brechen. Das nomadische Fest des Weidewechsels im Frühjahr, d. i. vor der Wanderung aus der Steppe in das Kulturland, haben sie übertragen auf die geschichtliche Heilstat der Herausführung aus Ägypten (Passah). Das Massotfest, dem das alte Lesefest im Herbst zugrunde liegt, wurde gewaltsam ebenfalls dem Exodus angeglichen, das Laubhüttenfest mit dem Zug durch die Wüste Sinai in Verbindung gebracht (Lev. 23, 42f.), obwohl man dort kaum in Laubhütten, vielmehr in Zelten geschlafen haben wird. Ähnlich löste man die anderen Feste aus ihrer naturmythologischen Verankerung und legte ihnen eine historische oder doch historisierende Festlegende unter.

Daß man solche ehemals dem Mythos verhafteten Vorgänge zu historischen Gleichnissen umgeprägt hat, bezeugt ein radikal anderes Daseinsverständnis. Nicht mehr eingebunden zu sein in ein periodisches Naturgeschehen, sondern von geschichtlichen Ereignissen getragen zu werden, bedeutet eine totale Umwertung der Vorgänge in der Welt. Die Tragweite ihres neuen Verständnisses von Welt und Dasein mag den frühen Israeliten kaum voll bewußt gewesen sein, vielleicht haben sie die Ummünzung zunächst mehr taumelnd vorgenommen – wer mag es wissen.

Die Umprägung agrarischer Feste zu geschichtsbestimmten Ereignissen war der erste erkennbare Anfang Israels auf dem Weg zu seinem Existenzverständnis als einem geschichtlichen. Das die Geschichte konstituierende Ereignis des Exodus, das man am Passahfest nicht als „Vergegenwärtigung" mythisch beging, sondern dessen man sich als eines historischen Ereignisses „erinnerte", wurde nach vorn und hinten verlängert zu einer Strecke, indem Einzelereignisse, wie sie hier und dort geschehen sind, gesamtisraelitisch gedeutet und durch immer größere Geschichtsentwürfe zusammengefügt wurden zu einer sukzessiven Folge. In Israel erwuchs der Gedanke, daß die jeweilige Gegenwart nicht eine begrenzte Sache für sich sei, sondern daß sie auf einer Strecke lag, die zu einem Ziele führe.

Die Zusammenordnung und Verkettung von zunächst unabhängig voneinander, an verschiedenen Orten isoliert gefeierten Geschichtsfakten ist von eminenter Bedeutung. Jetzt waren die einzelnen Kettenglieder nicht mehr selbständige Größen, sie waren Teil des Ganzen. Durch Subordnung verändern sich bekanntlich die einzelnen Glieder, sie verlieren ihre Selbständigkeit und geraten in Abhängigkeit. Ein Ganzes ist mehr als die Summe seiner Teile, sie ist ein Neues, eine „Übersumme".

In dieser revolutionären Umdeutung von geschichtlichen Fakten zu einem auf der linearen Zeitachse ablaufenden Kontinuum ist die Geburtsstunde eines neuen Geschichtsbildes zu sehen, das zwar noch nicht unserem heutigen Begriff von Geschichte entspricht, aber doch als ein Vorläufer angesehen werden muß. Daß die chronologische Auffassung der Geschichte als eines unwiederholbaren Ablaufs zu einer mythischen oder zumindest rhythmischen Vergegenwärtigung, wie sie im Kult, insbesondere an den großen Jahresfesten vollzogen wurde, in Spannung geriet, wird jedem einleuchten. Doch dem sei nicht nachgegangen, wie auch die Historisierung der Einzelfakten nicht verfolgt werden kann. – Auch die langen Ahnenlisten, die sich mit der Nennung einer neuen Person verbinden, sind Ausdruck israelitischen Geschichtsbewußtseins.[34]

Das zweite Kriterium und eigentliche Spezifikum israelitischer Geschichtsauffassung ist die Vorstellung, daß Jahwe mit dem Volke Israel einen Plan habe, daß also die israelitische Geschichte, so kompliziert und verworren sie auch ablaufen mag, vor sich und hinter sich einen Weg habe, der zu einem Ziel führe, und zwar zu einem von Jahwe gewollten Ziel. Israelitische Geschichte wurde, wie schon gesagt, als Heilsgeschichte verstanden, d. h. eine Geschichte, die zum Heile des Volkes Israel führe.

Diese Vorstellung von israelitischer Geschichte als Heilsgeschichte hat das Volk stets durchgehalten, und dieser Entwurf zählt zu seinen bedeutendsten Leistungen. Durch ihn hat sich Israel aus der Gemeinschaft mit den benachbarten altorientalischen Religionen gelöst.

In einem mythisch-sakralen Verständnis von Welt und Dasein und Staatsordnung, das durch kultische Wiederholung und Nachahmung der entscheidend zyklisch-geschichtslosen Naturordnung seinen Ausdruck findet, hatte der Glaube Israels keinen Platz. Seine Konstituenten sind einmalige göttliche Heilstaten am Volke Israel. Nach dieser Konzeption sind auch Rückschläge notwendige Begebenheiten auf dem Wege zum Heil, Niederlagen werden als Strafe für Untreue und Abfall gedeutet. „Er tat, was dem Herrn mißfiel..." wird streckenweise (2. Kön.) geradezu eine Litanei (deuteronomistisch).

Während nach altorientalischer Vorstellung die Gottheiten innerhalb des antiken Ordnungsdenkens wirkten, ja die tragenden kosmischen und staatlichen Ordnungen verkörperten, stand Jahwe für den Glauben Israels außerhalb dieser Ordnungen. Er war Schöpfer und Hüter der Ordnung, aber selbst nicht an sie gebunden. Daß durch diese Verrückung des Gottesbildes die Frage nach Gut und Böse und Eigenverantwortung berührt wird, sei nur zum eigenen Nachdenken bemerkt.

Israelitische Geschichtsbetrachtung gilt nur für Israel selbst, nur für dieses eine Volk. Alle übrigen Völker fallen aus dem Blick und mögen eine Geschichte haben, wie sie wollen. Erst unter griechischem Einfluß bei Daniel treten auch die anderen Völker ins Licht. Man mag bedauern, daß Israel auf dieser Stufe stehenblieb, aber man muß rühmen, daß es diese Stufe erreicht hat. Daß die Israeliten nach langem Ringen schließlich – parallel zu ihrem Geschichtsverständnis – den Monotheismus durchgesetzt haben, muß nicht eigens herausgestellt werden. Ob die Anregung dazu von Ägypten ausging, genauer: von dem Amarna-König Echnaton, ist umstritten, aber nicht unwahrscheinlich. Ägypten – wie dieser Versuch zeigen soll, am anderen geistigen Pol angesiedelt – erlebte um die Wende von der 18. zur 19. Dynastie einen Vorstoß in Richtung perspektivischer Apperzeption, der auch die monotheistischen Bestrebungen Echnatons einbezieht.

## 4. Griechen

Das Volk, das rd. 500 Jahre nach dem Durchbruch Israels eine neue Geschichtsbetrachtung gefunden hat, eine, die sich weiterentwickelt hat, sind die *Griechen*.[35] Sie haben u. a. auch das Denken in der Größe „Volk", wie es allen frühen Völkern eigen ist, überwunden – Volk in doppeltem Sinne: sowohl als Kollektiv wie als alleinig auserwählte Größe der Menschheit. Dieses weitertragende Geschichtsverständnis, das mit Herodot erstmals faßbar wird, auch wenn er noch „Geschichten" schreibt, und das mit Thukydides seinen „Vater" erhält, hat unser eigenes initiiert und prägt es noch immer folgenschwer. Im Gefolge griechischer Apperzeption von Geschichte stehen sämtliche von griechischem Geist berührten Kulturen, auch die abendländischen.

Mit dem (griechischen) Antrieb, die Ereignisse als in die Zukunft wirkend aufzufassen und sie aus der Vergangenheit bewirkt zu verstehen, d. h. sie kausal miteinander zu verknüpfen, ist notwendig das Bedürfnis gekoppelt, die Geschehnisse real zu betrachten und nicht modellhaft. Daß dabei Fontane zu seinem Recht kommt, wenn er schreibt:

> Bei hellem Tageslichte
> Hab ich es *anders* gesehn. –
> Gewiß, Geschichten und Geschichte
> wachsen und wechseln im Entstehn!

versteht sich. Aber die Tendenz, das Wirkliche zu erkennen, bleibt davon unbetroffen.

Trifft die zyklisch oder rhythmisch wiederholbar verstandene Geschichtsbetrachtung prinzipiell auf sämtliche „aspektivischen" Kulturen zu, so verbindet sich die „perspektivische" Geschichtsbetrachtung mit den strukturierten Kulturen, eine Wandlung, die mit der alttestamentlichen Sichtweise erstmals aufkommt und ihren beredten Ausdruck findet in einem neuen Zeitbegriff. Wer die Ereignisse aus der Vergangenheit aufziehend, die Gegenwart durchlaufend und sich in die Zukunft entwickelnd betrachtet, nimmt außerhalb der Dinge seinen eigenen Standpunkt ein, von dem aus er den Verlauf erkennt, entsprechend dem Betrachter, der die verschieden entfernten Punkte eines Gegenstandes in ihrer perspektivischen Tiefe korrelativ geordnet wahrnimmt.

Herodot, der Bahnbrecher des neuen Geschichtsverständnisses, der zwar noch Geschichten (Plural) schreibt und nicht Geschichte, begreift in seine Betrachtung nichtgriechische Kulturen ein – wie die persische und die altägyptische –, und dies so, daß er auf sie den eigenen Geschichtsbegriff anwendet, ihre Geschichte an sich vorbeiziehen läßt, Schlüsse zieht, hypothetische Entwicklung verfolgt und selbst dabei einen festen Standpunkt vertritt. Ausgereift ist diese Art der Geschichtsbetrachtung erst mit Thukydides, in nachreformatorischer Zeit neu erstanden mit Petrus Ramus. Beide sind „aus der Geschichte herausgetreten" und haben sie an sich „vorüberziehen" lassen als eine Ereigniskette, die sie mit Abstand betrachten in ihrer vielseitigen Abhängigkeit.

Die Kriterien der aspektivischen Geschichtsauffassung, die zu umreißen uns hier obliegt: Verhaftetsein mit dem Gestrigen und schrittweises Erfassen des Folgenden, können kaum eklatanter veranschaulicht werden als mit der Fibonaccischen Zahlenreihe, die u. a. im Kapitel zur Mathematik behandelt wird.

## VII. RELIGION

Die Aspektivenlehre bewahrheitet sich nicht minder für das frühe Erfassen des Numinosen in der Welt, ja die bisher erarbeiteten Kriterien lassen sich dafür geradezu musterhaft aufzeigen. Die Alten Ägypter stehen wiederum stellvertretend für die „vorgriechischen" Hochkulturen. Es ist in diesem Rahmen nicht möglich, das weitverzweigte, das Leben der Alten durchdringende und es bestimmende religiöse Verhalten *in toto* darzustellen: die täglichen Übungen des Einzelnen, den Tempelkult, die Götterfeste oder das religiöse Verständnis des Königtums; den Totendienst, die Jenseitsvorstellungen und schließlich die persönliche Beziehung zu Gott – diese Vielfalt religiöser Äußerungen,[1] wie sie auf Herodot solch starken Eindruck gemacht haben. Das Phänomen aspektivischer Sicht sei lediglich an zwei Stellen angeleuchtet: an der Gottesvorstellung und am Mythos. Damit sind nicht beliebige Stellen angeleuchtet, vielmehr ist die Religion damit in ihrem Kern getroffen.

Gottesvorstellung? Schon muß ich mich korrigieren: Zwar sprechen Texte auch von „Gott" *(nṯr)*, doch geglaubt und kultisch verehrt wurden „Götter", zahlreiche, besser zahllose Götter.[2] Dabei interessiert hier weniger, wie diese Vielzahl ursprünglich entstanden ist, als vielmehr, was sie bedeutet, was sie aussagt, wie sie zu verstehen ist und wieso sie sich durch Jahrtausende halten konnte, ohne gebändigt oder ernsthaft systematisiert worden zu sein. Erst durch das Christentum wurde der Polytheismus in Ägypten überwunden, und dies geschah rasch, denn die Vielzahl der Götter entsprach nicht mehr dem schließlich veränderten Bewußtsein.

Vermutlich steht die Vielzahl der göttlichen Wesen im Gefolge eines pantheistischen Animismus der Vorgeschichte, dem noch viele geschichtlichen Götter ihre Tiergestalt oder doch tierköpfige Figur zu danken haben, die, wie später ausgeführt werden soll, keineswegs ein für allemal festlag, aber auch nicht beliebig veränderbar war. Die Veränderbarkeit von Form und entsprechend von Bedeutung ist, besonders bei den großen Göttern, überraschend reich. Was ägyptologisch als historisches Nacheinander belegbar ist, kann zeitlich nebeneinander stehen.

Sowenig die ägyptische Religion Dogmen entwickelt hat oder auch nur eine kanonische Fixierung erlaubte, so vielartig existieren religiöse Texte nebeneinander. Allenfalls darf das „Denkmal memphiytischer Theologie"[3] als eine Art Lehrschrift angesehen werden, und als solche würde es dazu beitragen, die vielumstrittene Frage seiner Datierung zugunsten der Ramessidenzeit zu entscheiden.[4] Was die alte Religion maßgebend kennzeichnet, ist das mythische Erleben. Die Mythen waren im Alten Ägypten allerdings derart selbstverständlich in jedermanns Bewußtsein, daß sie kaum jemals als zusammenhängende Geschichte aufgezeichnet worden sind. Ihre Fetzen lassen sich überall greifen, aber fortlaufend erzählt finden sie sich – und auch dort nur einige – erst bei griechischen Schriftstellern.

Die Masse der religiösen Literatur bilden Ritualtexte, Hymnen, Anrufungen, Unterweltsliteratur und als Kompendien von Sprüchen die Pyramidentexte, Sargtexte und das sog. Totenbuch; bedingt hinzugefügt werden darf die Zauberliteratur. Seit dem Neuen Reich treten als wichtige religiöse Zeugnisse individuelle Gebete an die (persönlichen) Götter hinzu.

Trotz des fast nicht zu bewältigenden religiösen Schrifttums reichen die Texte nicht aus, um bestimmten Phänomenen durch den gesamten Lauf der Geschichte nachzugehen, so daß der Ägyptologe in Gefahr steht, durch Kontaminationen ein Bild zu entwerfen, in dem er das von ihm intendierte Ergebnis findet. Spekulationen und Abstraktionen zu Begriffen heutiger Philosophie führen oftmals in eine Gedankenwelt, die die Alten Schulter an Schulter neben Heidegger oder Husserl stellen. Bei aller Redlichkeit der Autoren divergieren daher die Interpretationen entsprechend der Herren eigenem Geist. Der in diesem Buche verfolgte Ansatz dürfte dieser Gefahr nicht ausgesetzt sein, da er sich in den Niederungen bloßer Deskription bewegt.

## 1. Polytheismus

Bezeichnend für die alten Religionen ist ihr *Polytheismus*; es waltete nicht Gott, es walteten Götter, auch wenn viele den Beinamen „Der Einzige" tragen und obwohl auch oftmals von „Gott" ohne weitere Namennennung die Rede ist. Im Detail kann hier zu diesem in Fachkreisen vieldiskutierten Phänomen nicht Stellung genommen werden, aber so weit sind sich alle Forscher uneingeschränkt einig, daß die frühen Religionen polytheistisch gewesen sind. Nur ein einziges Mal in Ägypten, bezeichnenderweise wiederum am Ende der 18. Dynastie, ist der Versuch unternommen worden, die Vielzahl der Götter zu entthronen zugunsten eines einzigen Gottes, der in der Sonnenscheibe Aton sein *signum* erhielt. Es war Echnaton, der den grandiosen Versuch unternommen hat, die gesamte göttliche Wirkungsmacht in einer einzigen Chiffre zu verdichten, sie zusammenschauend als Übersumme zu verstehen.

Die Vielzahl der Gottheiten entspricht dem additiven Erkennen der Alten. Die göttliche Wirkungsmacht erscheint in vielen Gestalten, deren jede einen Seinsbereich abdeckt, wenn auch nicht starr, vielmehr höchst variabel verschiebbar, je nach Aspekt bzw. Zusammenhang. Die Götter systematisch zu ordnen, haben die Ägypter erst spät und nur in Ansätzen versucht. In der klassischen Zeit wurden sie allenfalls zu kleineren Einheiten gruppiert: im Höchstfall zu einer „Neunheit", die aber auch nur sieben oder auch gelegentlich fünfzehn Mitglieder zählen konnte.

Die Unterwelts„götter" eingerechnet – wir würden sie heute „Dämonen" heißen –, existierten im Alten Ägypten Hunderte von Gottheiten nebeneinander, die großen unter ihnen tragen oft je verschiedene Namen und erscheinen je in verschiedenen Formen. Sie nehmen Wohnung auch in Tieren – so in Löwe, Stier, Kuh, Ibis, Geier, Schlange, Pavian, Falke oder Krokodil – oder haben eine Mischgestalt. Ihre Ränge sind verschieden, die volkstümlichen Gottheiten wurden weder kultisch verehrt noch in die theologischen Systeme aufgenommen, ihr Weihbild war allenfalls ein bebildertes Ostrakon in einer privaten Kapelle oder auf einem Hausaltärchen.

Viele Götter wurden an mehreren, voneinander entfernten Orten verehrt.[5] Sowohl die Vielzahl der Götter wie die irreguläre Verteilung ihrer Kultorte wird von manchen Ägyptologen aus der frühgeschichtlichen Besiedlungsgeschichte des Nillandes hergeleitet. Dieser Ursache sei es auch zuzuschreiben, daß einander widersprechende Kulte nach der Gründung eines gemeinsamen Staates nebeneinander toleriert und die alten Formen zäh beibehalten wurden. Doch auch wenn diese Erklärung für die Entstehung der vielartigen Götter richtig sein sollte, so bleibt die Verblüffung, daß die Ägypter an dieser mehr oder weniger zufälligen Vielheit festgehalten haben und nicht auf Verschmelzung, auf Vereinheitlichung drängten. Das Nebeneinander der unzähligen Lokalgötter, die sich dazu verschieden kombinieren und teils überschneiden können, entspricht aber genau dem, was die Kunst sinnfällig macht. Nicht eine multilateral bezogene, durchpulste[6] organische Einheit, sondern die additive Fügung isolierter Teile ergibt das Ganze. Außer dem Interim unter Echnaton hat die altägyptische Religion – und wie sie der Alte Orient – vor Israel[7] keinen Monotheismus hervorgebracht.

Wenn ein namenloser „Gott", besonders in den Lebenslehren,[8] angesprochen wird, so nicht aus monotheistischer Sicht; dieser scheinbar nicht greifbare Gott wird nicht als eine höchste Wesenheit verehrt, vielmehr bleibt er deshalb namenlos, damit jeder sich seinen eigenen Gott dahinter vorstellen kann. Die Anonymität ist ein leeres Feld, das der Lesende gemäß jeweiliger Verehrung besetzt, so wie die Texte von vorgefertigten Särgen, Uschebtis oder Bronzen bis zum Erwerb dort eine Lücke hatten, wo der Name des späteren Besitzers eingetragen wurde. Wäre dieser namenlose Gott ein übergreifender Gott gewesen, so bliebe unverständlich, warum Echnaton hätte scheitern müssen. Und wie sollte sonst das Maß an Mühe der Theologen verstanden werden, die in der Nach-Amarna-Zeit um eine irgendwie formulierbare „universal-gottheitliche" Zusammenfassung einsetzte[9] und die in der

Volksfrömmigkeit kompensatorisch beantwortet wurde durch abstruse Verehrungswut der kreatürlichen Niederwelt?

Um die Vielartigkeit der Göttergestalten zu verstehen, muß man in der alten Religion fest angesiedelt sein und sich die sehr andere Vorstellungsweise zu eigen gemacht haben, die die Alten bestimmte, mit ihren vielen, vielnamigen und vielartigen Göttern in gelassener Selbstverständlichkeit umzugehen. In der heutigen Begriffswelt läßt sich keine einzige ägyptische Gottheit definitorisch festlegen, auch nicht für einen bestimmten Ort oder eine bestimmte Zeit. Wir würden irritiert durch die scheinbaren Widersprüche oder zumindest Ungereimtheiten der Vorstellungen, selbst wenn wir den helfenden Mächten, die dem Einzelnen in der Not begegnet sind, oder den kosmischen Gottheiten, den Gaugöttern sowie den staatstragenden Hoheiten verschiedene Funktionen und Wirkungsweisen konzedieren.

Daß Dinge, Pflanzen, Tiere, Mächte und selbst Begriffe (wie Wahrheit und Zauber) in der Frühzeit (Anfang des 3. Jtd. v. Chr.) vermenschlicht wurden, dürfte einer neuen Bewußtseinsstufe entsprechen. Bis dahin erfuhr man die Natur, voran die Tiere, wenn nicht in ihrer bedrohlichen Macht, so doch oft in ihrer Überlegenheit.

Als um rd. 3000 v. Chr. der Mensch infolge eines Fauna-Bruches die Herausforderung der Naturmächte beantworten konnte durch die Bildung eines Staates, durch wissenschaftliche Erfindungen und Entdeckungen und künstlerisches Gestalten, kurz durch tiefgehende Bändigung der verwirrenden Erscheinungswelt und durch Stiftung einer neuen Ordnung, mag ein gefördertes Selbstwertgefühl die Anthropomorphisierung der göttlichen Wesen inspiriert haben.[10] In den meisten Fällen geschah die Anthropomorphisierung nur teilweise, ein menschlicher Körper wurde mit einem Tierkopf zu einer „Mischgestalt" vereint, der Übergang höchst ansprechend durch eine lange Perücke überbrückt (Abb. 49). Eine volle Menschengestalt hatte nur eine begrenzte Zahl von Göttern, so – um nur die wichtigsten zu nennen – die kosmischen Götter Atum, Schu, Geb und Osiris, außer ihnen Ptah, Min und Chons sowie die weiblichen Göttheiten Neith, Mut und Nephthys.[11] Ptah, Min und Chons weichen von den anderen vermenschlichten Göttern insofern ab, als sie „mumiengestaltig", d. h. mit geschlossenen Beinen gebildet sind, höchstwahrscheinlich in Reminiszenz an vorausgegangene Idole. – Daß auch rein menschengestaltige Götter heilige Tiere besitzen konnten, sei nur am Rande vermerkt.[12]

Thoth, der dreimal große Schriftgelehrte, erscheint bald als Ibis, bald als Mensch mit Ibiskopf oder als Pavian. – Horus trägt als Kindgott eine Jugendlocke und hat den Finger am Mund (Daumenlutscher), als Himmelsgott erblickt man ihn in der Gestalt eines Falken, in seiner Mischgestalt verbindet er Menschenleib mit Vogelkopf; neben der reinen Menschengestalt, die ihm durch die ganze Geschichte hin eigen ist, zeigt er sich in der Spätzeit z. B.

auch in der Komposition eines menschlichen Oberkörpers mit Kopf und dem Hinterleib eines Krokodils, wodurch sein Aspekt als „Schweiger" ins Bild gebracht ist.[13] – Isis, des Horus zauberreiche Mutter, erscheint als Frau, doch je nach Assoziation trägt sie auf dem Kopf das Schriftzeichen ihres Thrones, d. h. ihres Namens, oder ein Kuhgehörn mit Sonnenscheibe oder auch die Körbchenkrone; als Beschützerin ihres Gemahls Osiris (und analog dazu auch anderer Verstorbener) spannt sie Flügel aus;[14] um postum von Osiris einen Sohn zu empfangen, läßt sie sich auf ihm als Falkenweibchen nieder; wenn sie bei Osiris (oder einem Verstorbenen) Wache hält, nimmt sie die Gestalt einer Weihe an, und als kokette Verführerin fliegt sie in Vogelgestalt vor den Augen des Fährmanns auf einen Baum.[15] Nachdem Horus ihr den Kopf abgeschlagen hat, trägt sie ersatzweise einen Kuhkopf.[16] Auch Schlange und (in Angleichung an andere Göttinnen) Skorpion, Nilpferd, „weiße Sau" und Löwin sind ihr nicht fremd, schließlich tritt sie als Baumgöttin, Wasser und Nahrung spendend, mit einer Sykomore zusammengewachsen auf.[17] – Selbst Osiris, in dem uns eine göttliche Persönlichkeit mit ausgeprägtem Schicksal am faßbarsten begegnet, hat je nach Beziehung verschiedene Kronen – und Kronen werden nicht nach Laune beliebig gewechselt, sie haben wesentlichen Aussagewert. Osiris wird als Vegetationsgott mit grünem Angesicht dargestellt,[18] als Totengott mit schwarzem und als der Verklärte mit weißem Antlitz.[19]

Über viele Gottheiten wäre entsprechend vieles zu sagen, doch mag es genügen, noch eine einzige Hauptgöttin zu skizzieren: Hathor. Sie wechselt, je nach Aspekt, ihre Gestalt von Frau zu Kuh zu Löwin und, in die komplizierte Augensage verflochten, zu einem Auge. Eine Frau mit Menschenleib, Kuhkopf und Sonnenscheibe als Krone ist das facettierte Bild der Liebes-, Mutter- und Himmelsgöttin Hathor.

Doch genug! Belangvoll ist in diesem Zusammenhang generell der mögliche Wechsel der Gestalt als Ausdruck des Wesenswechsels. Welche Wesenszüge im einzelnen mit den kompositären Teilen der Gestalten ausgedrückt sind, darf hier beiseite bleiben. Bemerkenswert ist allein die verblüffende Möglichkeit der Variabilität, die sich vielfach aus einem einfachen Additionsverfahren ergibt. Daß dieses aufs innigste zusammenhängt mit der Apperzeption in Aspekten bzw. Teilstücken, muß kaum ausgesprochen werden. Man erinnere sich, daß in der Flachbildnerei die einzelnen Teile kombiniert werden ohne durchgängigen Bezug aller Teile aufeinander. Die Figurenelemente behalten immer eine beschränkte Selbständigkeit und sind voneinander lösbar, denn im Verbund bilden sie eine Summe und nicht einen Organismus, sowenig wie sich die Glieder eines Lebewesens als die eines Organismus zu erkennen geben oder so gut wie Erzählmotive im Märchen, wie noch zu zeigen sein wird, als Versatzstücke gehandhabt werden oder sich die sog. „Spruchliteratur" als kompositäre Gattung erweist. So auch verändern sich je nach Aspekt, der im jeweiligen Fall akzentuiert wird, die Erscheinungsformen der Götter.

Allerdings geht die Veränderbarkeit nicht ins Beliebige, Osiris könnte niemals mit einem Ibisschnabel auftreten, Isis nicht wie Neith mit Waffen oder Horus nicht als Widder.[20] Ein auf einer Grundvorstellung beruhendes Modell besteht zwar, aber innerhalb seines Rahmens können Elemente so weit ausgetauscht werden, wie verschiedene Mächtigkeiten darin behaust sind.

Wenn Amun als „König der Götter" so etwas wie ein *supremum omnium* darstellt, hält er die königlichen Würdezeichen in Händen, während er als Schöpfergott durch eine Federkrone gekennzeichnet ist, denn Amun belebt durch den Odem, den Geist, konkretisiert durch den Wind, als dessen Zeichen die Feder steht.[21] Amun würde niemals wie Chnum als Töpfer mit Tonerde oder wie Atum aus dem Urstoff des Nun sein Schöpferwerk verrichten, denn kein Gott tritt aus seiner Sphäre. Die Variabilität der Gottesgestalten ereignet sich einzig auf dem Boden aspektivischen Erfassens, die Mischgestalten sind der Möglichkeit verschiedener Additionen von ausgrenzbaren Einzelteilen zu danken; aber die jeweilige Kombination hat als Ganzes wieder einen festen Kontur. Es wäre demnach irrig, zu meinen, die ägyptischen Götter seien „konturlos", sie sind vielmehr lediglich an ihren Nahtstellen auseinandernehmbar und – je nach Aspekt – anders zusammensetzbar.

An dieser Stelle wären auch die – allerdings für Nicht-Ägyptologen schwer nachzuvollziehenden Götterspaltungen und -verschmelzungen (Synkretismus genannt), wie sie Präzisierung und Systematisierung der Vielzahl göttlicher Funktionsträger veranlassen, in die Überlegung einzubringen, doch dies unterbleibe hier. – Strenggenommen müßten die verschieden gemodelten Erscheinungsformen der Götter verschiedene Namen haben, und in der Tat ist dem so, zwar nicht konsequent, aber weitgehend. Diese Überlegung führt zu dem Phänomen der *Vielnamigkeit.*

Der Name ist in frühen Kulturen Wesensteil, ja wesensbestimmend.[22] Dies hängt wohl zum einen mit der generellen Ausrichtung der Alten auf das Typische zusammen, so daß das Individuelle auf den ausgrenzenden Namen angewiesen ist; so auch bei Statuen, die einander weitgehend gleichen können und erst durch den Namen persönlich zugewiesen werden, oder gar bei auf Vorrat angefertigten Bronzen, Särgen, Uschebtis, die allein durch die Namensaufschrift individualisiert werden. Zum anderen spricht sich in der Namengebung das Vertrauen auf die magische Kraft des daseinstiftenden Wortes aus. *Nomen est omen.* Name bedeutet Existenz, und je mehr Namen (und Titel),[23] desto gefestigter, erfüllter, vollkommener ist eine Existenz.

So nimmt es nicht wunder, daß Götter viele Namen besitzen, ihre Namen häufen sich laufend an. Rühmend wird ihre Vielnamigkeit, besonders in Hymnen, hervorgehoben, lange Litaneien bestehen oft ausschließlich aus

Anrufungen der Götternamen.[24] Für Uneingeweihte mögen solche Texte langweilig bis überdrüssig wirken, wie ein leeres Geplapper (zu dem heutzutage vergleichbare Anrufungsrelikte entarten), doch diese Einschätzung geht an der Bedeutung vorbei. Durch Namenhäufung werden die Wirkmächte der Gottheiten addiert. Nicht in einem einzigen, umfassenden Prädikat, sondern in einer Summierung der einzelnen Wesenszüge wird versucht, die Gottheit in ihrer unfaßbaren Größe zu umfangen oder sie zumindest großmächtig erscheinen zu lassen. Je bedeutender die Gottheit, desto reicher an Namen, „deren Zahl unbekannt ist"[25]. Die Vielheit der Erscheinungsformen wird durch die Vielheit der Namen weit übertroffen. Nur so, nur durch Nennung der Summanden, konnte die Zahl der Aspekte ausgebreitet werden.

Dabei fällt auf, daß die Namen gewissermaßen hierarchisch gestuft sind – wie in der Flachkunst die Personen gemäß ihrer Bedeutung. Der letzte, der höchste Name ist verborgen, wenn wohl auch nur die großen Götter zu solchem Rang aufsteigen. Der geheime Name des Sonnengottes Re ist Gegenstand der Erzählung von der „List der Isis"[26]. Auch von Allah sind nur 99 Namen bekannt, der eigentliche, der letzte bleibt geheim. In der deutschen Literatur tritt die schönste Vielnamige in Goethes Suleika vor uns, die Hafis in ihren „1000 Formen" besingt.[27] Nicht anders als bei ägyptischen Gottheiten ist in diesem archaisierenden Beschreibungslied des Frankfurter Genius die Wesensfülle der Geliebten durch Addition ihrer Eigenschaften zum Ausdruck gebracht.

Bei solchem Wechsel, von Erscheinung wie Name, sollte man nicht beziehungsuchend hin und her vergleichen und sich nicht beirren lassen durch den Einwand, daß beispielsweise Ibis und Pavian als Erscheinungsformen des Gottes Thoth sich ausschlössen. Ein solchermaßen durch Vergleich zustande gekommenes Urteil kann nur entstehen, wenn sich der Betrachter *über* die Phänomene erhebt, sie von *außen* ansieht. Wer dem aspektiven „Verwirrspiel" gerecht werden will, muß davon ausgehen, daß jeweils nur dies, nur die *eine* Ansicht Gültigkeit hat. Er würde sonst irritiert, wenn er feststellt, daß z. B. Seth in der einen mythischen Erzählung als Bruder des Horus auftritt, in der andern aber als Bruder seiner Mutter Isis.[28] Solche „Unstimmigkeiten" entdeckt nur – um es in den Bildbereich zu übertragen – das an der Perspektive geschulte Auge, das ganzheitliche Beziehungen verlangt, ein geschlossenes Beziehungsgefüge.

## 2. Mythos

Der Hinweis auf den Mythos fordert dazu heraus, wenigstens kurz auf ihn einzugehen. Als Beispiel mythischer Vorstellung sei das besonders instruktive Bild der Himmelskuh gewählt, das sprachlich wie bildlich in vielen Fassungen vorliegt, vom Beginn der ägyptischen Geschichte bis zu ihrer Endzeit. Das gewählte Beispiel ist eine gewisse Zumutung, und mancher möchte einen ihm geläufigen griechischen Mythos behandelt sehen, aber griechische Mythen sind vergleichsweise aufgeräumt.

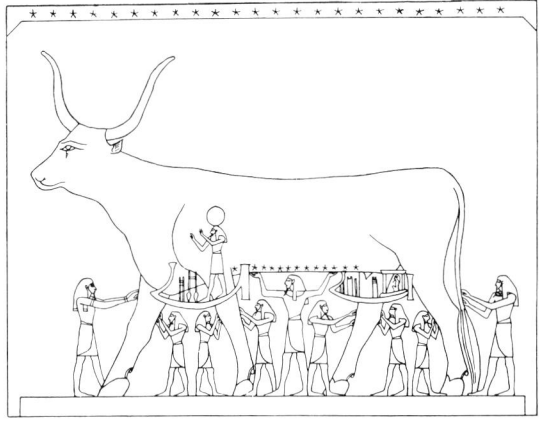

Abb. 56

Gehen wir aus von den Bildern der Königsgräber aus dem zweiten vorchristlichen Jtd. (Abb. 56)[29]! Dort ist eine Kuh zu sehen, deren Bauch mit Sternen besetzt ist, an ihm zwei Boote, eine Tag- und eine Nachtbarke, in dieser letzten ein Mann mit einer Sonnenscheibe auf dem Kopf. Ein anderer Mann steht unter der Kuh und stützt sie mit emporgereckten Armen am Bauch, acht weitere Männer stützen paarweise ihre Beine.

Dieses Bild wirkt für Nichtsahnende wie eine am Bauch tätowierte Kuh, an der sich eine kribbelnde Menge seltsam zu schaffen macht und die überdies scherzeshalber mit Schiffchen verziert ist.

Der Mythos von der Himmelskuh erzählt inhaltlich folgendes: Der altgewordene Sonnengott Re ist der bösen Menschen müde, er verläßt die Erde und setzt sich auf den Rücken der als Kuh vorgestellten Himmelsgöttin Nut. Die Kuh erhebt sich und entrückt damit den Gott in die Ferne. Doch in der erhabenen Höhe wird der Kuh schwindlig, ihre Beine zittern, und so beruft Re acht niedere Götter, um die Beine der Kuh zu stützen, außerdem den Gott des Luftraumes Schu, um sie am Bauch zu halten.[30]

Durch diese Erzählung sind die stützenden Gestalten des Bildes verständlich, auch die Sterne am Bauch der Kuh, nicht aber die Boote und die Kuh selbst. Das Bild der Kuh wird indes sogleich einsichtig, wenn man im heutigen Ägypten den Boviden im Wasser liegen sieht, so daß außer Nase und Gehörn nur der Rücken des Tieres wie eine Insel hervorragt, und wenn man weiß, daß nach der Überschwemmung des Landes, jetzt durch den Sadd el-ali unterbunden, zuerst die höher gelegenen Stellen des im ganzen völlig flachen Stromlandes ebenso als Inseln frei werden, und daß diese Inseln, von denen das neue Leben der Natur zuerst aufsprießt, das mythische Bild vom Urhügel geschaffen haben, von dem dereinst die Schöpfung ausging. Vergleichbar diesen Landinseln ragt der Kuhrücken aus dem Wasser als potentiell geladener kosmischer Ort. Erhebt sich die Kuh, so wird ihr Leib Himmelsdach, ihre Beine dessen Säulen.

Die Barken, die an der Kuh entlangfahren – bzw. es fährt die Abendbarke in sie hinein, die Morgenbarke aus ihr heraus –, gehören zu jener anderen Geschichte, nach der der Himmel ein Gewässer darstellt, auf dem der Sonnengott dahingleitet.

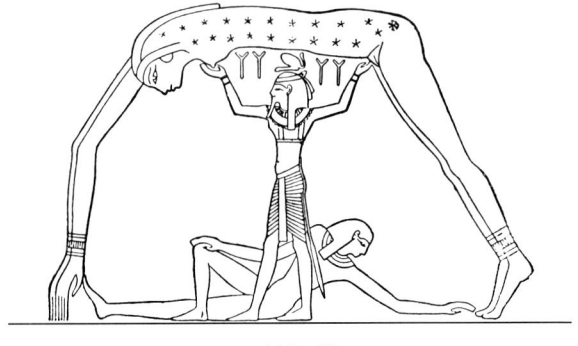

Abb. 57

So einleuchtend die stützenden Gestalten durch den Mythos eingeführt sind, sie sind bereits spätere Ätiologie. Ursprünglich waren sie dem Bilde des Himmels als eines Daches beigegeben, dessen Pfeiler von Wächtern bewacht werden. Der Luftgott Schu schließlich, der die Kuh am Bauche stützt, ist nach dem alten Mythos jener Vater, der seine menschengestaltigen Kinder Geb und Nut, die im griechischen Mythos der Gaia und dem Uranos entsprechen, voneinander trennt (Abb. 57)[31].

So ist dieses in mehreren Varianten erhaltene Bild mit der Vorstellung von der Himmelskuh unterlaufen von jener des Himmelsgewässers und des Himmelsdaches und auch zugleich behaftet mit der Erinnerung an den kosmogonen Mythos von der Entstehung des Lebens durch die Trennung von Himmel und Erde.

Daß dieses Bild nicht ein Abbild dessen ist, was der Ägypter sich real unter dem Himmel vorgestellt hat, muß nicht gesagt werden. Daß es aber eine Häufung von mythischen Motiven sei, ein Kompositum von irgendwie zusammengehörigen Vorstellungen, die einander anziehen und sich zu einem Ganzen vereinen, erklärt das Bild nur halb. Wenn wir erkennen, daß die einzelnen Motive, jedes für sich, ihren Umriß haben und einzeln zwar ein Ganzes, aber doch erst in ihrer Summe imstande sind, eine Vorstellung von der Fülle der Imagination zu geben, bekommt das Bild schon mehr geistige Tiefe. Doch sei die Darstellung zunächst durch folgenden Ritualtext ergänzt[32]:

> Du, (König) Phiops, bist der Sohn der Großen Wildkuh.
> Sie empfängt dich, sie gebiert dich,
> und setzt dich zwischen ihre Flügel.
> Mit dir kreuzt sie das Himmelsgewässer,
> mit dir durchfährt sie den (himmlischen) Siu-See.

Daß ein König von einer Wildkuh geboren sei und sie mit ihm die Himmelsgewässer kreuzt, ist nach dem vorher Gesagten nicht mehr ganz unverständlich. Rätselhaft aber sind zumindest die Flügel, die aus der Wildkuh einen boviden Pegasus zu machen scheinen. Nicht so. Die Flügel sind von den weit gespreizten Schwingen des Horus oder auch des Geierweibchens entliehen, die ebenfalls ein Bild des Himmels abgeben. Auf solchen Himmelsschwingen fährt denn auch in einem frühgeschichtlichen Bild[33] ein Boot mit einem Sonnenfalken.

Mehr und mehr Bilder umschreiben den gleichen mythischen Gehalt in immer neuer Abwandlung. So erscheint der Himmel als frauengestaltige Nut, durch deren Mund die abendliche Sonne eingeht und aus deren Schoß sie am Morgen wieder entlassen wird. Auf der Brücke, die die göttliche Frau schlägt, ziehen die Sonnenbarken ihre Bahn.

Ein weiteres Element des Mythos taucht auf in einem Jenseitsbuch[34], das von dem Sonnengott am Ende seiner Nachtfahrt sagt: „... Der große Gott wird wiedergeboren in der Gestalt des Käfers Cheper (Skarabäus) ... und läßt sich nieder in der Morgenbarke und erscheint zwischen den Schenkeln der Nut." Käfer, Barke, Geburt aus dem Schoße einer Frau – das macht zusammen den morgendlichen Sonnengott.

Der Käfer, durch ein Wortspiel zu der Ehre gelangt, aber nicht nur dadurch, sondern auch durch die geheimnisvolle Entstehung des Mistkäfers aus dem in einem Nährballen eingerollten Ei, wurde zum Bild der aufgehenden Sonne. Da dieser Käfer die kleine Kugel vor sich herschiebt, gab er zusätzlich Anstoß zu dem Bild des aus dem nächtlichen Schoß der Erde emporgekommenen Gestirns. Bei seinem morgendlichen Erstehen aus dem Schoß der Nut mag schließlich die Geburt des Sonnenkindes durch die Himmelsgöttin ins Spiel gekommen sein (Abb. 35 a)[35]. Die Bilder: Käfer – Barke – Schenkel sind (addierte) Aspekte derselben Erscheinung; einheitlich zusammengesehen erscheinen sie töricht.

Die Bilder sind aber nicht nur Bilder, sie stehen für ganze Geschichten, da sich mit ihnen der zugehörige Ablauf assoziiert, ein Ablauf von Dauer, aber ohne historische Zeit. Käfer–Barke–Schenkel sind immer gegenwärtig, kein Bild ist Ursache des anderen oder sonst auf ein anderes bezogen; sie stehen simultan beieinander und jedes ist umschlossen von einem weiten Kranz himmlischer Ereignisse. Insofern sind die Mythen *tesserae hospitales*, als sie nur der versteht, der die passende Scherbe des Gemeinten in Händen hält. Das Gemeinte und das Zeichen, das Symbolum, erklären sich wechselseitig.

Das Symbol ist keine Metapher, kein Gleichnis, es ist Sinnbild und gewissermaßen die Sache selbst. Dies sollte der Lutheraner verstehen, wenn er des Abendmahlstreites gedenkt. Man erinnere sich, daß ein altägyptisches Bild nicht nur künstlerische Darstellung eines Gegenstandes oder einer Figur ist, sondern, daß das Bild ein Ding aus seiner Vergänglichkeit erhebt zu dauerndem Sein. Der Verstorbene konnte über die bildlich in seinem Grabe angebrachten Dinge verfügen! Symbole scheinen die einzigen Vokabeln zu sein, die das Unvorstellbare vorstellbarer machen, der Mythos die einzige Sprache, die dem Numinosen angemessen ist. Die Anbetung ist Antwort auf seinen Anruf.

Die Vielheit der Aspekte kommt in dem das Bild des Himmels umschreibenden Mythos ebenso zum Ausdruck wie in der Vielheit der Götternamen und in deren figürlicher Gestaltung. Doch kommen wir zum Ende und erfreuen wir uns an einem hübschen Beispiel von Aspektive aus einem Sargtext[36], in dem es heißt:

> Als Himmel und Erde noch nicht entstanden waren,
> als Wasser noch nicht entstanden war,
> als der Nun noch nicht entstanden war,
> als Geb und Nut noch nicht entstanden waren,
> als Osiris und *Isis* (!) noch nicht entstanden waren,
> als Seth und Nephthys noch nicht entstanden waren,
> da wurde dieser N geboren durch eine Geburt der *Isis*.

Viele Bilder umkreisen das Numen, so daß es faßbarer und runder werde. Alle Aussagen nebeneinander ergeben ein Einziges. Sie sind verbunden durch das Wissen von dem gemeinsamen Einen, aber sie können nicht einheitlich aufeinander bezogen werden nach den Regeln, die für einen abständigen Betrachter, einen inmitten einer *camera obscura*, gelten. Sie lassen sich nicht harmonisieren, denn sie gehen jeweils von einem anderen Vorstellungsansatz aus. Perspektivisch gewertet, setzen die Bilder „dem Faß die Krone auf", aspektivisch sind sie vollendete Aussagen. Die zweierlei Genesis-Berichte werden erst dem zum Anstoß, der einen *point de vue* gewinnen will, Jungfrauengeburt neben Samen aus Davids Stamm schockiert erst seit der Renaissance.

Zu Zeit und Raum hat der Mythos dasselbe Verhältnis wie die Zeichenkunst. Der Tempel umschließt den Urhügel, von dem aus die Schöpfung in Gang gekommen ist, der Tempel von Edfu sowohl wie der von Dendara, oder, um frühere zu nennen, der Kleine Tempel von Medînet Hâbu oder der Große von Karnak.[37] Osirisgräber mit dem Leichnam des Gottes gab es so viele, daß Plutarch sich die vielen Leichen, kopfschüttelnd, nur als Reliquien erklären konnte. – Eine neue Zeit, eine Epochenzeit war angebrochen, und die je eigenständige Vergegenwärtigung war der übergreifenden, vereinheitlichenden Zusammenschau gewichen. – Derselbe Osiris war aber nicht ein für allemal begraben worden, vielmehr jedes Jahr aufs neue; die Bestattungsfeiern im ganzen Land waren keine Gedächtnisfeiern, sondern ein *hic et nunc*. Auch die *dies fasti et nefasti* des Loskalenders regulierten als zyklushafte Wiederholungen konkreten Geschehens das Leben der Alten, zumindest nach der Idee, wenn auch die Forderungen des Tages dem faktischen „wie im Himmel so auf Erden" oft genug ein Bein stellten. Erst wenn sie losgelöst sind vom Mythos und eingebunden in die Orientierungsform umspannenden Zeit- und Raumverständnisses, gehören die erhabenen Glaubensinhalte in die Mottenkiste aftergläubischer Relikte.

Um dem Verständnis der Ägypter zu Zeit und Raum ein ontologisches Fundament zu geben, läßt sich nach dem Gesagten nicht zurückgreifen auf dogmatische Lehrsätze, aber auf viele Einzelaussagen religiöser Schriften.[38] Ihnen zufolge ist das Sein der Welt sowohl wie das Leben des Einzelnen eingebettet in das Nichtsein, einen ununterschiedenen, ungegliederten, ungeformten, unbegrenzten Urstoff. Aus dieser unverwirklichten Materie regeneriert sich alles Sein, der Mensch in Schlaf und Tod, das Land nach der Nilflut, die Sonne während der nächtlichen Fahrt. Sein ist demnach nichts Starres, sondern ständig im Schwebezustand zwischen Verwirklichung und Auflösung, also nicht dynamischer Vorgang, vielmehr mühsam im Gleichgewicht gehaltenes Beieinander ohne Ausrichtung.

Unvergleichlich – so scheint mir – hat später Hieronymus Bosch auf der Außenseite seines dreiteiligen Flügelaltars ›Das gewonnene Paradies‹ (fälschlich ›Der Garten der Lüste‹ genannt), heute im Pradomuseum zu Madrid, diesen Schwebezustand der Erde innerhalb der Himmelskugel grau in grau gemalt. Das Licht ist bereits geschaffen und bricht aus dem finsteren Gewölk des Himmels (Gen. 1,6–8) hervor, aber auf der Erde lagern verschleiert wie ein Urstoff erst die Möglichkeiten von „Gras, Kraut und fruchtbaren Bäumen" (Gen. 1, 11–12). Aus dieser traumumhüllten, noch unbeseelten Materie ersteht auf dem geöffneten Triptychon in tausend leuchtenden Farben die Welt in ihrer Unschuld und ihrer Sünde.[39]

Das ägyptische Symbol für das die Welt umschließende Nichtsein ist die sich in den Schwanz beißende Schlange mit dem Namen „Schwanz im Maul", die in der griechischen Zeit zum Uroboros geworden ist. Eine solche

Schlange „gebiert" eine Stunde nach der anderen und „verschlingt" sie wieder, wenn sie abgelaufen ist. Sie ist die Zeitschlange, die „die Stunden verbirgt". Nicht zeitlich allein, auch räumlich und potentiell als Kraftspeicher will diese Ringelschlange verstanden sein.

Die Bilder der frühen Völker sind ohne Zahl. Ihre Fülle mag verwirren, aber sie zeugt von dem unerschöpflichen Born mythischer Phantasie. Dem Kenner enthüllen sie sich, den andern sind sie eine Torheit. Aber auch den Fachmann haben sie lang vor die Frage gestellt, ob denn jene, die diese Bilder schufen, ebenso logisch denken konnten wir wir. Diese Frage wird im Laufe dieser Untersuchung überzeugt bejaht.[40]

Den Umbruch der Zeiten dürfen wir um 700–500 v. Chr. ansetzen, von da an ist das Verhältnis zum Mythos, wie Paul Tillich formuliert, „gebrochen", wenn das mythische „Denken" grundsätzlich auch in späteren monotheistischen Religionen subversiv seinen Platz behalten hat.

Der Mythos redet vom Numen und seinen Geheimnissen. Der Größe der Macht Gottes, der Mannigfaltigkeit seiner Wirkungen versucht er durch zahlreiche Aussagen gerecht zu werden. Dem mythischen Menschen ist es unmöglich, ja es erschiene ihm frevelhaft, das Wesen Gottes zentral zu fassen, es in einigen wenigen, gar einem einzigen Adjektiv einzufangen. Nur die eine Begegnungsweise scheint ihm angemessen: Gott zu umkreisen, in der konzisesten Form durch die Litanei. Der Mythos mit seiner Buntheit und dem greifbaren Leben ist die Sageweise der Anschauung im Spannungsfeld zwischen Abstraktion und sinnlicher Fülle. Die ihm entgegengesetzte Sageweise ist das Dogma, das immer auf das Zentrum Gottes abzielt. Ihm ist die mythische Sageweise nur noch Form, überkommene, starre Form.

Im Mythos wird ein Theologumenon – um einmal eine andere, weniger schöne Sprache zu verwenden – durch viele Mythologumena ausgesprochen, und nicht etwa nur bei verschiedenen Völkern, auch in demselben Kulturbereich, ja in derselben Schrift. Verschiedene Mythen, zu gleicher Zeit beim gleichen Volk, ja u. U. sogar vom gleichen Erzähler berichtet, scheinen einander so gut wie regelmäßig zu widersprechen. So gelingt es uns beispielsweise nicht, Klarheit in die Eheverhältnisse der frühen, auch noch der griechischen Götter zu bringen; auch von den meisten griechischen Heroen wird bald dieser, bald jener Stammbaum angegeben. Doch die für den Mythos eingestimmten Ohren verstehen die Aussagen und können sie sogar in Traum und Wachtraum originär reproduzieren, wenn im Sinne Kerényis vielleicht auch nur in der Lebenszeit einer Kultur. Der mythische Mensch sieht keine Widersprüche, für ihn steht dahinter immer etwas Gemeinsames, das nur in verschiedenen Aspekten erfaßt ist.

Mythos antwortet nicht auf der alleinigen Grundlage nachprüfbarer Erfahrung mit Hilfe logischer Schlüsse, sondern durch ein ungesondertes Zusammenwirken aller menschlichen Vermögen, wie des Denkens, des logischen (so!), der Erfahrung, der Phantasie und Intuition und der verschiedenen Empfindungen, wie Angst, Ohnmacht oder Geborgenheit in Gott. Mythos ist unbewußt-bewußtes, psychokognitives, willensmäßiges Urteil, ist eine mannigfaltige Weise der Apperzeption der Welt. Dieter Kurth formuliert zu der „Eigenart altägyptischen Denkens", daß sie „es unterläßt, die zu einem komplexen Problem unter den verschiedenen Aspekten gewonnenen unterschiedlichen Ergebnisse in ein geschlossenes System zu bringen".[41]

Hugo Greßmann und mit ihm andere haben den Mythos eine „primitive Wissenschaft" genannt, weil auch er nach dem Woher und Warum der natürlichen Welt frage, doch das nach vollständiger, in sich sinnvoller Erhellung der Weltzusammenhänge drängende wissenschaftliche Denken, das auf beweisbaren Fakten aufbaut, verlangt nach allseitig widerspruchsfrei verknüpfbarer Einheitlichkeit. Während der Mythos benennt, ordnet, gliedert und der Mensch (mit kultischem Dank) antwortet, ist der ihm als Monarch folgende Logos angetreten zu entdecken, zu beherrschen, das bisher in die Welt eingebettete Subjekt abzuspalten vom Objekt und statt des Welthaften, Gestaltenmächtigen des Mythos nun Begriffe zu setzen. Während der Mythos spielt und den Menschen zu seinem Gespielen ruft, hat der Logos keinen Spiel-raum mehr. Den mythischen Mächten begegnet der Mensch im Verhältnis der Nähe, in der nachmythischen Zeit seinem Gott in dem der Ferne. Gott ist fortan der Ganz-Andere.

Logos ist nach seiner Grundbedeutung ein Verhältnis, eine Verflechtung, ist eine Proportion, vielfältig und auf nachprüfbare Weise mit anderem verknüpfbar. Logos fragt nach Sinn und Recht, in der juristisch-politischen Sprache hieß das in Athen: *logon didonai* (Rechenschaft geben), und damit tritt der Mensch in die Verantwortung. Logos bezeichnet „die richtige, die beweisende Rede, aber die Richtigkeit ist immer (wie eine perspektivische Bildwiedergabe) nur in einem Zusammenhang und unter bestimmten Voraussetzungen richtig. Mit Mythos statt dessen ist ursprünglich die unbedingt gültige Rede gemeint, die Rede von dem, was ist (wie vergleichbar die Aspektive das Sosein der Dinge wiedergibt). Daher gilt Mythos hauptsächlich von den göttlichen Dingen, die keines Beweises bedürfen, sondern die unmittelbar gegeben und offenbar sind" (W. F. Otto).

Das mythische „Denken" schafft Symbole. „Symbolon" heißt wörtlich „Erkennungsmarke" oder „Ausweis", unbedingter Sinn geht darin nicht auf. Andererseits ist es eine höchst unwissenschaftliche Selbsttäuschung, wenn das wissenschaftliche Denken vorgibt zu wissen, daß seine Ergebnisse eindeutig zu seinen Gunsten sprächen. „Wissenschaftlichen Theorien fehlt das Wesentliche des Mythos: seine Gestalthaftigkeit, seine Lebendigkeit, sein Anthropomorphismus im höchsten Sinn, seine Poesie. Sie werden höchstens gelegentlich als letzter Mythenersatz gebraucht. Aber ein Mythos ist auf die Dauer tröstlich, auch wenn er furchtbar klingt, und eine naturwissenschaftliche Erklärung des Weltlaufs auf die Dauer trostlos, auch wenn sie harmlos klingt" (H. G. Müller-Payer).

Wenn, wie üblich, Mythos und Logos einander entgegengesetzt werden als zwei Stufen der Entwicklung, so ist das nur bedingt richtig. Wo mythische Völker denken, denken sie logisch, aber nur innerhalb benachbarter Sinneinheiten und nicht über das gesamte Gedankenpanorama hinweg. Logos ist daher auch innerhalb des Mythos am Werk, aber – und das ist kennzeichnend – nur für die nächsten Gedankenschritte. Da Denken, wie oben gesagt, bei mythischen Völkern nicht die einzige Form des Erfassens eines Gegenstandes ist, sondern untermischt mit Empfindung, Phantasie u. a., begegnen sich die verschiedenen Weisen des Erfassens und führen zu einer eigenen Art der Apperzeption. Von der Steigerung des Logos zu *ratio*, die man als Logos ohne Geist bezeichnen könnte, sei hier nicht mehr die Rede, umgangssprachlich werden die beiden (und auch „kausal") häufig gleichgesetzt.

Die oft vertretene These, das mythische Zeitalter habe das magische, und das rationale oder logische Zeitalter habe das mythische abgelöst, kann nicht so verstanden werden, daß vom Tage X an die alte Weise zu apperzipieren total verschwunden sei. Statt von „Ablösung" sollte man besser sprechen von „Überlagerung" (so Ernst Klett). Der Boden, auf dem die wissenschaftsorientierte Welt steht, ist kein rationaler Boden, Magisches drängt sich immer wieder von untem empor, und Mythisches ist keineswegs überwunden, sondern nur verdeckt. Auch heute ist die mythische Sprache verständlich, sogar leichter verständlich als die existentiale. Das gilt insbesondere für Kinder. Kinder bedürfen, ehe sie existential reden oder verstehen können, der mythischen Begründung. Unsere Kinder verstehen den Mythos, sie sind mit mythischem Denken von vornherein ausgestattet, und wie die Kinder so auch jene Völker, die man primitiv nennt. Eine fast untergegangene mythisch begabte Gruppe sind die viel zitierten sog. „alten Mütterlein".

Wenn sich mythisches Denken auch von uns entfernt hat und auf der historischen Schutthalde abgelagert wird als ein überholtes Weltbild, so scheint es sich andererseits von Neuem auf uns hin zu bewegen und scheint den zu ergreifen, der im Geleit eines Hölderlin mit Heidegger eine neue mythische Sageweise sucht. Nach Gottfried Benn „gab es Zeiten, da war kausales (so!) Denken exzellent, Zeichen einer klugen kleinen Clique, heute ist es Abspülwasser, jeder begründet seine Weltanschauung und seinen Rheumatismus, heute ist das Nebeneinander (so!) der Dinge zu ertragen und es zum Ausdruck zu bringen auftragsgemäßer und sinnerfüllter".

## VIII. MATHEMATIK UND EMPIRISCHE WISSENSCHAFT

### 1. Einführung

Daß es bei den Alten Völkern überhaupt Wissenschaft gegeben habe, ist vielfach bezweifelt worden, doch hier gilt es umzudenken.[1] Wieweit Wissenschaft um ihrer selbst willen betrieben wurde, läßt sich schwer ausmachen. Obwohl technische Erfindungen und Entdeckungen – wie in Ägypten beispielsweise der Kalender oder die Zeitmesser – systematische Beobachtungen und Experimente voraussetzen, sind sie Früchte von angewandter Wissenschaft und nicht von Grundlagenforschung. Bei solchen Leistungen war von vornherein ein praktikables Ergebnis angesteuert. Organisation und Durchführung großer Bauten bedurften zweifellos einer geordneten Sachkenntnis und genauer Planung, doch hat darum nicht jeder Bauleiter und Architekt wissenschaftlich-schöpferisch gearbeitet. Wieweit die Beobachtungen der maulbrütenden Fische und der Fischlaichzüge[2] ausschließlich einer wissenschaftlichen Klärung huldigten, bleibe dahingestellt.

Mit praktischem Interesse untermischt, aber freilich auf Wissenschaftsbetätigung beruhend, sind astronomische (Dekanlisten), mathematische und topographische Studien, auch die Onomastika, weniger die Kosmogonien und alle Abhandlungen, die versuchen, den Phänomenen der Welt eine geistige Ordnung abzugewinnen. Annalen oder die in den Reliefbildern des sog. Botanischen Gartens im Tempel von Karnak dargestellten Pflanzen samt ihren einzelnen Bestandteilen[3] oder etwa die detaillierten Maßangaben zur Gestalt eines erlegten Rhinozeros in Erment[4] bekunden ein Wissenwollen ohne Bedürfnis, die Kenntnisse praktisch zu verwerten. Solche Aufzeichnungen und Bilder beruhen auf Sammlungen empirischer Daten und führen durch Summation oder auf Grund bilateraler Beziehung zur Bündelung von Verwandtschaftsgruppen.

Weiter sind Ausdruck wissenschaftlicher Betätigung die mehrfachen Standardisierungsmaßnahmen der Schrift wie selbstverständlich die Erfindung der Schrift überhaupt, die Gesetzeskodizes,[5] die Sammlungen von Mythen und anderen (religiösen) Texten oder die Fertigung von Landkarten.[6] In der Mathematik verblüffen der Annäherungswert von $\pi$, weniger die Anwendung des Goldenen Schnittes,[7] kaum die Kenntnis der Fibonaccischen Zahlenreihe, die zwar als theoretische Entdeckung durch Leonardo von Pisa-Fibonacci im 13. Jh. eine bedeutende Leistung darstellt, aber ägyptischem

Denken derart gemäß ist, daß ihr Gebrauch nicht überrascht, eher zwangsläufig erscheint[8] (s. u.).

Um den Alten gerecht zu werden, ist der Wissenschaftsbegriff zu verengen auf Neugierverhalten, Sammeln, systematisches Beobachten, Experimentieren, geistiges Ordnen und Aufzeichnen, wobei Analysieren, Zusammenschau und Abstraktion so selbstverständlich am Werke waren wie Logik, wenn auch innerhalb einer Grenze, die noch aufgezeigt werden soll.

Es dürfte von vornherein einleuchten, daß eine aggregierte Gesellschaft, die ihre künstlerischen Aussagen aspektivisch äußert, auch ihre wissenschaftlichen Erkenntnisse nicht aus einer Überschau ganzheitlich gewinnt, sondern sie praktisch erwirbt; daß sie verallgemeinernd vorstößt, allenfalls bis zu Paradigmen, doch nur ausnahmsweise zum *principium*, d. h., daß sie zwar Regeln, aber nicht Gesetze formuliert.

Kausales Denken ebenso wie Abstraktion waren zur Wirklichkeitsinterpretation von jeher eingesetzt, deshalb sollte man „vorgriechische" und „heutige" Wissenschaft nicht als „mythisch/wissenschaftlich" oder „magisch/rational" oder auch „prälogisch/kausal-logisch" gegeneinander absetzen.[9] In dieser Studie sei nach knapper Vorstellung verschiedener Sachgebiete versucht, den Unterschied zwischen damaligen und heutigen Wissenschaftsmethoden bzw. die Wesensart der vorantiken Wissenschaft anders zu kennzeichnen.

Einen eigenen Begriff bzw. Terminus für „Wissenschaft" hat es im Alten Ägypten nicht gegeben, nur den Begriff von „Wissen", „Kennen",[10] und zwar „Alles, was existiert, was (der Gott) Ptah geschaffen und was (der Gott) Thoth (erkannt und) aufgeschrieben hat: den Himmel mit seinen Erscheinungen und die Erde mit dem, was auf ihr ist, was die Berge ausspeien (die Mineralien), was durch die Urflut bewässert wird, alles, worauf (der Sonnengott) Re scheint, was auf dem Rücken der Erde wächst, ausgedacht von dem Schreiber der heiligen Bücher im Lebenshaus, Amenemope", so lautet der Titel eines Onomastikons.[11] Bemerkenswert und kennzeichnend ist die Herleitung aus Gottes Kraft nicht nur des Geschaffenen, auch der Kenntnis. Der beanspruchte Umfang umschließt praxisorientiertes Wissen ebenso wie die Kenntnis von der Welt und ihrem Lauf.

Um sich in die Welt einzupassen, ist es zudem erforderlich, die Lebensregeln der Lebenslehrer zu kennen. Es ist fast erregend zu lesen, wie der Schreiber Ahmose im mathematischen Papyrus Rhind seine aus der Hyksoszeit stammende Kopie eines älteren Textes begründet: Damit man „in die Dinge eindringe und alles erfahre, was existiert, und auch alles, was verborgen ist ..., sämtliche Geheimnisse"[12]. Ähnlich formulieren Texte anderer Gattung bis in demotische Zeit die Lebenslehren teils eingekleidet in Fabeln[13] oder Biographien. Wer sich die kumulierten Kenntnisse vorausgegangener Zeiten aneignet, dazu die Lebenslehren beherrscht und drittens sie zur rechten Zeit richtig anzuwenden weiß, der ist ein „weiser Mann".[14]

So bedingt in Ägypten Porträts gestaltet werden, so bedingt sind Gelehrte namhaft zu machen.[15] Sie dürften aus dem Heer der mit dem pauschalen Begriff „Schreiber" betitelten Beamten, Priester und Ärzte hervorgegangen sein, ohne daß diese ein Recht auf geistiges Eigentum geltend gemacht hätten. Aus den 3000 Jahren altägyptischer Geschichte ist außer den namentlich bekannten Lebenslehrern nur eine gute Handvoll jener großen Männer, die auf „Weisheit" Anspruch haben, der Nachwelt mit Namen überliefert;[16] zusätzlich sind weitere vier Techniker, die sich selbst einer Erfindung rühmen, mit Namen bekannt. Daß der Idee nach sämtliche Arbeiten im Auftrag Pharaos durchgeführt wurden, ist eine fast überflüssige Bemerkung.[17]

Nach dieser Einführung folgen kurze Einblicke in einige Wissenschaftszweige.

## 2. Mathematik

Klarer als alle anderen Disziplinen exemplifiziert die Mathematik die Erkenntnisweise des Nilvolks und seiner geistigen Verwandten. Eine erste Hinführung leistet bereits das Zahlensystem.[18]

Das altägyptische Zahlensystem ist dezimal, jedoch hat jede Zehnerpotenz von $10^1$ bis $10^6$ ein eigenes Zahlzeichen. Diese Zahlzeichen besitzen keinen Positionswert, sondern werden additiv aneinandergereiht.

| | | |
|---:|---|---|
| 1 | │ | Merkstrich |
| 10 | ∩ | Bügel |
| 100 | ℮ | Strick |
| 1 000 | | Lotosblume |
| 10 000 | oder | Finger |
| 100 000 | | Kaulquappe |
| 1 000 000 | | Gott der Unendlichkeit |

Innerhalb der Zehnerstufen wurden diese Zahlzeichen so oft neben- (oder unter-)einandergestellt, wie es die zu schreibende Zahl erfordert.

Zum Beispiel: 2 375 486 =

Eine spätere vereinfachte, multiplikative Schreibung sieht statt dieser umständlichen Schreibweise z. B. für die Zahl 2 600 000 so aus:

$\overset{\frown}{\cap}|||$
$\cap|||$ = 26 Kaulquappen (26 × 100000).

Dieses Zahlensystem gibt den ersten Hinweis auf den additiven Charakter der ägyptischen Mathematik.

Addition und Subtraktion werden im übrigen trivial gelöst, ohne Vereinfachungsverfahren (Tricks).

Bezeichnenderweise hat man auch Multiplikationsaufgaben auf additive Weise gelöst. Ein Faktor wird (dyadisch) so lange verdoppelt bzw. halbiert oder auch mit 10 multipliziert, bis man zu dem geforderten Ergebnis gelangt. Ein Beispiel mag diese Rechentechnik deutlich machen.

| Aufgabe: 14 × 80 [19] | | | oder: 15 × 13 | |
|---|---|---|---|---|
| Verfahren: | 1 | 80 | /1 | 15 |
| | /10 | 800 | 2 | 30 |
| | 2 | 160 | /4 | 60 |
| | /4 | 320 | /8 | 120 |
| Summe: | | 1120 | Summe: | 195 |

Erklärung: In der linken Spalte der Tabelle sind die Kennziffern, die in ihrer Summe den ersten Faktor ergeben, durch einen Strich gekennzeichnet. In der zweiten Spalte der Tabelle ist das Ergebnis der Multiplikation durch Addition zu finden. Der Rechner hat sich auf diese Weise in einem Additionsschema schrittweise an das Ergebnis hingearbeitet.

Divisionsaufgaben haben die Ägypter durch Annäherung des Dividenden mit meist dyadisch ermittelten Teilen bzw. Vielfachen des Divisors angegeben. Wieder möge ein Beispiel die Rechentechnik verständlich machen.

| Aufgabe: 19 : 8 [20] | | |
|---|---|---|
| Verfahren: | 1 | 8 |
| | /2 | 16 |
| | 1/2 | 4 |
| | /1/4 | 2 |
| | /1/8 | 1 |
| Ergebnis: 2 + 1/4 + 1/8 | | |

Auch hier sind die zur Lösung führenden Kennziffern durch einen Strich markiert (linke Spalte).

Stets sind ägyptische Rechenaufgaben klar disponiert nach Problemstellung, Ansatz und Durchführung, ihre Lösungen sind eindeutig und oft durch mehrere Proben auf die Richtigkeit des Ergebnisses hin überprüft. Der Ägypter kennt zwar nicht den Beweis, die *demonstratio*, aber die *verificatio*, die Probe. Bezeichnend für die Rechenverfahren ist durchweg die Methode, sich durch eine – vielfach hochkomplizierte – Addition an ein Ergebnis her-

Mathematik 133

anzuarbeiten, zum andern die Mannigfaltigkeit der Ansätze. Analog zur Kunst werden allerdings auch in der Mathematik kanonische Verfahrensweisen herausgebildet.

Besonders aufschlußreich für unsere Untersuchung ist die Bruchrechnung. Dazu sei vorweg gesagt, daß Brüche als selbständige Maßeinheiten, also als Ganze aufgefaßt worden sind; weiter, daß Bruchrechenaufgaben durch Zerlegung in Stammbrüche (= 1/n) nach der Hilfszahlenmethode gelöst werden. (Außer Stammbrüchen kannten die Ägypter noch die Komplementbrüche 2/3 und 3/4. Dies beiseite.)

Jeder allgemeine Bruch, der sich bei Divisionsaufgaben ergab, mußte in eine Stammbruchreihe zerlegt werden: $x : n = 1 : a + 1 : b + 1 : c \ldots$, wobei a kleiner als b und b kleiner als c sein mußte. Die komplizierte Zerlegung hat man durch Tabellen erleichtert, welche kanonische Werte enthalten und die von den Rechnern vielleicht auswendig beherrscht wurden wie von heutigen (oder gestrigen) ABC-Schützen das Einmaleins.

Außerdem gab es Tabellen für die Werte allgemeiner Brüche mit ihren Entsprechungen bei den Teilen der (fast immer dyadischen) Maße. Sollten Brüche addiert oder subtrahiert werden, so geschah dies mit sog. Hilfszahlen, die als gemeinsamer Hauptnenner fungieren, wie folgendes Beispiel (pRhind 34) zeige:

| 1/7 | + | 1/14 | + | 1/14 | + | 1/28 | + | 1/28 | + | 1/56 | (Brüche) |
|-----|---|------|---|------|---|------|---|------|---|------|----------|
| 8 | | 4 | | 4 | | 2 | | 2 | | 1 | (Hilfszahlen, meist in Abhebung zu den schwarz geschriebenen Brüchen rot geschrieben) |

Die Hilfszahlen entfallen, wenn die Rechnung mit Brüchen der dyadischen Reihe oder auch mit 1/3, 2/3 und 1/10 zu lösen ist, also mit sog. „natürlichen" Brüchen im Unterschied zu „algorithmischen" Brüchen. Überzeugend wurde von dem Mathematiker Kurt Vogel, auf dessen bahnbrechende Erhebungen ich mich vorwiegend stütze, die Entwicklung der Bruchrechnung auf die Erfahrungen der Ägypter mit ihren Maßsystemen zurückgeführt.

Auf welche Weise die vorliegenden Zerlegungen aus der Zahl der möglichen ausgewählt wurden, widerstand dem Forschen nach einer generellen Lösung. Schon manches mathematische Gehirn unserer Tage hat sich daran versucht, ein einheitliches Verfahren herauszufinden, doch umsonst. Es läßt sich keine einheitliche Methode finden, ein ordnender Geist hat lediglich kanonische Lösungen von Zerlegungen festgehalten. Solche Standardzerlegungen sind dann nicht nur durch die lange Geschichte der ägyptischen Mathematik unverändert tradiert worden, sondern sie stehen auch in frühen griechischen und byzantinischen Texten und finden sich in der gleichen Fassung ebenso wieder im Mittelalter bis zu Leonardo von Pisa (∼1170–

∼ 1240), alias Leonardo Fibonacci, mit dem die mathematische Renaissance im Abendland ihren Anfang nimmt.

Nicht nur die Kenntnis der pythagoreischen Zahlen (3,4,5) als Konstruktionsbasis für Rechte Winkel, auch die der Fibonaccischen Zahlen ist für Ägypten wahrscheinlichgemacht worden und, wie in der Einleitung zum Kapitel „Wissenschaft" gesagt, für mein Verständnis ägyptischen Denkens nicht nur nicht überraschend, eher zwangsläufig, da eminent bezeichnend. Die nach Leonardo Fibonacci benannte Zahlenreihe ergibt sich, indem jedes Glied der Reihe die Summe der beiden jeweils vorausgegangenen Glieder beträgt: $a_{n+1} = a_{n-1} + a_n$, wobei $a_0 = 0$ und $a_1 = 1$ ist. In Zahlen: 1, 1, 2, 3, 5, 8, 13, 21 ... Diese Zahlenreihe läßt mit Krücken abtasten, wie die Ägypter sich auf der Fläche entlang, mit einem Bein auf dem alten Platz verharrend, voranbewegt haben – eklatanter kann eine bilaterale Beziehung, Goethes „Stottern" (S. 69), nicht demonstriert werden.

Der additive Charakter der ägyptischen Mathematik, der für die vorliegende Fragestellung besonders erhellend sein dürfte, ist außer an den Methoden auch an den Fachwörtern ablesbar. Addieren heißt „vereinigen" oder „hinzutun auf" oder einfach „auf" oder auch – im Gegensatz zu subtrahieren („hinausgehen") – „hereinkommen". Subtrahieren heißt „abbrechen" oder auch „ergänzen", das unserer Methode des Daraufzählens entspricht. Soweit sind die Ausdrücke mehr oder weniger selbstverständlich. Doch auch multiplizieren heißt – wie addieren – „hinzutun".

Brüche werden, wie oben bereits angedeutet, als selbständige Einheiten, also wieder als Ganze durch anschauungsgebundene Zeichen geschrieben. 1/2 ist „die eine Seite" ⟳, 1/4 wird durch zwei sich kreuzende Stäbe bezeichnet X, für weitere Untereinheiten von Maßen gibt es andere, teils verblüffende Symbole.

Dem Zerlegen der Stammbrüche entspricht es, daß bei der Berechnung von Körperinhalten der Körper in Schichten zerlegt wird, in Teilgrößen also, und dies außer bei den Ägyptern ebenso bei den Babyloniern, den frühen Griechen und auch in Byzanz. Auch hier ein stückweises Erfassen, ein addierendes Verfahren, um an das Ganze heranzukommen, und nicht eine ganzheitliche Operation.

Die ägyptische Mathematik war hochentwickelt, ihre vorrangige Leistung bestand im Sammeln und Ordnen empirischer Daten. Die überlieferten mathematischen Texte – mit eigener Fachsprache – sind so gut wie durchweg praxisorientiert. Sie enthalten die für die ägyptische Rechentechnik nötigen Tabellen, bieten Aufgaben in Form von teilweise mit Skizzen versehenen Paradigmen. Die kasuistisch angelegten Fälle sind vielfach nach Sachgruppen geordnet, aber allgemeine Gesetze sind nicht formuliert. Der weiteste Vorstoß in verallgemeinerndes Denken bekundet sich im Paradigma und im Begriff für die Unbekannte (= Haufen). Der allgemeine Fall wird nicht durch eine Formel mit allgemeinen Zahlen dargestellt, sondern, wie schon gesagt, am Beispiel.

Nur einmal existiert so etwas wie eine allgemeine Formel: für die Errechnung von 2/3 eines Stammbruches. Man liest: „2/3 machen von einem ‚schwachen Zeichen' (= Stammbruch). Wenn dir gesagt wird, was ist 2/3 von 1/5, so mache es zweimal (ergänze: mit dem Zähler) und sechsmal (ergänze: mit dem Nenner). So muß jeder ‚Stammbruch', der vorkommen mag, behandelt werden." Da es kein Symbol gab für die allgemeine Zahl, ist das Beispiel (1/5) gewählt, doch die Anweisung ist eine allgemeine.

Die weiteren mathematischen Kenntnisse der Ägypter seien nur noch angedeutet: Es gab algebraische Methoden der Gleichungslösung; man rechnete mit der Null; man berechnete die Kreisfläche nach der Formel F (Fläche) = 8/9 × d (Durchmesser), womit sich für $\pi$ der Annäherungswert 3,1605 (256/81) ergibt.[21] (Die Errechnung von $\pi$ = 22/7 stammt erst von Archimedes.) Auch die gekrümmte Oberfläche eines „Korbes" (der Halbkugel) konnte errechnet werden.[22] Ihren Glanzpunkt erreicht die ägyptische Geometrie mit der Volumenformel für den quadratischen Pyramidenstumpf.

Alle diese Leistungen basieren auf dem grundsätzlich additiven Charakter der ägyptischen Mathematik. Ein deutlicher Einschnitt weniger der Verfahrensweise als der Kenntnis ist in Ägypten im 3. Jh. v. Chr. zu beobachten, wohl unter dem Einfluß der Griechen. Außer Archimedes waren es in Griechenland selbst Demokrit und Eudoxos im 5. bzw. 4. Jh. v. Chr., die der Mathematik eine grundsätzliche Wende beschert haben.

Arithmetik, Algebra und Geometrie sind in Ägypten keine Wissenszweige gewesen, denen es primär um wissenschaftliche Erkenntnis zu tun war, sondern sie dienten dem praktischen Leben. Sie waren Techniken für das Bewältigen von Aufgaben der Verwaltungsbeamten und Händler, der Bauern und Handwerker, der Bäcker und Brauer, der Feldmesser, Zimmerleute, Baumeister und Architekten sowie der Künstler für ihre Werkzeichnungen – wenn man auch nicht ausschließen darf, daß Werke wissenschaftlich-theoretischer Art verlorengegangen sein könnten.

Zum Spaß angewendet wurde die Mathematik für Rätselaufgaben und als Medium für Scherz und Unterhaltung. Davon sei zum Schluß ein hübsches Beispiel einer geometrischen Reihe geboten, das nach Jahrtausenden noch heute bei vielen Völkern in dieser oder jener Fassung beliebt ist, besonders nett zu lesen in dem englischen Kinderreim:

> As I was going to Saint Ives,
> I met a man with seven wives.
> Every wife had seven sacks,

Every sack had seven cats,
Every cat had seven kits;
Kits, cats, sacks and wives,
How many were there going to Saint Ives?

Im ägyptischen Text liest sich die geometrische Reihe in einem „Haushaltsinventar" wie folgt: „7 Häuser, 49 Katzen, 343 Mäuse, 2301 (so!) Körner, 16807 Maß (Getreide) ..."

Dargebotener Ausschnitt aus mathematischen Methoden der Alten Ägypter mag hinreichend deutlich gemacht haben, daß das Pharaonenvolk logisch zu denken vermochte, logisch im Sinne von einlinig richtig. Nicht haben die Alten Beweise und Begründungen geliefert, ihnen genügte das Rezept, aber – worauf es hier ankommt – sie zeigten kein Interesse für ein Prinzip. Diese Art zu denken hat erst der „Vater der Logik" Aristoteles geübt. Doch: Bei den Ägyptern sind die Ergebnisse ihres mathematischen Denkens einwertig, mannigfaltig dagegen sind ihre Methoden. Sie finden eine Lösung in einem Additionsverfahren gewissermaßen „aspektweise", welche Eigenart an die verschiedenen Messungsmethoden in heutiger Quantenmechanik erinnert. Darauf sei im Nachwort zurückgegriffen.

Auch Quadrieren und Radizieren wurden durch Addition gelöst. Radizieren nach der Methode Herons von Alexandria ist erst in demotischen Papyri nachweisbar. Instruktiv für das altägyptische Denken ist das Fachwort für „Quadrieren". Man liest: „Mache diese 2 (= Quadrat) durch Entlanggehen (so!), es macht 4." Somit wird die Fläche geistig gewonnen durch Abschreiten der Seiten, was dem sog. „haptischen" Erfassen in der Kunst entspricht: Eine Fläche wird in ihrer ausgebreiteten Form umschritten, be„griffen", in der Kunst an den Darstellungen des Teiches verdeutlicht (s. Abb. 9 a–d).

Am unmittelbarsten mit der Darstellweise in der Kunst läßt sich auf dem Gebiet der Mathematik die Geometrie vergleichen. Wie die Arithmetik ist sie keine theoretische, beweisende, begründende Verfahrensweise, der es um wissenschaftliche Aufklärung von inneren Zusammenhängen zu tun ist – wie der griechischen seit der Zeit der jonischen Naturphilosophen –, vielmehr ist ihr an rein praktischer Anwendung gelegen. Zur Darstellung räumlicher Gebilde werden der Grundriß und die Aufrisse von Seitenansicht und Vorderansicht gegeben, und zwar einzeln, unverbunden nebeneinander. Symbole für räumliche Körper sind Orthogonalprojektionen im Aufriß. Um die Symbole für Körper von denen für Fläche abzusetzen, zeichnet der Ägypter konventionell die einen stehend, die anderen liegend, also Pyramide oder Pyramidenstumpf als stehendes Dreieck △ bzw. stehendes Trapez ⌂, dagegen (flächiges) Dreieck und Trapez als liegendes Dreieck ▷ bzw.

liegendes Trapez ▱. Die gleichen Zeichen werden auch bei Werkzeichnungen verwendet.

Hat sich die schrittweise Erfassung eines Objekts in der Kunst durch ihre aspektivische Darstellweise erschließen lassen, am menschlichen Organismus durch die paratakische Behandlung zu erkennen gegeben, für das Staatsgebilde durch die Konzeption stufiger Reihung ausgedrückt und in der Geschichtsauffassung durch kleinbogig begriffene Perioden manifestiert, so in der Mathematik durch die beinahe ausschließlich additive Verfahrensweise. Nicht zuletzt ist die Fibonaccische Zahlenreihe für ägyptische Apperzeption bezeichnend.

### 3. Kalender

Wie die Schrift so gehört auch der Kalender zu den frühsten kulturellen Errungenschaften des Alten Ägypten (wahrscheinlich um 2900 v. Chr. eingeführt).[23] Auch er lebt, durch die Julianische (Cäsar, 46 v. Chr.) und die Gregorianische (1582) Reform korrigiert, bis in unsere Tage fort. Durch die alljährliche Nilüberschwemmung angeregt und durch den mit ihrem Eintritt etwa gleichzeitigen Frühaufgang des Fixsternes Sirius, ägyptisch „Sothis" geheißen, präziser geleitet, haben die Ägypter einen 365 Tage zählenden Kalender geschaffen, haben den Zeitraum eines Kalenderjahres in zwölf Monate zu je 30 Tagen plus fünf Zusatztagen (Epagomenen) – denn Mondmonate und Sonnenjahr sind inkompatibel – schematisch gegliedert (ohne Schaltung) und mit diesem sog. „bürgerlichen" Kalender eine geniale praktische Lösung der Zeiteinteilung gefunden.

Da das natürliche (Sonnen-)Jahr rd. einen Vierteltag länger ist, als es der bürgerliche Kalender anzeigt, hat sich der kalendarische Jahresbeginn kontinuierlich gegen das Sonnenjahr verschoben; nach anderem Sprachgebrauch „wandelte" das Kalenderjahr innerhalb des Sonnenjahres, weshalb es auch als „Wandeljahr" bezeichnet wird. Erst nach $4 \times 365 = 1460$ Jahren fiel der Beginn des Wandeljahres mit dem des Sonnenjahres wieder zusammen, ein Ereignis, das von den Ägyptern vermerkt wurde und heute der Wissenschaft die Ermittlung absoluter Daten ermöglicht. – Daß neben dem bürgerlichen Kalender oder Wandeljahr für kultischen Gebrauch noch ein altertümlicher Mondkalender existierte, bleibe hier unberücksichtigt.

Obwohl die Ägypter die Divergenz von Naturjahr und Kalenderjahr beobachtet und vermerkt haben, machten sie niemals den Versuch, beide Zählungen auszugleichen. Die Erfindung des Kalenders – eine unerhörte geistige Leistung – erweckte im Laufe von 3000 Jahren kein Bedürfnis, das Naturjahr als ganzes richtig zu erfassen, bzw. Skrupel darüber, daß verschiedene Jahreslängen, die natürliche und die kalendarische, bestanden und der bürgerliche Kalender allmählich horrend vom Naturjahr divergierte.

Feste, die an das Naturjahr gebunden waren, etwa das Erntedankfest, schoben sich allmählich durch das Wandeljahr hindurch, während andere nicht durch Naturvorgänge bestimmte Feste durch das Naturjahr hindurchwandelten.[24]

Die beiden Aspekte der Zeitgliederung waren verselbständigt, der eine durfte neben dem anderen unharmonisiert bestehen bleiben, die gemäß Ansatz verschieden angezeigten Werte wurden ohne Bedenken gleichermaßen anerkannt. Der Ägypter war voll damit zufrieden, die Zeit Monat für Monat zu durchschreiten. Das Jahr als einheitliche Größe richtig zu messen, war erst das Bestreben der „Achsenzeit". Ptolemaios III. hat im Jahre 238 v. Chr. versucht, einen sechsten Schalttag einzuführen, aber er setzte sich noch nicht durch. Erst seinen römischen Nachfolgern gelang eine entscheidende Korrektur. Daß die exakte Berechnung auf immense Schwierigkeiten stößt, berührt unser Problem nicht.

Über die Messungen der kleineren Zeiteinheiten, der Stunden des Tages und der Nacht durch Sonnen- und später durch Wasseruhren, wäre Entsprechendes herauszustellen.[25]

### 4. Zahlungswerte, Maße und Gewichte

Der Schaffung des Kalenders vergleichbar ist die Leistung, Zahlungswerte gefunden zu haben. Sachen und Arbeitsleistung werden auf einen abstrakten Zahlungswert berechnet. Allerdings – und hier zeigt sich der entscheidende Unterschied zur multilateralen Denkweise – jede Objektgruppe wurde, der praktischen Verwertbarkeit angemessen, gesondert behandelt. So dienten z. B. zur Zahlung der Steuer vor allem Getreide, Rinder, Kupfer, Silber und Gold; Handwerker wurden entlohnt mit Brot und Bier, Salböl, Kleidung und Kupfer. Einerseits bleiben für jede der Objektgruppen eigene Maßeinheiten bestehen (etwa 75 verschiedene Hohlmaße und Gewichte, ein anderes z. B. für Feigen, ein anderes für Datteln usw.), andererseits konnte der Wert einer Ware oder einer Arbeitsleistung in der Gewichtseinheit „Deben" festgelegt werden, wobei es wieder mehrere Deben-Größen gab, je nachdem, ob die dem Gewicht entsprechende Metallmenge aus Kupfer, Silber oder Gold bestand.

Für alle Objektgruppen gleichermaßen geltende Münzen sind erst in der 30. Dynastie (um 300 v. Chr.) eingeführt worden. Sie wurden bezeichnenderweise erstmals geprägt, um die an geldliche Bezahlung gewöhnten griechischen Söldner zu entlohnen, und imitieren in ihren frühesten Belegen Eulentetradrachmen aus Athen. Erst unter den Ptolemäern gab es eine eigene ägyptische Münzprägung.

Als eine Art *Längen-Grundmaß* darf die Elle angesehen werden, deren Ausdehnung von 52,5 cm in Handbreiten und Finger unterteilt wurde, ohne aber daß die Unterteilungen in der Elle aufgingen. – Für große Strecken wird ein Maß zugrunde gelegt, das eine Treidelmannschaft zu ziehen hatte, etwa 10,5 km. Handwerker benützten als Längenmaß den „Stiel" einer Hacke von ungefähr 65 cm. – So gewannen die Ägypter von den Körpermaßen ausgehende bzw. aus der Arbeitswelt erhobene, verschiedene, für praktische Messungen sehr brauchbare Maßstäbe, jedoch kein einheitliches, abstraktes Maßsystem. Immerhin diente die Elle als Grundmaß auch für Flächenberechnungen.

Die *Hohlmaße* orientieren sich am „Sack", daneben waren zahlreiche Sondermaße in Gebrauch wie: Krug, Napf, Schale, Korb, Bottich, Topf, Haufen oder Eselsladung (für Stroh) u. a. m. Eine verbindliche Eichung der Gefäße gab es nicht.

Während sich verschiedene Maßsysteme bei den meisten Völkern nebeneinander bis nahe an die Gegenwart – mit ihrem Zentimeter-Gramm-Sekunden- (cm-g-sek-)System – heran hielten, bleibt für Ägypten zusätzlich zu beachten, daß sie ganz verschiedene Umrechnungszahlen verwendeten. Zwar spielt die (dyadische) Einteilung der Grundeinheit durch fortgesetzte Halbierung in den Maßsystemen eine bevorzugte Rolle, auch das Zehnersystem ist angewandt, daneben aber stehen auch die Umrechnungszahlen 7, 12, 28, 320 u. a. m.[26]

## 5. Onomastika (Listenwissenschaft)

Wird in der Schrift zur Verdeutlichung der Wortbegriffe deren Bedeutungskategorie durch sog. Determinative bezeichnet, so verrät sich darin eine Ordnungsfähigkeit zur Klassifikation der Phänomene, d. h. zu einem sachgemäßen Zusammenfassen verwandter Dinge und zu einem Subsumieren unter einen Oberbegriff auf höherer Abstraktionsebene.

Diese wissenschaftliche Arbeitsweise begegnet ebenso in den „Listen", die inventarartig bestimmte Wissensgebiete erfassen, wie Fauna und Flora, Anatomie, Geographie, Himmelserscheinungen oder Berufe bzw. Titel u. a. m. Solche „Onomastika"[27] genannten Sachlisten legen eine Ordnung zugrunde, in der Regel eine hierarchische oder eine topographische. Ortsnamen des Niltals werden von Süd nach Nord aufgereiht, menschliche Körperteile von Kopf bis Fuß, Titel von oben nach unten; daß der König an der Spitze der Menschen rangiert, versteht sich nach allem bisher Gesagten von selbst. Daß die Listen allein die Wörter bzw. Namen der Sachen nennen, ohne jegliche Erklärung, läßt vermuten, daß sie vornehmlich zur Ausbildung der Schreiber dienten; die Listen werden häufig mit „Lehre" bezeichnet.

Bei den Einteilungen kommen niemals organische Zusammenhänge in den Blick, weder werden Lebewesen als eine funktionelle Einheit gesehen noch etwa Tiere und Pflanzen nach Bauart (Korbblütler), noch gar anatomisch-physiologisch zusammengestellt. Die Gruppierung der Tiere erschöpft sich in das, was kreucht, fleucht oder schwimmt: Tiere der Luft, der Erde und des Wassers. Wie es die Sinne erfahren, so bündelt es der Geist. Der übergeordnete Begriff „Tier" ist nicht bekannt, doch unterscheidet man an Vierbeinern „Kleinvieh" (Schafe und Ziegen), „Großvieh" (Rinder und Esel) und „Wild" (der Wüste). Die Namen bzw. Appellative stehen isoliert nebeneinander ohne verbindenden Text.

Mit solcher Listenwissenschaft ist eine Stufe wissenschaftlichen Erkennens betreten, auf die bis heute nirgends verzichtet werden kann, aber die Stufe ist eine vergleichsweise elementare.

Was die skizzierten Wissenschaften deutlich machen, ist wiederum das additive Erfassen partiell assoziativ gereihter oder hierarchisch geordneter Einheiten.

## IX. SCHRIFT

Die Erfindung der Schrift ist eine Leistung von menschheitsgeschichtlichem Rang. Sie gelang den Ägyptern um rd. 3000 v. Chr. und ist über den Umschlaghafen der Phöniker nach noch zu benennenden Veränderungen schließlich bis zu uns gelangt und insoweit noch heute lebendig. Schrift setzt ein hohes Abstraktionsvermögen voraus, indem das kontinuierliche Band von Sprache gedanklich in seine Lautelemente zerlegt werden muß, ehe sie aufgezeichnet werden kann. Schrift war das erste und sicherste Mittel, Gedanken über Zeiten und Räume hinweg zu fixieren. Ohne sie wäre Wissenschaft im weitesten Umfang nicht möglich.

Die ägyptische Schrift wird, grob gesprochen, in drei Arten geschrieben: mit Hieroglyphen, hieratisch und demotisch. Doch stellen diese von Material und Zweck abhängigen Formen nur Schreibvarianten dar, ohne das Schriftsystem zu berühren. Erst das Koptische (Anfänge im 3./2. Jh. v. Chr.), welches das griechische Alphabet – mit sieben aus dem Demotischen entwickelten Zusatzbuchstaben – übernimmt, hat mit dem bis dahin gültigen Schriftsystem gebrochen. Für die vorliegende Untersuchung relevant ist nur das vorgriechische Schriftsystem, das noch kein Alphabet kennt.

Die Hieroglyphen sind zwar der Form nach Bilder – Hieratisch und noch mehr Demotisch sind bis zur Unkenntlichkeit verflüssigte Hieroglyphen –, doch das hier interessierende System ist nicht etwa, wie von Laien noch oft vermutet, eine „Bilderschrift", sondern eine gemischte Laut- und Begriffsschrift. Bereits zu Beginn der Schrift, also um rd. 3000 v. Chr., ist das Bild (außer bei relativ wenigen Zeichen) mit dem Lautwert nicht identisch, man schreibt vielmehr mit phonetischen Zeichen, genauer: mit Konsonantenzeichen (keine Vokale!).

Man verwendet Einzelkonsonantenzeichen, die jedes einen einzelnen Konsonanten wiedergeben, und Mehrkonsonantenzeichen für je zwei bis drei Konsonanten. Die Hieroglyphen, die einen Gegenstand bezeichnen, werden nach dem Rebussystem auch zur Schreibung anderer Wörter mit gleichem Konsonantenbestand verwendet. Es könnte also – um die Übertragung der Laute verständlichkeitshalber einmal an einem Beispiel unserer Sprache zu erklären – das Wort „E*bene*" mit demselben Zeichen wie „*Biene*", „*Bein*" oder „*oben*" geschrieben werden, denn diese Wörter haben den gleichen Konsonantenbestand. Eine solche Übertragung macht das Abstraktionsvermögen der Ägypter deutlich, ja diese Fähigkeit zur Abstraktion ist die grundlegende Voraussetzung zur Erfindung der Schrift.

Die Begriffszeichen sind solche, die ohne Rücksicht auf einen Lautwert einen bestimmten Begriff[1] bezeichnen. Aus ihnen haben sich die sog. „Determinative" entwickelt, d. h. Zeichen ohne Lautwert, die häufig am Ende eines Wortes stehen, um die Bedeutungskategorie anzugeben, zu der ein Wort gehört. So klassifiziert z. B. ein Vogel das Wort für Geier, Schwalbe oder Gans und sogar für Heuschrecke. Determinative können außer bei Substantiven auch bei Verben und anderen Wortarten stehen; so hinter Ausdrücken für den semantischen Umkreis von „sprechen" ein Mann mit der Hand am Mund. Mit dem genannten Zeichen können sämtliche sprachliche Äußerungen lautlich festgehalten werden, also auch alle grammatikalischen Erscheinungen und Abwandlungen. Wie in den semitischen Sprachen werden – außer den schwachen Konsonanten *w* und *j*, die manchmal Vokale andeuten können – deshalb nur die Konsonanten geschrieben, weil an ihnen und nicht an den Vokalen die Wortbedeutung hängt.

Das hier vereinfacht dargestellte Schriftsystem hat sich seit seiner Erfindung bis zum Ende der pharaonischen Kultur im Prinzip unverändert erhalten. Die letzte genau datierte hieroglyphische Inschrift stammt aus dem Jahre 394 n. Chr., aber die Hieroglyphenschrift war darüber hinaus bis ins 5. Jh. in Gebrauch. Während der gesamten jahrtausendelangen Lebensdauer ist kein Versuch unternommen worden, die Mehrkonsonantenzeichen zugunsten der Einkonsonantenzeichen zu eliminieren oder das Schriftsystem sonstwie zu vereinfachen. Man behielt das recht komplizierte, umständliche und für die Schreibschüler entsprechend schwer erlernbare System bei. Feste orthographische Regeln gab es nicht, jedoch ergaben sich – wie in der Kunst oder bei mathematischen Verfahren – bestimmte, zeitlich differente Konventionen der Schreibung. Die Orthographie blieb eine Kumulation von Schreibungen aus verschiedenen Zeiten, wiederholte Ansätze zu einer Standardisierung hatten nur Teilerfolge.

Grundsätzlich war die Hieroglyphenschrift ein offenes System, das jederzeit durch weitere Schriftzeichen ergänzt werden konnte und auch ergänzt worden ist, bis daß in der Spätzeit rd. 1000 Zeichen in Gebrauch waren. Die Möglichkeit, die Hieroglyphen als Bilder zu interpretieren, hat den Ägyptern geradezu Spielereien entlockt, hat jedenfalls zu fast abenteuerlichen Überlagerungen von Wort und Bild geführt. Hier sei nicht weiter ausgeholt.

Was in diesem Zusammenhang vorrangig interessiert, ist die Tatsache, daß die Ägypter kein Einkonsonantensystem entwickelt haben, das zu einem Buchstaben-Alphabet geführt hätte. Statt der für die Schreibung nötigen 25 bis 30 Zeichen haben sie dem sinnenverhafteten hieroglyphischen Schriftsystem mit der stets wachsenden Zahl an Zeichen die Treue gehalten. Ihre Abstraktionsleistung war, wie oben gesagt, epochal, aber zu einem Alphabet sind sie nicht vorgestoßen.[2]

Diese ihre Grenze scheint mir ebenso bezeichnend wie das Verharren der

Kunst in der Aspektive. Man hat innerhalb des Schriftsystems von Fall zu Fall Korrekturen vorgenommen, Neuerungen eingeführt, hat ausgegrenzte Einzelteile reformiert, aber niemals das Ganze so weit überschaut, daß man über sämtliche Zeichen hinweg eine einheitliche Notation, ein Alphabet, abgezogen hätte. Der Standort der Schreibgelehrten verschob sich lediglich innerhalb des einmal festgelegten Systems, aber nicht bis zu einem Abstand, aus dem heraus er ein neues System hätte finden können. Erst unter Einwirkung der griechischen Schrift wurde das Koptische als ein neues System, ein alphabetisches, eingeführt. –

Seit Anfang des 3. Jahrtausends, wenn nicht früher, verlaufen die Schriftsysteme in Ägypten und Vorderasien (altelamische und Keilschrift) ganz entsprechend, doch während die ägyptische Schrift schon in der 1. Dynastie über ein nahezu vollständiges Zeicheninventar verfügt, hinkt ein entsprechendes keilschriftliches Syllabar beträchtlich nach. Es war nicht das griechische, sondern ein westsemitisches Volk, das aus den Hieroglyphen über das Prinzip der Akrophonie das erste Alphabet entwickelt hat, und dies bereits in der ersten Hälfte des 2. Jahrtausends. Aus dem Semitischen haben es über phönikische Vermittlung um 1000 v. Chr. die Griechen übernommen und entscheidend verbessert, insbesondere auch dadurch, daß sie außer einigen neuen Konsonantenzeichen auch die für die Fixierung ihrer Sprache unentbehrlichen Vokale geschrieben haben. Aus dem griechischen Alphabet haben sich sämtliche Alphabete Europas entwickelt.[3]

Unerläßlich ist es, in diesem Abschnitt zur Schrift auch von der *Schriftrichtung* zu sprechen, denn sie wird in der Schlußüberlegung eine nicht unbedeutende Rolle spielen. Daß die Ägypter rechtshändig waren, kann – wenn man allein an die zahllosen Statuen, auch von Schreibenden, denkt – als bewiesen gelten. Zahlreiche Untersuchungen haben gezeigt, daß sich der Prozentsatz der Rechtshändigen unter den Menschen seit der Steinzeit höchstwahrscheinlich nicht geändert hat (s. u.).

Als Rechtshänder haben die Ägypter von rechts nach links geschrieben, also anders als wir. Genauer: Ihre Schriftzeichen waren rechts- (nicht wie die unseren links-) orientiert. Gegen die These, die Rechtsorientierung sei die selbstverständliche, ja zwangsläufige Folge der Rechtshändigkeit, läßt sich vorderhand einwenden, daß heutzutage die meisten Völker, obwohl Rechtshänder, linksläufig schreiben. Ob die rechtswendigen Zeichen in (waagerechten) Zeilen oder in (senkrechten) Kolumnen geschrieben werden, ist belanglos, belanglos auch, daß es in Ägypten Texte gibt, die – aus welchen Gründen auch immer – von hinten nach vorn, also von links nach rechts geschrieben werden. Festzuhalten ist, daß auch diese Texte rechtswendige Zeichen verwenden. Uneingeschränkt gilt diese Rechtswendigkeit für die flüssige Schreibschrift des Hieratischen. Die „Monumentalschrift", meist in Stein gemeißelt, also die Hieroglyphen, sind zwar in zusammenhängenden längeren Texten ebenso rechtswendig, können aber aus Gründen, die nicht im Schriftsystem liegen, gedreht werden.[4] Solche Gründe mögen architektonische sein, oft verbunden mit der religiösen Bewertung der Himmelsrichtungen, es mögen Bezüge auf Relieffiguren sein oder anderes; aber wo immer solche Motive fortfallen, sind die Hieroglyphen wie die kursiven, hieratischen Zeichen rechtswendig.

Wie die Ägypter haben auch die semitischen Völker von rechts nach links geschrieben, mit rechtswendigen Zeichen. Wenn Araber und Juden das heute noch tun, so in bewußtem Festhalten an der religiösen Tradition ihrer heiligen Bücher.

Die sumerische Keilschrift war zunächst ebenfalls rechtswendig, auch wenn sich die Kolumnen teilweise von links nach rechts folgten.[5] Aus technischen, hier nicht näher darzustellenden Gründen wurde die Schrift etwa um 1800 v. Chr. um 90° nach links gedreht, so daß sie nun von links nach rechts geschrieben wurde – eine Ausnahme in der Gruppe der semitischen, besonders der westsemitischen Schriften, der auch die ugaritische Schrift mit ihren keilförmigen Zeichen folgt.[6]

Eine Wende brachten die Griechen, die in archaischer Zeit wie die altvorderorientalischen Völker von rechts nach links geschrieben, aber – nach einer kurzen Periode des Bustrophedon vor der Achsenzeit – ihre Schrift gewendet haben. Das sei festgehalten. Mit der Schrift wendet sich gleichzeitig die Richtung ihrer Bildfiguren.

Unsere Kinder schreiben zunächst mühelos in beiden Richtungen,[7] bis sie zur Linkswendigkeit erzogen werden. Auch ihre Bilder sind, wenn im Profil, in der Regel rechtsgewendet. Auch die Ethnien schreiben wie die frühen Völker bzw. die Ägypter von rechts nach links. Davon soll später im Zusammenhang gesprochen werden.

Für Ägypten sei hier ergänzt, daß die Rechtswendigkeit ebenso wie für die Schrift auch für die Hauptpersonen der Bildfiguren gilt, soweit nicht übergeordnete Gesichtspunkte daran hindern. Deren gibt es eine ganze Anzahl, und ohne sie zu kennen, wolle man keine Statistiken aufstellen. Die Grundregel, daß die Hauptperson nach rechts blickt, bleibt unantastbar. Ebenso werden monumentale Tierfiguren ausgerichtet (Sphinx), wenn sie nicht ein symmetrisches Gegenstück bilden.

## X. LITERATUR

Wie bei der Kunst die Darstellweise, so interessiert bei der Literatur die Erzählweise der Alten. Auch für sie stehe Ägypten stellvertretend, denn das Volk am Nil war literarisch besonders fruchtbar, wenn auch die Produktion Mesopotamiens, das mit seinen frühen Werken einen hohen Anteil an den biblischen Geschichten hat, ihm nahekommt.

An Gattungen waren im Alten Ägypten sämtliche klassischen Genres der späteren Zeit vertreten bis auf die Großformen Epen, Drama und Roman. Ansätze dazu gibt es zwar, aber sie haben sich nicht entfaltet bis zu der Dimension, die wir heute für unabdingbar halten, und dies ist nach dem bisher Gesagten kein Zufall. Die Masse der ägyptischen Literatur machen Hymnen und Gebete, religiöse Texte mannigfaltiger Art, literarische Briefe, (Auto-)Biographien, Lieder, Erzählungen und Lebenslehren aus. Doch leichter zugänglich als die meisten Gattungen ist für den Nichtfachmann die volkstümliche Literatur der (Mythen-)Märchen,[1] an denen sich die Kriterien der frühen Literatur ausreichend deutlich aufzeigen lassen, vielleicht sogar insofern besonders überzeugend, als die Kennzeichen sich in heutiger Volkserzählung bzw. in naiver Sprechweise, wie zu erwarten, in gleicher Art wiederholen. „Der Stil (so!) der Gattung Märchen" den Max Lüthi[2] „über Jahrhunderte hinweg als gleichgeblieben" erkennt, geht sogar Jahrtausende zurück. In unseren echten Volksmärchen – die sich nebenbei zu einem beträchtlichen Teil aus Ägypten herleiten – könnten sich die Alten als Erzähler wiederfinden.

*1. Märchen*

Was nun kennzeichnet die Erzählweise des Märchens? Vorweg sei gesagt, was jeder Märchenkenner weiß, daß sich die einzelnen Motive der Märchen immer wieder und überall, wenn auch kulturtypisch gebrochen, in verwandten Formen wiederfinden. Doch sind diese Motive in verschiedener Folge aneinandergereiht, so daß sich aus den einzelnen „Versatzstücken" (alias Fertigteile) ganz unterschiedliche „Häuser" bauen lassen. In den einzelnen Motiven lassen sich weitgehend Archetypen erkennen, die sich in allen Zeiten und Zonen behaupten. Daß sich die Motive wie Versatzstücke behandeln lassen, ist ein erstes Indiz für die Parallelität von flachbildnerischer und erzählerischer Vortragsweise. Mit anderen Worten: Die Motive behalten eine gewisse Selbständigkeit, sind in sich abgegrenzt, aber nach einer Seite hin offen für den Verbund mit einem fortführenden Motiv.

Jedes eingeführte Motiv hat seine Tendenz in sich, so daß der Hörer bei seinem Auftauchen bereits weiß, wohin es hinaus will. Dennoch hört er voll Spannung zu, weil er erfahren möchte, auf welche Weise die Lösung erfolgt. Hier begegnet das, was in der Sprache den Reichtum an Modalverben ausmacht, in der Kunst die immer neue Weise, einem altbekannten Motiv eine andere Seite abzugewinnen: Jedesmal wird die „gleiche" Darstellung von Traubenlesen, Fisch- und Vogelfang oder von einem baumumstandenen Teich anders vorgetragen (vgl. Abb. 9 a–d), immer aufs neue werden die betrachtenden Augen erfrischt. Leider ist die Zahl der überlieferten ägyptischen Volkserzählungen nicht groß genug – Händlereifer und Grabräuberei haben den Bestand mehr gemindert als „der Zahn der Zeit", der in Gestalt von Insektenfraß und im Fruchtland von Bodenfeuchtigkeit zugebissen hat –, um die Variationen an ihnen deutlich machen zu können.

Spezifisch zum Märchen – nicht allgemein zur ägyptischen Literatur – gehört der Aufbau der Handlung in drei Stufen. Drei ist in Ägypten das Zeichen für den Plural, dreimal vollzogen kann daher stehen für immer wieder, ist auf jeden Fall Zeichen von Wiederholung, von Wirksamkeit; auch bei Zauberpraktiken „muß man es dreimal sagen". Die Drei ist ein festes Bauelement des Märchens. Drei Tage war der Schiffbrüchige mit seinem Herzen allein, dreimal fragte ihn der Schlangengott: „Wer ist es, der dich hierhergebracht hat?"[3] In der Erzählung des Papyrus Westcar werden drei Königskinder geboren, im Brüdermärchen wird Bata dreimal getötet und ersteht nach jeweiliger Metamorphose dreimal wieder auf, sein älterer Bruder hat drei Jahre nach dem Herzen des jüngeren Bruders gesucht. Dem Verwunschenen Prinzen sind drei Schicksale bestimmt. Dreimal bringt das Entwenden der Zauberbücher Seton den Tod, und in der gleichen Erzählung muß Ninofer-ka-Ptah dreimal die Wehrschlange töten, und dreimal muß Setna im Brettspiel verlieren. Drei äthiopische Fürsten verzagen vor Pharao und Amun, drei Tage wünschen sie dem ägyptischen Volk Lichtlosigkeit und drei Jahre lang dem Land Unfruchtbarkeit, und dreimal wird der äthiopische Zauberer geschlagen.

Die andere Zahl, mit der das Märchen aus Ägypten spielt, ist die Sieben: Das Zauberbuch des Ninoferka-Ptah ist siebenfach geschützt, Si-Osire führt seinen Vater durch sieben jenseitige Hallen, sieben Finger lang ist das wächserne Zauberkrokodil, das sich dann in ein lebendiges von sieben Ellen verwandelt, sieben Tage weilt Ubaoner beim König, dreimal sieben, also 21 Gottesellen Wasser hingen über den Ertrunkenen im Seton-Roman, 70 Ellen hoch liegt das Fenster der Prinzessin im Turm.

Bereits an der formelhaften Verwendung dieser beiden Zahlen dürfte deutlich werden, daß das Märchen nicht eine beliebige Fabulierkunst ist, vielmehr unter einer strengen Geregeltheit steht, wie auch die ägyptische Kunst zwar reich ist an Variation, aber streng an die Darstellweise gebunden, weil Ausdruck apperzeptiver Verfaßtheit.

Wird schon mit drei Strichen in der ägyptischen Schrift der Plural bezeichnet, so ist eine dreifache Wiederholung zumindest imstande, eine Wirkung zu vertiefen. Eine mehrfache Wiederholung verstärkt den Eindruck ebenso wie in der Kunst die Iteration etwa bei Prozessionen von Gabenträgern. Die Iteration ist von großer Bedeutung für das Erkennen. Man erinnere sich der kindheitlichen Übungen, die entscheidend im Wiederholen bestehen. Wiederholung ist aber nicht nur Einüben, sie ist auch Nachahmung eines Vorbildes, auf welcher Verfahrensweise die Entwicklung einer Kultur grundsätzlich beruht. Daß durch neue Impulse die Nachahmung Variationen schafft, hält die Kultur in Gang. Wenn Bindung sich mit Freiheit vermählt, kann Geist sich kontinuierlich entfalten. Nicht anders demonstriert es die ägyptische Geschichtsauffassung: Man hält am Gestern fest und bezieht das Heute ein – man denke an die Fibonaccische Zahlenreihe[4] –, nur entgegen der eigenen Absicht verändert sich das „Gleiche".

Ein weiteres Mittel der Erzählweise sind Kontrast und Steigerung, wie sie alle vollständig erhaltenen Märchen aus Ägypten aufweisen. So das Prinzenmärchen, die Erzählung von der Nixe im Teich (falls sie von mir richtig ergänzt ist), das Brüdermärchen, das Märchen von Wahrheit und Lüge oder die Erzählungen des Seton-Zyklus u. a. m. Wahrheit und Lüge sind exemplarische Kontrastfiguren, wie sie im Mythos von Osiris und Seth vorgeprägt sind. Sie verkörpern Urwahrheiten des Lebens, aber zugespitzt auf Helldunkel-Extremformen, auf Schwarz-weiß-Malerei.

Gesteigert sind die Gefahren des Verwunschenen Prinzen, gesteigert die Zauberstückchen in den Märchen des Papyrus Westcar, gesteigert auch die Wunder von Batas Metamorphosen. Eine weitere Regel des Erzählens bieten die genannten Steigerungen: daß Vorgänge nicht allmählich vonstatten gehen, sondern durch die abrupt-radikale Veränderung einer Befindlichkeit in eine andere, übergangslos. Keine kontinuierliche Wandlung, sondern unvermittelte Sprünge; man erinnere sich, daß nur Grundfarben in den Malereien angewandt wurden, aber keine Misch- oder gebrochenen Farben – außer in Amarna, in der 18. Dynastie –, und daß Ansichten (ohne vermittelnde Drehung) kantenscharf nebeneinanderstehen können. Alle Märchenfiguren und alle Situationen sind eindeutig ausgeprägt, sie haben einen festen Kontur, der keine Vermittlung duldet; Situationen werden allenfalls assoziativ vorbereitet, dann treten sie hart nebeneinander und ohne akzidentielles Beiwerk. Niemand erwartet im Brüdermärchen, daß bei der Geburt der Drillinge durch Ruddedet etwas wie eine Zangengeburt oder ein Kaiserschnitt nötig würden, selbstverständlich werden die intendierten Ziele ohne Umweg erreicht und auch nicht durch Schilderung gebrochen.

So wie sämtliche Wissenschaftszweige zum Anschaulich-Konkreten tendieren, so auch liebt das Märchen das optisch Faßbare. Weder Allegorie noch sonstwie Hintersinniges wird in das Märchen hineingeheimnist, es verfolgt einen klar erkennbaren Handlungsfaden. Es kennt keinen halbdunklen, verschleierten Ort, keine vagen Handlungen, Farben- und Formbestimmtheit und -konstanz des Märchens lassen nur ausnahmsweise eine Stimmungsmalerei zu.[5] Klares Gegeneinander, ohne Wandlung, ohne Übergang, ohne Drehung, ohne Kontrapost, ohne – Organismus. Nicht werden Situationen ausgemalt, vielmehr Ereignisse eindeutig erzählt.

Zur Formelhaftigkeit des Märchens zählen auch die sprachlich festgefügten, sich oft wiederholenden Wendungen, besonders am Anfang und Ende der Erzählung, und ein Minimum an Stilfiguren. Die Sprache mit zahlenmäßig begrenzten Satzformen ist schlicht, sie verwendet vorzugsweise koordinierende Hauptsätze, eine reihende Diktion und entsprechend Kettenerzählungen. Zu den formelhaften Wendungen zählen: „Es war eimal" – so im Verwunschenen Prinzen, im Brüdermärchen, in der Fabel vom Löwen und der Maus, in der Geschichte von Apophis und Sekenenrê, oder „sagt man" – wie im Osiris-Mythos oder im Verwunschenen Prinzen; häufig auch „viele Tage danach" – im Verwunschenen Prinzen, Brüdermärchen, Wahrheit und Lüge oder Apophis und Sekenenrê; und „Als die Erde wieder hell wurde und der nächste Tag begann" – wie in der Hirtengeschichte, im Brüdermärchen oder im Papyrus Westcar. Wortspiele zeugen Gestalten, Personen werden durch epithetahafte Attribute wie durch ein *signum* typisiert und nicht individuell-porträthaft charakterisiert. Innerseelisches wird objektiviert, Orte sind gekennzeichnet durch Namen oder Symbole, nicht durch Schilderung. Keine Gestalt wird entwickelt, Szenen sind nicht differenziert vor Augen gestellt, Gemütsregungen nicht entfaltet und Handlungen nicht in irgendwelchen Verflechtungen korrelativ verfolgt.

Bezeichnend und aufschlußreich nicht allein für die narrative Literatur der Alten ist weiterhin das stumme Verhältnis zur Zeit. Zeitliche wie auch räumliche Spannungen treten nicht auf, außer wenn sie ausdrücklich Gegenstand der (historischen) Erzählung[6] sind wie in der – aus Ägypten bis jetzt kaum überlieferten – Sage. Aber dann ist Zeit nicht kontinuierlicher Verlauf, sondern Stufenschritt. Die Art, wie Zeit als Verlauf negiert ist, machen viele Beispiele deutlich: Das Herz des Bata liegt drei Jahre in der Krone einer Schirmakazie, ohne zu verwesen; der abgeschnittene Arm des Diebes im Schatzhaus des Rhampsenit stirbt nicht etwa ab.

Das Märchen treibt alles auf die Spitze, operiert mit Extremen: Genau (!) nachdem der Baumeister seinen Söhnen das Geheimnis der Schatzkammer erklärt hat, haucht er sein Leben aus. Seine Söhne trauern nicht etwa um den Vater oder bestatten ihn, sondern sie machen sich sofort (!) auf den Weg.

„Als der Dieb erkannt hatte, wie übel er dran war, rief er seinen Bruder sogleich (!) herbei ... und hieß ihn, ihm eilends (!) den Kopf abzuschlagen." Ein Kranker, dem der Arzt wirksam hilft, wird laut medizinischer Papyri sofort (!) gesund (s. Kapitel „Der menschliche Körper"). Die Kunst kennt Bilder von Kindern, jungen und alten Leuten, aber keine chromatischen Zwischenstadien.[7]

Diese Beispiele, auch zum räumlichen Verhalten, ließen sich vermehren. Klare, bilaterale Beziehungen, direkter Verlauf der Handlungslinie, ohne die Nebenumstände zu berücksichtigen, sprunghaftes Versetzen von einem Zustand in den anderen, ruckartige Veränderung der Figuren, assoziative Reihung,[8] getrennter Weg der Handlungsfiguren, keine Gruppenbildung – das sind Wesenszüge der Erzählweise, wie sie sich in den bisher behandelten kulturellen Äußerungen verwandt vorfinden. Gemütsregungen finden in Märchen so wenig Raum wie in der Kunst, wo sie nicht durch Mimik wiedergegeben, sondern in Gesten übersetzt sind.[9]

Im Märchen allgemein und so auch im altägyptischen Märchen wird, wo es die Sache nicht fördert, weder der Freude noch dem Schmerz, den beiden polaren und fast ausschließlich gezeigten Gefühlsregungen, ein Wort gewidmet. Bata schneidet sich sein Glied ab und wirft es einfach weg. Ebensowenig jammert der Dieb im Schatzhaus des Rhampsinit, als ihm der Arm abgeschnitten wird, oder Isis, als ihr Sohn Horus ihr den Kopf abschlägt: Ohne einen Laut geht sie weiter. Handlung, nicht Stimmung oder Gefühlsäußerung kennzeichnet das Märchen so gut wie die Kunst. Damit werden die Menschen zu Figuren, werden zu typischen Erscheinungen.

Wie die Figuren durch solche Objektivierung zeitenthoben sind, so sind sie nicht minder losgelöst von der Gesellschaft. Welches Märchen man auch immer durchmustert, die Personen haben kaum eine Bindung an ihre personale Umwelt, derentwegen sie irgendwelche Rücksicht nehmen würden. Sie treten als unverklammerte Figuren vor unser Auge, isolationsgeneigt. Die personale Umwelt kann allenfalls ein auslösender Faktor sein, der eine Handlung in Gang setzt, aber darüber hinaus besteht wenig Beziehung zu ihr. Im Brüdermärchen sind es *zwei* Figuren, die komplementär aneinandergebunden sind als eine spannungsreiche Handlungseinheit. Die vieldimensionale Wirklichkeit erscheint in klarer, reiner Linienführung, die das Wesentliche erfaßt. Nicht Wirklichkeitsbild, sondern Wesensbild ist das, was das Märchen bietet. Durch die kleinteiligen Elemente ist es dem Märchen möglich, bei schmalem Umfang eine Fülle von Motiven zu vereinen, die sich dicht hintereinander folgen und welche zusammen die ganze bunte Welt in ihrer Wesentlichkeit einzufangen imstande sind, wie das für Ägypten sich musterhaft in den allerdings nur bildlich überlieferten Tiergeschichten zu ereignen scheint.[10]

Trotz der großen Textverluste, die für Ägypten zu beklagen sind, steht außer Zweifel, daß sich die volkstümlich-narrative Literatur des Nillandes nach dem gleichen Gesetz bewegte wie die späteren Märchen aller Länder, die, wie gesagt, schließlich zu einem beachtlichen Teil von den altägyptischen ihre Nahrung bezogen. Ägypten bietet das Protoplasma für viele über Äsop, Phaidros, Marie de France und La Fontaine in unsere Kinderbücher gewanderten Märchen, obgleich man den vollen Umfang des ägyptischen Anteils niemals ermessen kann, da die Volksmärchen grundsätzlich nur mündlich überliefert und nur ausnahmsweise, fast zufällig aufgeschrieben worden sind.

Wo und wann auch immer Märchen erzählt wurden – in Ägypten vornehmlich von den durchs Land fahrenden *story tellers*, die zugleich Zauberer und Medizinmann sein konnten, oder im Schatten einer Hauswand von einem dazu begabten Dorfbewohner[11] –, immer und überall liegt ihnen das gleiche Grundschema zugrunde. Dazu gehören, um es zu wiederholen: klare Linienführung, Reihung der Ereignisse, Dichte der Motive, assoziativer Neuansatz; weiter: Kontrast, scharfe Konturierung, Typisierung der Figuren durch epithetahafte Attribute; Eckpositionen, Schwarzweißmalerei, stufenweise Steigerung, Objektivierung bzw. Übertragung seelischer Vorgänge in Gesten und Handlung, außerdem sprunghafte Veränderung; schließlich: Kennzeichnen der Orte allein durch Namen und Symbole und ein stummes Verhältnis zur Zeit. Negativ gefaßt: Verzicht auf gleitende Übergänge, wie sie zu einem Organismus gehören, auf Nuancierung, auf Schilderung, Entwicklung, Gemütsregung und auf Individualisierung; auf mehrfachbezügliche Verflechtung und auf zeitliche Relation – außer dem „dann und dann und dann" oder wenn die Zeit selbst zum Gegenstand erhoben wird –, welche beiden letzten Kriterien eine räumliche Distanz voraussetzen würden, doch der Verlauf des Märchens vollzieht sich in der Ebene. Nicht unerwähnt bleiben darf die Versatzbauweise als Ausdruck kleinteiliger Vorstellung; bezeichnenderweise fehlen daher, wie eingangs gesagt, in der ägyptischen Literatur die Großformen Epos, Drama und Roman.

Die Sprache mit numerisch begrenzten Satzformen und sparsam gebrauchten Stilfiguren ist vergleichsweise schlicht, doch reich an Informationsgehalt. Reihende Diktion wie (koordinierende) Hauptsätze entsprechen der Beliebtheit von Kettenerzählungen, wörtliche Wiederholung und formelhafte Wendungen sind Kennzeichen der volkstümlichen Vortragsweise. Wortspiele zeugen Gestalten; direkte Reden, stilistisch abgesetzt, holen die Geschichten unmittelbar in die Gegenwart.

Die zusammengestellten Charakteristika wird der Leser ohne Mühe als Analogika zu jenen der Kunst erkennen und auch zu den nicht sinnfälligen, aber intellektuell zu abstrahierenden Erscheinungen der weiteren Kulturprodukte, und sie stehen auch den anderen eingangs genannten Personengruppen zu Gesicht, am deutlichsten den Kindern, diesen heutzutage repräsentativsten Märchenliebhabern.

Bei den übrigen Gattungen der reichhaltigen ägyptischen Literatur finden wir nicht nur andere (stilistische) *genera dicendi*, sondern partiell auch ein anderes Verhältnis zur Form. Allgemein läßt sich sagen, daß die kleineren überschaubaren Einheiten innerhalb eines größeren Werkes eine streng geschlossene, auf Symmetrie tendierende Form haben, genau ausgewogen und unveränderbar, während die Gesamtform nur in wenigen Spitzenwerken (z. B. in der Erzählung des Sinuhe oder der Geschichte des Schiffbrüchigen) solche Geschlossenheit erreicht. Daran ändert auch nichts die Bezeichnung ḥwt – „Haus" – für eine größere Einheit; es wäre absurd, aus dieser Bezeichnung auf eine „dreidimensionale" Einheit zu schließen, das „Häuschen" auch der Kinder bleibt ein flächiges Gebilde.

Die Lebenslehren setzen sich aus mehreren, oft zahlreichen Einzelabschlüssen („Kapitel") zusammen, die in sich streng geformt sind, sich aber in beliebiger Reihe folgen und offenbar auch je nach Bedarf und neuen Erkenntnissen um weitere Kapitel ausdehnen können. Sie haben ebenso wie die Anrufungsliteratur, die magische Spezies oder die Unterweltsbücher eine *offene* Form (vgl. im Nachwort). Immer wird gesagt, gezeigt, selten gebaut. Auch die ägyptischen Tempel haben eine offene Form (s. S. 25).

Im folgenden seien wenigstens noch sporadische Ausblicke auf andere Literaturgattungen eröffnet. Vorweg: Was zum Märchen gesagt wurde, gilt uneingeschränkt für die dem Märchen nächstverwandten ägyptischen *Mythen*, soweit diese überhaupt als Erzählgattung greifbar bzw. vom Märchen abhebbar sind. Im allgemeinen werden sie als bekannt vorausgesetzt und nicht eigens erzählt, aber ihr Genre ist auf der Basis der Apperzeption das gleiche.

*2. Magische Literatur*

In der *magischen Literatur*[12], die allerdings in noch urtümlicherer Schicht eingewurzelt sein dürfte als Märchen-Mythen und der man deshalb noch energischer den Zeugnischarakter für unsere Fragestellung absprechen könnte, fällt das Moment der Wiederholung als konstitutives Merkmal auf. Ob Macht- oder Heilzauber, der vor Krankheit, Tod, bösen Geistern und gefährlichen Tieren – voran Schlangen und Skorpionen sowie Krokodil und Löwe – behüten sollte, alle einschlägigen Texte bestehen vorwiegend aus aneinandergereihten magischen Formeln und werden nicht selten in die Gestalt einer Litanei gebracht; auch hier die Methode, durch Addition das Ganze zu erfassen. Als Form ist die Litanei offen. – Doch befrage man statt dieser kaum „Literatur" zu nennenden simplen Texte besser literarische Erzeugnisse von höherem Anspruch.

### 3. Hymnen

Für die weltliche Literatur auf höchstem formkünstlerischen Niveau stehe die Lyrik, für die religiöse der Hymnus. Für das aus der *Lyrik* gewählte Beispiel des Beschreibungsliedes lese man im Kapitel zum menschlichen Körper nach. – Über den in reicher Fülle bestens bezeugten *Hymnus*, der hier nicht differenziert analysiert werden kann, sei nur so viel vor Augen gehalten, daß er im Kern aus einer Kette von eulogischen Anrufungen der Gottheit besteht.[13] Das Nennen des durch Epitheta ornantia erweiterten Gottesnamens wie auch die Zerlegung der Gottheit in ihre verschiedenen Aspekte[14] sind gleichermaßen Kriterien schrittweisen Erfassens der substantiell ganzen Größe. Vergleichbar dem Beschreibungslied versteht der Hymnus das zu lobpreisende Wesen entscheidend aus der Zusammensetzung seiner Teile, nicht anders als der Arzt den menschlichen Körper als Summe seiner Glieder. Auch die Anrufungen haben eine offene Form.

### 4. Spruchdichtung

Als ihre bedeutendste Literatur haben die Ägypter ihre *„Spruchdichtung"* verstanden, die einzige, der sie selbst eine Gattungsbezeichnung zuerkannten, und auch die einzige, deren Urheber namentlich überliefert sind. Es sind dies „jene weisen Schreiber, ... die verkündeten, was kommen werde, die zu solchen geworden sind, deren Namen in Ewigkeit dauern, obwohl sie selbst dahingegangen ... und obwohl alle ihre Angehörigen vergessen sind. Sie haben sich keine Pyramiden aus Erz und keine Grabsteine aus Eisen errichtet, sie konnten auch keine Kinder als Erben hinterlassen ..., aber sie haben sich Erben in Gestalt von Büchern mit Lehren geschaffen, die sie selbst verfaßt haben." Diese namentlich bekannten Verfasser haben, wie es der Text sagt, vor allem Lehren geschrieben, die schon genannten Lebenslehren, die der Nachwelt bis heute vorliegen; sie bestehen aus „Sprüchen", ägyptisch „Knoten" geheißen, die der Schüler zu „lösen" hatte.[15]

„Knoten" sind das entscheidende literarische Element der Lehren, ihre gnomische Sageweise hat Sentenz-, Maximen- oder Sprichwortcharakter. „Knoten" sind das Bild für gesammelte Formulierung, nicht für Verschlingung, ja die Literaturgattung ist so gut wie völlig frei von jedem *enjambement*. Zeile für Zeile folgen sich die belehrenden oder mahnenden, letzten

Endes Rat erteilenden Sprüche, gekennzeichnet durch das „Stilmittel" des sog. – auch in der Spruchliteratur des Alten Orients und durch das Alte Testament bestens bekannten – *parallelismus membrorum*, besser "thought couplets" genannt,[16] zu deutsch „Gedanken-Verspaare" oder „Gedankenreime". Das heißt, nicht eine einzige Aussage genügt den Verfassern, um ihre Sittenregeln zu formulieren, vielmehr bedarf es deren paarweiser Gruppierung – mal sind es auch drei oder vier Verse –, um einen Gedanken – von rechts und von links – zu beleuchten, zu klären. Diese dualistische, polare oder komplementäre Koppelung ist eine erste wichtige Feststellung für das Additionsschema des Darbietens bzw. des dahinterstehenden Erfassens. Die entscheidenden Formkategorien: Wiederholung, Variation, Steigerung und Kontrast sind dabei durchgespielt.

Außerdem erhellend ist das Verfahren, von Werk zu Werk literarische Bausteine weiterzureichen, wobei die älteren, früher verwendeten sich leicht variieren können und die oft fast unmerkliche Veränderung eine dem Verfasser kaum bewußte Anpassung an die veränderte Situation einer späteren Epoche zum Ausdruck bringt. Traditionsketten mit varianter Sinngebung sind über die Lehren hinaus für weite Teile ägyptischer Literatur kennzeichnend. – Mit seiner epigrammatisch-gnomischen Ausdrucksweise nähert sich Bertolt Brecht den ägyptischen (und chinesischen) literarischen Verhaltensweisen und hat u. a. in seinem ›Kaukasischen Kreidekreis‹ von den ägyptischen Mahnworten des Ipuwer – invertierten – Gebrauch gemacht.[17]

Soweit die 17 erhaltenen Lehren vollständig vorliegen, geben sie sämtlich zu erkennen, daß sie nicht als Gesamtwerk konzipiert sind. Die Kompendien haben zwar teilweise Kapiteleinteilungen, aber ohne systematische Ordnung. Verbindend fungieren in der Regel Assoziationen. Die Regeln stehen in mehr oder weniger loser Reihung nebeneinander, oft auch widersprüchlich (besonders aufreizend bei Anch-Scheschonki), andere werden ohne neue Gesichtspunkte wiederholt, manche gewinnen durch Kontrastierung gegenteiligen Verhaltens an plastischer Wirkung. Auch die Lehren haben demnach eine offene Form.

Die meisten Lebensregeln dürften, gemessen an heutiger Differenziertheit, als Faustregeln angesehen werden. Individuelle Fälle sind nicht behandelt, im Alten Testament sowenig wie in Ägypten. Doch die hinter den Maximen stehende Ethik erreicht eine Tiefe, die gelegentlich an die Paulinische heranragt. Als Dichtung kommt der Spruchliteratur ein hoher Stellenwert zu, wenn man sich vergegenwärtigt, wie Form und Inhalt bis zu einer nicht mehr zu trennenden Einheit miteinander verschmelzen können. Der Gipfel wird bestiegen mit der Lehre des Amenemope (19./20. Dynastie). Das Erwägen von zwei Seiten aus, das sich im Gedanken-Verspaar niederschlägt, und die zu lösenden „Knoten" sind künstlerisch adäquate Mittel der literarischen Spezies.[18]

Als Urteil eines Kronzeugen von Rang möchte ich zum Schluß aus den Ausführungen zu Jesus Sirach von Gerhard von Rad, der die israelitische Weisheit einer „stereometrischen Denkweise" zuordnet, folgende Passage zitieren: „Der Abschnitt ist auch ein instruktives Beispiel für eine uns so fremde Lehr- und Denkform, die an einer sauberen Definition so merkwürdig uninteressiert ist. Im Gegenteil: die jeweilige Aussage wird nicht eingegrenzt (= definiert), sie bleibt offen und beharrt in einer gewissen Schwebe, und so wird sie der nächsten beigeordnet. Fast fließen die Aussagen, die wir scharf voneinander absetzen würden, ineinander über. So aber erreicht der Verfasser, was er will: er umkreist das Phänomen in seiner Ganzheit, in der es dem Menschen erfahrbar ist und die sich doch einer präzisen begrifflichen Bestimmung immer wieder entzieht, weil sie sich, sucht man sie begrifflich festzulegen, doch wieder im Geheimnis verliert."[19]

Eine Sache wird dort nicht durch Definition, vielmehr durch Aneinanderreihung möglichst vieler Vorstellungen assoziativ zur Erscheinung gebracht. Ein einzelner Vers bringt immer nur einen einzelnen Aspekt der Wirklichkeit zur Geltung, erst ihre Summe das Ganze. So demnach auch in Israel. – Die Erhebungen aus der Literatur sind denen aus der Kunst derart analog, daß sich ein Resümee erübrigt.[20]

XI. SCHLUSS: ASPEKTIVE UND HIRNFORSCHUNG

*1. Aspektive*

Wie sich „Perspektive" auf sämtlichen Gebieten der Kultur gleichermaßen äußert, so auch das, was ich für die Kunst „Aspektive" genannt habe. Denn eine Weise der Apperzeption, sei sie multilateral oder bilateral, führe sie zu einer Struktur oder zu einem additiven Gefüge, werde der Gegenstand einheitlich-überschauend erkannt oder im Nacheinander der Einzelteile begriffen, spiegelt eine kognitiv-psychische Verfaßtheit, die nicht auf bestimmte Sektoren beschränkt bleiben kann. Innerhalb der „aspektivischen" Kultur ist – wie alles, was mit der Lebenspraxis zu tun hat – die Sprache am weitesten „fortgeschritten", aber auch sie bevorzugt parataktische Satzbildung und gefällt sich in einem schwebenden zeitlichen Verhältnis (z. B. Nominalsatz) zwischen Sprecher und Aussage. Im Unterschied zu unserem am klarsten im Lateinischen durchgeformten Tempussystem sind die temporalen Beziehungen zum Sprecher schwach entwickelt im Vergleich zu den Aktionsarten und ebenso im Vergleich zu den Möglichkeiten der Modalbezeichnung.[1]

Auf den anderen Gebieten kultureller Äußerung ist in diesem Buch versucht worden, eine entsprechende Apperzeptionsweise aufzuzeigen. Der *menschliche Körper* wurde von den Alten nicht als ein von einem Mittelpunkt aus regierter und in allen seinen Gliedern aufeinander bezogener Organismus verstanden, vielmehr als ein Kompositum seiner einzelnen Teile. Diese Auffassung äußert sich religiös in der „Vergottung der Glieder", dichterisch etwa bei dem Typus des Beschreibungsliedes, wie es sich bis nach Ostasien hin findet, magisch in der Beschwörung möglichst vieler Einzelteile des Körpers und auch in der Medizin, da sie zwar die einzelnen Erscheinungsformen des gesunden und des kranken Körpers sehr genau erfaßt, aber ihre funktionalen Zusammenhänge außer Betracht läßt. Die Entdeckung organischer Einheit war den Griechen vorbehalten. Der Verlauf eines Krankheitsprozesses, wie er griechischem Denken (Hippokrates) entspricht, wird wie die kinematographischen Phasen einer Bewegung in prägnanten Einzelstudien erfaßt, so wie die kontinuierliche Lebensbahn eines Menschen in die Erscheinungsformen Kind–Mann–Greis gerinnt.

Der *„soziale Körper"* stellt sich entsprechend als eine Summe von Individuen dar, die hierarchisch auf den König ausgerichtet sind, aber sowenig Querverstrebungen und Funktionszusammenhang aufweisen wie die Organe des menschlichen Körpers. Nur die engste Nachbarschaft, die Angehörigen der Familie oder der Dorfgemeinschaft, adhäriert, wie ähnlich die hieroglyphische Wiedergabe der Organe gelegentlich das engste Umfeld ins Bild bringt. Auch das Kind „hängt am Rockzipfel", der Bauer „klebt an seiner Scholle", aber beide sind weit davon entfernt, sich aus eigenen Kräften etwa langfristig-übergreifend zu organisieren.

Die *Geschichtsschreibung* setzt im Prinzip überschaubare Einzelereignisse als selbständige Größen nebeneinander, ohne sich um deren Genese und gegenseitige Verflechtung zu kümmern. In der Regel werden die Regierungszeiten eines einzelnen Herrschers zusammengefaßt und beginnen je mit dem Jahr eins. Das ist um so bemerkenswerter, als der Ägypter bereits mit der Gestalt des Reichsgründers Menes seine Annalen beginnt und damit zu einem Fixpunkt hätte stärker herausgefordert werden können als Rom durch die *urbs condita*. Die Frage nach dem Woher und Warum ist für die Alten von vornherein durch das Wissen von einem *supremus movens* gestellt.

Quellenkritisch aufeinander bezogene, die Ereignisse kausal verknüpfende oder teleologisch ausgerichtete Geschichtsschreibung ist eine Leistung – vorfühlend der Israeliten, systematischer erst von Thukydides. Die serielle Ereignischronologie, die bei den Chinesen sich über Jahrtausende erstreckt, ist häufig ein Gemisch von Anekdoten, mythischen und literarischen Ordnungsmustern, die assoziativ aneinandergereiht werden. Daß diese Geschichtsschreibung wesentlich nur aufzeichnet, was den Göttern gefiel, erinnert an das „Idealbildnis" in Kunst und Autobiographie.

Das der Geschichtsauffassung zugrunde liegende Verständnis von *Zeit* beruht nicht auf einem abstrakten Begriff; Zeit war das Erleben nicht von Zerstörung oder Verfall, sondern von Dauer; von Wandel auch, aber von kurzwärendem, oft einem zur Ausgangsstellung zurückkehrenden Wandel, von Naturzeit in ihrer ewigen Wiederkehr. Nicht anders folgen sich Herrscher auf Herrscher; ja richtig verstanden hatte Ägypten (eingeschränkt von der 18. bis zur 20. Dynastie) während seiner 3000jährigen Geschichte nur einen einzigen Herrscher, der durch immer neue Figuren repräsentiert wurde. Aber das Wiedererstehen der Ahnen, wie es die fernöstlichen Kulturen glauben, kennt Ägypten nicht.

Der Mensch wurde nach der Vorstellung der Alten durch den Akt der Schöpfung, gleich Adam, ein fertiger Mensch; die zerstörerische Macht der Zeit im Leben des Individuums wird genichtet durch die Fortdauer im Jenseits, wo der Selige in neuer Jugend wiederersteht. Der Gedanke einer Evolution des Individuums, des Volkes oder der Geschichte wurde nicht gedacht. Der Mensch wird geformt durch Erziehung, die Kultur erreicht ihre „Kulmination", wenn sie ist „wie zu den Zeiten des Re", d. h. wie zu Beginn der Schöpfung. Der Blick ist nicht in die Zukunft gerichtet – es gibt nur wenige Ausnahmen –, sondern zurück. Sowenig sich der Mensch aus einem einzelligen Lebewesen zum *homo sapiens* entwickelt hat, sowenig hat der Idee nach die Kultur die Tendenz „fortzuschreiten". Daß sie es faktisch dennoch tat, berührt das Problem nicht. Geschichte ist nicht Entwicklung, nicht Fortschritt, sie ist Schwebezustand, Auf-der-Stelle-Treten, ihr Vollzug wird weitgehend als Ritual verstanden. Was „fortschreitet", das sind nur die Dimensionen, durch ein Plus an Größe seiner Baudenkmäler übertrifft ein Regent seine Vorgänger oder der König die Königin.

Am *Mythos* wurde das unharmonisierbare Nebeneinander der Bilder und Figuren zur Sprache gebracht – man erinnere sich an die Darstellung des Himmels –, der Polytheismus als das parataktische Erfassen der numinosen Mächte. Die Göttergestalten, viele von ihnen kombiniert aus Teilen von Mensch und Tier, je nach Assoziation vielfach veränderbar in ihrer Erscheinungsform, gekennzeichnet durch wechselnde Attribute und durch eine Häufung von Namen, sind Musterbeispiele von Additionsverfahren.

Auch die durch Topographien, Listen und Onomastika gekennzeichnete *Wissenschaft* apperzipiert die „Forschungsgegenstände" durch partikulare Erfassung des Ganzen. So definiert sich die Fauna als die Summe von „Kleinvieh, Großvieh, Vögeln, Fischen und Gewürm" u. ä. Deutlicher als alle übrigen Wissenschaftszweige gibt die Mathematik das geistige Verfahren zu erkennen: Bis hinauf zu den Höchstleistungen wie der Errechnung des Inhaltes eines Pyramidenstumpfes war es ausschließlich simple Addition, die zur Lösung führte – vergleichbar dem höchst simplen Auftürmen von Steintürmen zu den gigantischen Wunderwerken der Pyramiden. Daß beiden Verfahren teils hochkomplizierte Gedankengänge zugrunde liegen, sei nicht vergessen, auch nicht, daß in der Mathematik mannigfaltige Ansätze nebeneinanderlaufen, wenn auch analog zur Kunst kanonische Regeln herausgebildet wurden. Standardzerlegungen finden sich noch in frühen griechischen und byzantinischen Texten und in der gleichen Fassung im Mittelalter bei Leonardo von Pisa wieder, ehe die mathematische Renaissance im Abendland ihren Anfang nahm.

Wie es in der Mathematik nicht zu Lehrsätzen kam, sondern lediglich zu Paradigmen, so im *Rechtswesen* nicht zu allgemein gültigen Gesetzen, sondern zu anschaulich explizierten Präzedenzfällen. Verträge wurden nur kurzfristig geschlossen, sie greifen nur in die zeitliche Nachbarschaft aus.

In der *Literatur* konnten die Assoziationen als Fortspinnungselement, formelhafte Wendungen, Reihung der Episoden, ruckhaft veränderter Mittelpunkt, oft mit Schauplatzwechsel verbunden, hart konturierte Figuren, meist ohne seelische Regung oder gar psychische Entwicklung, Kontrastkonstellation, Verwendung von Symbolzahlen und – je nach Gattung – vieles andere beobachtet werden, was als situative Selbständigkeit zwar eine Verkettung ermöglicht, aber nicht eine auf den Leser bezogene Vereinheitlichung der Teile zu einem allseitig verspannten strukturellen Ganzen.

Diese erinnernden Andeutungen mögen genügen, um klarzustellen, daß die Alten Ägypter und ihre Geistesverwandten sehr wohl *logisch* zu denken vermochten, logisch im Sinne von einlinig richtig in bezug auf nachbarliche Daten, nicht logisch, wenn man für alle Operationen Beweise fordert und allseitige Verknüpfung, Harmonie und einen gemeinsamen Bezugspunkt. Diese Anforderung an logisches Denken hat erst der „Vater der Logik", Aristoteles, gestellt. Die mathematischen Ergebnisse sind einwertig; mannigfaltig sind allein die – sich an die Lösung schrittweise-addierend heranhantelnden – Methoden. Von „praelogisch" oder von „mehrwertiger Logik" zu sprechen, ist für die frühen Kulturen nicht angemessen. Ihr Denken war logisch, aber kleinbogig, nicht über ein weites Gedankenfeld hinaus und damit *der griechischen Logik zweifellos unterlegen*. Die ägyptische Weise der Apperzeption, wie sie eingangs definiert wurde, darf daher unter dem Gesichtspunkt der weitspannenden Logik als ein „Noch-nicht" bezeichnet werden, denn wir kommen um die Feststellung nicht herum, daß die „Ägypter–Kinder–Primitiven" heutige Denk- und Rechenoperationen einfach nicht (hätten) leisten können. Dagegen sind sie der griechischen Kultur, prononcierter der westlichen, in vielen Bereichen weit überlegen.

So sei daran erinnert, daß die „aspektivischen" Kulturen in hohem Maße visuell begabt sind, daß sie anschaulich-konkret erfassen, daß sie sinn(bild)lich wahrnehmen, daß sie – und das wiederum in besonderem Maße und unerreichbar die Ägypter – über künstlerische Fähigkeiten verfügen (die musischen sowohl wie die bildnerischen, jede Tierzeichnung eine Apotheose der Spezies!); daß sie hervorragend befähigt sind, in Analogien zu denken, daß sie simultaneisieren; daß sie über ein bedeutendes Maß von Intuition und Imagination und entsprechende Schöpferkraft verfügen; daß sie das Sosein der Dinge – im Gegensatz zum Transitorischen – fest im Griff haben und also dem „Unbewegten" mit einer Meisterhand begegnen, die keine Steigerung zuläßt. Gegenüber den intuitiv-sensitiven Begabungen und ihren Äußerungen im Konkret-Sinnlichen bei den „Aspektivlern" haben wir heute fraglos ein gewaltiges Defizit. Hier wäre ein Seitenblick auf die musikalische und tänzerische Begabung der Ethnien fällig ... Doch: Mit dem Aufzeigen der Phänomene sei es genug, obgleich die fast erdrückende Fülle an Material Bände füllen würde. Aber mir scheint es geraten, im folgenden zu fragen, worauf die Wende in der Achsenzeit beruhen könnte.

## 2. Hirnforschung

Seit ich mit der Frage umgehe, besonders da ich Kinder als Geistesverwandte einbezogen habe und von Parallelerscheinungen bei Geistesveränderten wußte, habe ich mit der Vermutung gespielt, daß sich die Gehirnfunktion beider sich hier gegenüberstehenden Gruppen unterscheiden müsse. Das Wie war mir allerdings zunächst völlig dunkel. Doch jedes menschliche Verhalten entspricht einer Struktur im Gehirn, und Kultur ist Ausdruck menschlichen Verhaltens, also muß einer Kultur eine Gehirnstruktur entsprechen.[2]

Ich habe nicht nach der Methode von Don Alfonso in Mozarts ›Cosi fan tutte‹ die „Experimentierobjekte" (Fiordiligi und Dorabella) auf eine intendierte Lösung hin programmiert, indem ich den Informationsstoff auf eine bestimmte (hirntätige) Erklärung der Phänomene selektiert hätte, sondern ich habe erst nach empirischer Erhebung des Materials induktiv nach einer tiefergehenden Ursache gesucht. *Und diese zeigt sich mir nun in der unterschiedlichen Hemisphärenpräferenz des Gehirns.*

An dieser Stelle sehe ich den Durchbruch meiner Arbeit gegenüber früheren Versuchen, die sich ähnlich mit den „beiden Welten" beschäftigt haben.[3] Man wird mir – so hoffe ich – zugestehen, daß es nicht darauf ankommt, hier und da Abweichungen vom prinzipiellen Grundverhalten, kulturelle Vor- und Nachläufer zu konstatieren oder überhaupt ein vollständiges Panorama der Kulturen zu zeichnen, sondern die beiden Verhaltensweisen, wenn nicht pointiert, so doch kontrapunktisch-akzentuiert gegeneinander zu stellen.

Die eingangs gestellte Frage, ob die „Achsenzeit" einen biologischen Hintergrund haben könnte, sei hiermit aufgenommen. Es ist keine neue Erkenntnis, daß das Großhirn das eigentliche Spezifikum darstellt, das den Menschen von den übrigen Lebewesen unterscheidet.[4] Das Gehirn hat eine lange Entwicklung hinter sich, die alten Fähigkeiten haben ihren Sitz ins Hirninnere verlagert (durch Suppression und Retraktion),[5] die jungen Fähigkeiten[6] sind in der impressionsfähigen Masse des Großhirns situiert. Diese Masse entwickelt sich vom Embryo über den Fötus und das Kind immer reicher, bis sie etwa im 10. Lebensjahr ihren Abschluß findet. Die ontogenetische Entwicklung geht ziemlich genau parallel der phylogenetischen und scheint noch ausbaufähig zu sein.

Auch dem Nicht-Hirnforscher ist bekannt, daß die Links-Rechts-Symmetrie des menschlichen Körpers sich im Gehirn nicht fortsetzt, sondern die beiden Hemisphären nur annähernd axial symmetrisch sind. Eine tiefe Furche trennt die beiden Hirnhälften, der „Balken" und einige kleinere Kommisurenbalken verbinden sie. Jeder weiß außerdem – spätestens nachdem er erfahren hat, daß eine Verletzung der linken Hirnhemisphäre Ausfälle auf der rechten Körperseite auslöst –, daß sich die Funktionen der Hirnhälften auf der jeweils gegenüberliegenden Körperseite auswirken. Das gilt zunächst für die motorischen und sensorischen Grundfunktionen. Jeder weiß darüber hinaus auch, daß eine Schädigung der linken Hirnhälfte beim Rechtshänder gewöhnlich zu Sprachstörungen oder gar -verlust führt, aber eine Schädigung der rechten Hemisphäre andere Folgen hat, woraus sich ergibt, daß zumindest Teile der beiden Hirnhälften verschiedene Aufgaben haben. Das gilt ganz besonders für die höheren geistigen Prozesse wie Wahrnehmen, Erkennen, Denken, also der Komplex, worunter „Apperzeption" fällt.[7]

Als Untersuchungsmethoden zur funktionellen zerebralen Asymmetrie dienten sowohl die experimentelle Beschränkung von Reizen auf nur eine der beiden Hirnhälften wie auch die Messung der elektrischen Aktivität des Gehirns bei verschiedenen geistigen Aufgaben und schließlich die Befunde bei „Split-brain-Patienten", bei denen aus therapeutischen Gründen der Balken zwischen den beiden Hemisphären durchschnitten werden mußte.

Die Gesetzmäßigkeiten und Varianten der Hirnentwicklung sind relativ gut bekannt, sind bis hin zur molekularen Ebene erforschbar.

Erfassung der Dimensionen, von Mimik und Gestik, die Entschlüsselung von Gestalten und Symbolen und das Erkennen spiegelbildlicher Seitenverkehrungen wie auch die Fähigkeit zum abstrakten Denken sind nur in enger Beziehung mit der Reifung biochemischer und biophysikalischer Hirnfunktionen verständlich. Bestimmte Fähigkeiten sind an bestimmte Entwicklungsstufen gebunden. Entwicklungspsychologie beruht auf Hirnphysiologie, auf Hirnreifung. Erst gegen Ende des ersten Lebensjahres läßt sich ein provisorischer Abschluß der Markreifung feststellen, der etwa mit Schulbeginn einen weiteren vorläufigen Abschluß findet. Erst mit der Pubertät und noch bis zum Ende der Adoleszenz ist die Entwicklung bis zu einem Endstadium vorangeschritten, und dies unabhängig von der Sozialschicht und ethnischen Gruppe.

Für die Prägung des Menschen ist entscheidend, mit welchen (Vor-)Bildern er in dieser Zeitspanne genährt wird. Natur und Außenwelt werden bei jedem bestimmte Aufgaben stellen, die es zu bewältigen gilt (z. B. das Zurechtfinden im Raum), im übrigen kann das *procedere* der Gehirnaktivität verschieden gesteuert werden. Natur und Kultur bedingen sich gegenseitig. Wenn Karl Popper recht hat, sind allerdings 99% des menschlichen Verhaltens programmiert, nur der Rest ist kulturell geprägt.

Auf relativ gesicherter Basis ergibt sich als generelle Beobachtung, daß (bei Rechtshändern) die linke Hemisphäre zuständig ist für das Sprachvermögen (Schreiben–Lesen–Rechnen), für den analytischen Verstand, das logisch-kausale und das kritische Denken, indes die rechte Hirnhälfte – wiederum pauschal gesprochen – spezialisiert ist auf: taktiles und visuelles Erfassen, auf manipulativ-räumliches Sehen und auf all das, was wir „musische und bildende Künste" nennen, d. h. zuständig ist für Intuition, Imagination und allgemeine Kreativität.[8] Besondere Studien widmen sich dem Zeichnen als einer rechtsseitig angelegten Begabung.[9] Insbesondere die Split-brain-Forschung hat deutlich gemacht, wie sehr die linke Hemisphäre der rechten in der Fähigkeit zu zeichnen unterlegen ist. Im Zusammenhang unserer Untersuchung ist weiter die Fähigkeit zum Erkennen von Mustern (bildlichen – so Ornamente, geometrische Muster – wie auch mythischen oder literarischen *patterns*, Paradigmen) hervorzuheben. Viele Versuche haben gezeigt, daß die rechte Hirnhälfte im Erkennen von Teilen (als zu einem Ganzen gehörig) und deren Zusammenpuzzeln der linken Hirnhälfte weit überlegen ist.[10] Ferner zählt zu den speziell rechtshemisphärischen Funktionen die Musikwahrnehmung und das Verständnis für entscheidende Fähigkeiten im musikalischen Bereich.[11] Kurz und grob gesprochen, stehen sich eine logisch-rationale linke Hirnhälfte und eine intuitiv-kreative rechte Hirnhälfte gegenüber.[12]

In Wirklichkeit sind die Funktionen des Gehirns viel komplizierter und differenzierter und – fast überflüssig zu sagen – arbeiten die beiden Hirnhälften miteinander und ineinander und können sich teilweise auch vertreten. Verhaltensäußerungen wie Denkvorgänge, Orientierung im Raum, Kommunikation mit der Umwelt und was weiter das Bewußtsein, die Psyche und die höheren Funktionen des Geistes angeht, sind auf sehr diffiziles koordiniertes Zusammenwirken beider Hemisphären angewiesen, wobei jedoch jeder Hirnhälfte spezifische Funktionen zukommen.

Mit Nachdruck sei der Unterschied zwischen Hirnpotential und Hirnentfaltung betont. Die Entfaltung kann gefördert werden durch Herausforderung, situative Gegebenheiten oder Umweltbedingungen, kurz: durch Lernen bzw. Einüben. Das evolutionär entstandene Erkenntnisvermögen ist, wenn nicht abgeschlossen,[13] so doch beim heutigen *homo sapiens* auf der ganzen Welt das gleiche. Das Gehirn unterscheidet sich nicht etwa morphologisch, sondern lediglich in seiner Entfaltung, und diese hängt, wie gesagt, von der Aufgabenstellung bzw. dem Einüben ab, wie auch die genealogische Entwicklung sich eher pragmatisch als teleologisch vollzogen haben wird.

Sicher ist, daß beim „Durchschnittsmenschen" das Gehirn prinzipiell auf die gleiche Art und Weise funktioniert, auch bei den verschiedenen sozialen Schichten, Berufen, Kulturen, d. h., daß es morphologisch bei allen gleich strukturiert ist und die interkulturellen Unterschiede im kognitiven Stil (Erfassen, Apperzeption) sich dahingehend erklären, daß linke und rechte Hemisphären unterschiedlich genutzt werden. Dies ist keine Hypothese mehr, sondern durch zahlreiche Versuche bewiesen. Hopi-Indianer und Schwarze z. B. stützen sich beim Denken stärker auf die rechte als auf die linke Hirnhälfte, als es Weiße tun.[14]

Auch Weiße stützen sich im Gebrauch von mehr anschaulich-konkreten und mit dem Wahrnehmungsbereich verknüpften (Indianer-)Sprachen mehr auf die rechte Hirnhälfte, beim Gebrauch der eigenen (englischen) vergleichsweise abstrakten Sprache auf die linke. Beide Hirnhälften lassen sich aber auf gleichen Stand bringen, wenn sie ausreichend gefördert werden.

Mangelt es an einer erzieherischen schulischen Ausbildung, so bleibt die linke (rationale) Hemisphäre im Rückstand.

Hierher gehören umgekehrt auch die Beobachtungen an Split-brain-Patienten, bei denen nach Ausschaltung der rechten Hemisphäre ein Mangel an Traum- und an Raumverarbeitung eintritt, an Symbolen und allgemein an Phantasie. Sie haben wenig Einbildungskraft, ihre Phantasien sind „utilitaristisch und realitätsbezogen, ihre Symbolisierung konkretistisch, diskursiv und starr"[15].

Noch einmal: Der linken Hirnhälfte, die befähigt ist, die Wirklichkeit logisch abzubilden und mit der Außenwelt zu kommunizieren, Denken, Lesen, Schreiben, Rechnen und Zeiterlebnis zu verarbeiten, steht die rechte Hirnhälfte gegenüber, die zuständig ist für das Verständnis von Mustern und für jene Beziehungen, die nicht präzise definiert werden können und vielleicht gar nicht logisch sind. Nach Carl Sagan[16] „kann man nicht entscheiden, ob die von der rechten Hirnhälfte erkannten Muster real sind oder imaginär, ohne sie der Prüfung durch die linke Hemisphäre zu unterziehen. Andererseits ist rein kritisches Denken (links) ohne kreative und intuitive Einsichten und ohne die Suche nach neuen Mustern steril ... Das Lösen komplexer Probleme ... erfordert die Aktivität beider Hirnhemisphären." Nach ihm führt der Weg in die Zukunft „durch den Balken". Damit werden analytisches und intuitives Denken verbunden. Eine andere Stimme zum Thema: „Weil wir in einer so folgerichtig erscheinenden Welt leben und weil das logische Denken der linken Hemisphäre in unserer Kultur so verehrt wird, sind wir dabei, den Beitrag unserer rechten Hirnhälfte immer mehr zu mißachten. Es ist nicht so, daß wir gänzlich aufhören, uns ihrer zu bedienen; sie wird bloß infolge eingefahrener Strukturen immer weniger verfügbar für uns." Bei den Ethnien dürfte das Verhältnis umgekehrt sein, daher die Divergenzen.

Ist auch die Hemisphärenasymmetrie bereits bei der Geburt vorhanden, so verläuft die Entfaltung des Hirnpotentials je nach Anspruch verschieden. Gewiß ist zwischen der mentalen Lage und der täglichen Praxis zu unterscheiden. Denn trotz ursprungsnäherer Welterfahrung war auch das Leben der Alten Ägypter von Hammer und Meißel bestimmt, ihres sowohl wie das der Ethnien. Auch Kinder lernen früher, sich im Raum zurechtzufinden, als ihn perspektivisch zu zeichnen.

Offen ist die Frage, ob die höheren geistigen Funktionen ursprünglich bilateral angelegt waren und erst mit dem Aufkommen der Sprache aus der linken Hirnhälfte die früheren Funktionen verdrängt wurden oder ob die linke Hemisphäre sich stärker verändert hat als die rechte. Diese Frage zur Evolution der Hemisphärenspezialisierung wird von den Forschern verschieden beantwortet und braucht uns hier nicht vordergründig zu interessieren. Von Bedeutung aber bleibt die Realität der Hemisphärenunterschiede und die auf alle Fälle später eingetretene Dominanz der linken Hemisphäre, die sich in unseren Tagen fortsetzt.

Das Buch wäre nicht umsonst geschrieben, wenn es durch seinen Hinweis auf die Hirnforschung helfen könnte, das Phänomen der „Achsenzeit" einer Lösung näherzuführen. Nach der kurzen Strecke des „Boustrophedon" hat sich nach meiner These die griechische Kultur sprunghaft zur linkshemisphärischen Dominanz verändert. Nicht allein die griechische Schrift wendet sich in die Gegenrichtung, ebenso drehen sich die Bildfiguren.

Nach einer Studie an 50000 Objekten zeichneten Rechtshänder (deren Prozentsatz sich seit der Steinzeit kaum verändert hat) Darstellungen, deren Richtung immanent bestimmt ist (Porträts, Münzbildnisse, Gemmen, Vasenbilder u.a.), *vor* der „Achsenzeit" das Gesichtsprofil vorwiegend nach rechts, *danach* zu 80% nach links. Das gilt auch für das Buchstabenprofil bzw. die frühen Schriftzeichen und den Schriftverlauf. Auch diese Drehung beruht kaum auf Konvention, sondern wird zerebral bedingt sein.[17]

Es wären hier Unmengen von Dissertationsthemen zu vergeben, um die historischen Kulturen detailliert zu befragen. So sollten z.B. die Ausdrücke für Ja und Nein untersucht werden, die „Füßigkeit", die geschlechtsspezifischen Unterschiede kultureller Leistungen (ohne ideologische Vorurteile) und was alles sonst, von der Hirnforschung bereits minutiös befragt, dem hinterlassenen Material einschlägig zu entnehmen ist. Besondere Beachtung verdient dabei die Rolle der Schulung. Man könnte die These wagen, daß die Erziehungsdominanz der Athener Schule ein wesentlicher Faktor der sprunghaften Veränderung der mentalen Lage gewesen ist und daß mit dem Zusammenbruch der schulischen Erziehung am Ende der römischen Kaiserzeit der „Rückfall" in Aspektivnähe zusammenhängt.

Die Frage, wie es zur Gesellung der sechs eingangs genannten Gruppen kommt, dürfte sich der Leser inzwischen selbst beantwortet haben. Unter der Voraussetzung, daß die linke Hirnhälfte später reift als die rechte, versteht sich die „Aspektive" bei Kindern als ein biologisches Phänomen ohne Schwierigkeit. Für die schulisch minder Gebildeten unter uns wäre die Frage ähnlich zu beantworten wie für die Ethnien, solange sie nicht linkshemisphärisch gefordert werden. Geisteskranke mit vergleichbaren Symptomen wären entweder linksgeschädigt, oder aber es wäre eine Regression erfolgt, durch die wiederum die später entwickelte linke Hemisphäre ihre Entfaltung partiell eingebüßt hätte. Doch spätestens hier bin ich aufgerufen, den Stab an die Hirnforscher weiterzugeben. Die anlagemäßig überall vorhandenen, in Athen erstmals entfalteten Fähigkeiten werden in den Kulturen unterschiedlich genutzt, im Osten heute bekanntlich weniger als im Westen.[18] Der Nahe Orient scheint eine Zwischenstellung einzunehmen.

Die Forschungen zum Thema sind, besonders in Amerika, voll im Gang, ihre Ergebnisse noch keineswegs unumstritten und einmütig. Was ich als meinen Beitrag sehe, ist, die für die angeschnittenen Fragen interessierten Geisteswissenschaftler auf die Hirnforschung hinzuweisen und den Hirnforschern historisches Material für ihre Studien zu bieten.

Wenn es sich bewahrheiten sollte, daß bei den vorantiken Völkern und ihren Geistesverwandten eine Rechtspräferenz der Hirnfunktion – wenn auch aus unterschiedlichen Gründen und in abgestuftem Maße – bestanden hat, während mit den Griechen die Linkspräferenz ans Licht trat, so wäre damit zwar eine neue Tür aufgegangen, doch aus welchem Grund der Funke in der Achsenzeit gezündet hat, das wird ein Geheimnis bleiben. Das Wieso, Warum ist eine Frage jenseits unseres Forschungsauftrages. Wachzuhalten ist die Beobachtung, daß Umbruchzeiten in der Regel mit Konfliktsituationen und den damit verbundenen Herausforderungen zusammenhängen – möglicherweise auch im 20. Jahrhundert. In dieser Zeit des globalen Ausschreitens in ferne Kulturen tritt Ungleichzeitiges gleichzeitig in den Blick und stiftet so lange Verwirrung, wie die unterschiedlichen Apperzeptionsweisen nicht berücksichtigt werden. –

Ich bilde mir mitnichten ein, den Stein der Weisen gefunden zu haben, aber mit Ägypten dürfte ein Paradebeispiel für „Rechtsdenkende" vorliegen. Auch wenn das Pharaonenvolk, besonders im Neuen Reich, hier und da über die Hürden gesprungen ist, so bleibt es im ganzen gesehen vorbildlich „aspektivisch" orientiert. Die Fähigkeiten von Hemisphären-Rechtspräferenz könnten – so scheint mir – kaum musterhafter dargestellt werden als durch die altägyptische Kultur. Sie könnte helfen, manche Spekulation der Hirnforscher zu verifizieren oder falsifizieren. Allerdings müßte eine Sprachregelung vorausgehen, welche die unterschiedlichen Nomenklaturen der verschiedenen Disziplinen vereinheitlicht. –

Zu Anfang des ersten Jahrtausends v. Chr. sprach der Fürst von Byblos zu dem ägyptischen Gesandten Wenamun (nach etwas freier Übersetzung):

Amun hat die Kulturen aller Länder begründet,
er hat sie begründet, nachdem er zuvor die von Ägypten begründet hatte.
Die Kunst ist von dort ausgegangen bis hierher,
die Belehrung ist von dort ausgegangen bis hierher ...

## XII. NACHWORT: ASPEKTIVE UND GEGENWART

Eingangs wurde kühn davon gesprochen, daß sich partiell ein an die beiden ersten Achsenzeiten – die um 3000 v. Chr. und die um die Wende vom sechsten zum fünften vorchristlichen Jh. (mit Vor- und Nachläufern) – erinnernder Einschnitt in der Gegenwart abzeichnen könnte, und zwar einer, der eine Ausdrucksform sichtbar werden lasse, die mit Aspektive etwas zu tun habe. Kühn ist diese Vermutung deshalb, weil heute viele Ströme nebeneinander herzulaufen scheinen, kurzfristig überholt werden, und weil jeder historische Abstand zur Beurteilung fehlt. Dennoch seien einige sporadische Hinweise auf vergleichbare Phänomene gewagt, die, wie im Kapitel „Kunst" gesagt, nicht auf gleicher Apperzeptionsweise beruhen, sondern auf bewußtem Entscheid. Denn insgesamt ist unser Denken bestimmt von: Synopsis, Hypotaxe, Distanz, Überblick, Beziehungsgefüge und auch Standortgebundenheit; doch daneben, greifbar besonders in der Kunst, sind andere Ausdrucksformen zu beobachten, die zu Vergleichen mit „aspektivischer Gegenstandsgewinnung" aufrufen.

Sinnfällig bringt die *Malerei* das Neue zutage. Chagall zeigt beim ›Sturz aus dem Fenster‹ die Stürzende über der Brüstung und zugleich am Boden liegend. Die Stute seines ›Bauernfuhrwerks‹ läßt das Fohlen in ihrem Bauch ebenso sehen wie die altägyptische Sonnengebärerin das göttliche Kind in ihrem Leib (Abb. 35 a). Braques ›Femme au chevalet‹ bietet ineinander ihr Gesicht von vorn und im Profil, und ähnlich sitzt Picassos ›Chapeau de paille‹ auf zwei nebeneinander komponierten Gesichtsaspekten. Zahllose weitere Belege, statt deren nur einige allgemein bekannte, weil markante Beispiele genannt wurden, ließen sich hier mühelos ergänzen, einige wurden bereits im Kapitel „Kunst" herangezogen.

Für die neuere *Literatur*, genauer: die „expressionistische Prosa", sei zunächst Max Benses Kommentar zu Gottfried Benn das Wort gegeben[1]: „Wir nannten eingangs die expressionistische Prosa eine assoziative Prosa. Wir wollen damit sagen, daß ihre Entwicklung nicht deduktiv oder induktiv voranschreitet ... Es werden keine Schlüsse gezogen, keine Folgerungen gezogen, keine Implikationen gebildet. Es geht nicht um den Zusammenhang zwischen Prämissen und Konklusionen ... Von diesen Gesichtspunkten aus betrachtet, ist die assoziative Prosa durchaus nicht aristotelisch ... Wie die Glieder einer Kette greifen ... Sätze und Abschnitte ineinander, aber das Ineinandergreifen wird nicht logisch, sondern expressiv, also durch Assoziationen bewirkt, die sich in der denkenden und schreibenden Existenz vollziehen und die durch sinnliche und seelische oder auch geistige Intensität dieser Worte und Wortverbindungen hervorgerufen werden ..."

Auch die Kurzgeschichte (im engeren Sinn, also nicht "Short story"), jene *nova species* kennzeichnete Edgar Allan Poe 1842 als „nichtaristotelisch". Die Charakteristika, welche die Kurzgeschichte von der klassischen Novelle scheidet, macht dem Ägyptologen deutlich, daß altägyptische Erzählliteratur von der Aspektive in der Kunst weiter entfernt sein kann als die heutige Kurzgeschichte, nicht aber die alte Spruchliteratur und Gattungsverwandtes. Doch zunächst einige signifikante Züge der modernen Kurzgeschichte im Gegenüber zur Novelle.

Die Novelle – wie auch die Anekdote – sind auf einen Kulminationspunkt hin konzipiert. Die gestalterische Aufgabe gebietet bei der Straffheit, besonders der Exposition, eine Verkürzung auf große Linien der zeitlich oder räumlich weit auseinanderliegenden, aus großem Abstand gesehenen Dinge. Die Kurzgeschichte, nach zwei, drei Vorläufern am bedeutendsten vertreten durch Hemingway (erstmals 1925 ›In Our Time‹), ist dagegen gekennzeichnet durch „die Nahaufnahme, den kleinen, detailfreudigen, ganz aus der Nähe gesehenen, aber signifikanten Ausschnitt. Kein weiträumiges, sondern ein eng gebautes Stück Leben wird gezeigt, und zwar tunlichst in voller Einheit von Zeit und Raum ... Diese enge Struktur wird in der Waage gehalten durch das Element der Offenheit. Vor allem fehlt ... die Schlußkadenz. Das Stück schließt wie in der modernen Musik mit einem schwebenden, nicht einmal funktionellen Klang; kein geschürzter Knoten, keine deutliche Pointe, kein komponierter Schluß. Die Eigenart der Novelle dagegen wird in der Konzentration auf den Schluß hin gesehen. Der Autor erzählt im Sog des Schlusses" (Rolf Raiser).

Helmut Braem fügt in einer Einleitung zu Kurzgeschichten hinzu, daß der Autor im Verborgenen bleibt, jedenfalls nicht als urteilendes Subjekt in Erscheinung tritt. Das Milieu ist nach ihm vorzugsweise ein allgemein bekanntes, die Figuren erscheinen häufig als Typ („das Mädchen", „der Mann"), sind wie die Bildausschnitte zwar bezeichnend, aber nicht irgendwie besonders, vielmehr allgemein.

Die Form hat ihre eigene Askese, eine geringe Ausdrucksamplitude; es wird gezeigt, nicht gebaut. Die Offenheit der Form ist Wesensmerkmal. Auch Homer fängt „irgendwo" an. Als weitere Merkmale fallen die Symbolneigung auf, das Nebeneinander der Bilder sowie als beherrschendes Stilmittel die Assoziation und mit ihr das Hin und Her des „Mittelpunktes". Die Sprache der Kurzgeschichte ist dicht. Wo Rückblicke oder Änderungen eintreten, da nicht organisch, sondern sprunghaft.

Wie die Kurzgeschichte so hat sich das Hörspiel zu einer Form *sui generis* entwickelt, obgleich sie in enger Beziehung zur allgemeinen Literaturentwicklung steht. Auch für das Hörspiel gilt die Assoziation als beherrschendes Stilmittel, ein Einfall evoziert den nächsten. Es spielt auf verschiedenen Zeit- und Raumebenen – und dies um so virtuoser, als es nicht an visuelle Realisation gebunden ist. Man denke hierbei an Günter Eich, mit dessen Erstsendung ›Träume‹ (1951) man die Geburtsstunde des Hörspiels in Deutschland anzusetzen pflegt. Auch diese seine Dichtungen deuten durch Sinnbilder auf die verborgene Wirklichkeit, und auch sie streben nach größtmöglicher Konzentration und Nüchternheit und damit zu immer stärkerer Zeichenhaftigkeit und sprachlichen Chiffren, ohne aber damit das Konkrete zu verlassen.

Wie die Schwedische Akademie mitteilt, hat Alexander Solschenizyn „für seine Romane gefunden, was er anstrebt: eine Erzählung ohne Hauptperson. Jede Person wird jedesmal dann Hauptfigur, wenn die Handlung sie betrifft"[2] – und damit findet er zum Bedeutungsmaßstab der Aspektive.

Der von Haltung und Zustand bestimmte Inhalt der Werke ist keineswegs ohne Spannung. Die Spannung wird erzielt durch das Nebeneinander von Gesichtspunkten, die nicht harmonisierbar sind und keinen gemeinsamen Bezugspunkt haben. Zwar überschneiden sie sich, doch sie beziehen sich nicht aufeinander, als ob alle Geschichten nur Teile wären und erst zusammen das Ganze bildeten. –

Mit dieser Charakterisierung der modernen Literatur, die ich bewußt – um nicht tendenziöser Interpretation angeklagt zu werden – der Feder kompetenter Fachleute entnommen habe, dürften gehäuft Parallelerscheinungen zur altägyptischen Kunst in den Blick gekommen sein, auch gerade zu den entscheidenden Gattungen der vorantiken Literatur, wenn man von den im „Literatur"-Kapitel genannten Ausnahmen absieht, die einen herausragenden Rang einnehmen und in Ägypten zumeist in die geschichtsbewußte Epoche fallen.

Ehe ich den Blick von moderner Literatur abwende, noch ein Hinweis auf Franz Kafkas ›Der Aufbruch‹, diesen tiefsinnigen, unheimlichen Kurztext, der niemals ausdeutbar sein kann, deutbar schon, aber nicht bestimmt deutbar – ein Musterbeispiel dafür, daß ein Muster, hier das Bewegungsmuster „Weg-von-hier" nur im Chor von Auch-Wahrheiten darstellbar ist, aber der Bereich, in dem das Muster gilt, nur *umschrieben*, doch nicht mit Worten präzise und allheitlich-bündig erfaßt werden kann. Man lese den Text nach! –

Wenn man auch zur endgültig verklungenen vorantiken *Musik* nichts Gewisses aussagen kann, sondern an Hand der erhaltenen Instrumente und bildlichen Darstellungen nur gewisse Rückschlüsse machen darf, so sei dennoch zur modernen Musik kurz Stellung genommen, weil sie zumindest über die heutige Ausdruckskunst entscheidende Züge erkennen läßt. Moderne Komponisten weisen die Interpreten an, von Baugruppe zu Baugruppe ihrer Kompositionen nach eigener Wahl frei hin und her zu springen (Stockhausen, Klavierstück XI)[3]. Anfang und Ende bleiben offen, die harmonischen Verbindungen als Spannung und Lösung (in der klassischen Musik) sind schwebenden Akkorden gewichen. Seit etwa 1900 „hat der Magnetismus des Grundtons einer Tonart die Kraft verloren, die jetzt weit von ihm entfernt sich vollziehenden tonartlichen Beziehungen noch zu regeln" (Schönberg)[4]. Das musikalische Material war daran, in bezug auf die Dur-Moll-Tonalität, die beiden Tongeschlechter, tendenzlos zu werden. Dabei verselbständigte sich die Dissonanz, die zuvor ein Mittel der Spannungserzeugung war und regelmäßig wieder in eine Konsonanz aufgelöst wurde. Die Musik war also an einem Punkt der Entwicklung angelangt, da kein tonales Zentrum sie mehr zu bestimmen vermochte, sie war „atonikal" geworden.

Die klassische Funktionsharmonik – versinnbildlicht im Kadenzschema I–IV–V–I – stellt ein Bezugssystem dar, das auf einen bestimmten Fluchtpunkt, die Tonika, ausgerichtet ist. Nach und nach aber wurden die einzelnen Bausteine des tonalen Systems aus ihrem Funktionszusammenhang gelöst und in neuer Weise kombiniert. Kadenzelemente wurden übereinandergeschichtet und damit „simultaneisiert", analog wie etwa zu den „simultaneistischen" Gemälden Picassos. Anstelle der architektonischen, geschlossenen Form tritt die offene. Der Komponist vermeidet jede Schwerpunktbildung (Ligeti, Boulez) ...[5]

Damit sei es genug, nicht nur zur Musik,[6] überhaupt zur modernen Kunst, es folge noch ein Seitenblick auf die *Wissenschaft*.

Die Quantenmechanik hat gezeigt, daß es von uns bzw. unseren speziell gewählten Apparaten abhängt, welche der z. T. sogar scheinbar widersprüchlichen Seiten der Natur wir zu Gesicht bekommen, wenn wir sie in den Dimensionen von etwa $10^{-8}$ bis $10^{-13}$ in „Augenschein" nehmen. Die Elementarteilchen zeigen je nach Beobachtungsanordnung jeweils nur eine Seite ihres „Wesens"; Elektronen erscheinen entweder als Welle oder als Korpuskel, wie heute jeder weiß. Als solche sind es jeweils Phänomene, die für sich genommen stringent „perspektivischen Charakter" haben: Mit dem Teilchenbild ist eine präzis räumliche Lokalisierung verbunden, mit dem Wellenbild eine exakt meßbare Ausbreitungsbewegung. Das Wirkliche, wenn man will, das Ganze, das physikalisch wahrzunehmen ist, kommt erst „aspektivisch" in den Blick. Es ist mehr und anderes als jeweils nur das eine, das registriert wird. Es ist aber auch nicht nur die schlichte Summe von beiden, sondern „komplementär" zu verstehen. Durch die Beobachtung an den Energiequanten wurde in das physikalische Denken 1927 von Niels Bohr der Begriff der Komplementarität eingeführt, der bei der historischen Entwicklung der Quantentheorie eine große Rolle spielt. Die begrifflich, mathematisch formulierte Vermittlung von nicht gleichzeitig mehr scharf zu messendem Ort und Impuls ein und desselben Objekts soll der Begriff Komplementarität bewirken. Reflektiert, aspektivisch reflektiert, kommt es zu der notwendigen Vermittlung zweier abhängiger, nicht vertauschbarer Wirklichkeitsaspekte.[7]

Doch ist mit der Entdeckung der Komplementarität eigentlich nur die metaphysische Hypothese der Existenz einer von uns unabhängigen Außenwelt angegriffen, aber es ist keinesfalls die Logik entthront.[8] Das wird um so deutlicher, wenn man sich erinnert, daß in der erkenntnistheoretischen Aussage der Relativitätstheorie, die weitgehend äquivalent ist der Quantenmechanik, nicht von Komplementarität die Rede ist. Die Quanten- und Wellenmechanik hat ihren Erweis darin, daß sie in ihrem Formalismus mathematisch darstellbar und damit nicht nur „eindeutig", sondern auch logisch ist. Zum andern liest man aber bei Max Planck, daß die Quantenmechanik ein neues Verständnis von Zeit und Ort beinhalte. „Denn", so schreibt er, „einem Elektron von bestimmter Geschwindigkeit entspricht eine einfache periodische Materiewelle, und eine solche Welle ist weder räumlich noch zeitlich begrenzt, sonst wäre sie nicht einfach periodisch. Das Elektron befindet sich also an gar keinem Ort, oder, wenn man will, es befindet sich an allen Orten zugleich." Wie nahe rückt eine solche Aussage an eine zum Mythos.

Beide, Subjekt und Objekt, sind voneinander abhängig, aber diese Abhängigkeit ist nicht mehr wie zur Zeit des Mythos intuitiv erfahren, sondern reflektiert. Der Einbruch in die Totalität der Objektivierbarkeit steht in Zusammenhang mit der (multidimensionalen) Beobachtungsmethode. Deshalb, so scheint mir, darf die „Komplementarität" nicht zu einer logischen Frage gemacht werden, vielmehr bleibt sie einer Betrachtungsweise zugeordnet. Ihr Einbau in das Denkschema der logischen Grundgesetze ist mehrfach (so von H. Reichenbach) versucht worden, aber damit scheint mir die Frage auf ein falsches Geleise geschoben. Als Wahrnehmungsweise dürfte sie etwas mit „Neoaspektive" zu tun haben, indes die einzelnen Denkoperationen unvermindert an die Logik gebunden bleiben.

So manches, was uns heute als „Auflösung" erscheint oder wie „Treuebruch" (fremder Völker) wirkt, mag mit andersartigem Denkansatz zusammenhängen. Möglicherweise könnten wirtschaftlicher und politischer Verkehr mit anderen, entfernteren Weltregionen Gewinn haben, wenn die verschiedene mentale Lage der Völker stärker berücksichtigt würde. –

Ob ich hier richtig sehe oder nicht, unser Grundlagenverständnis ist partiell in einem tiefgreifenden Wandel begriffen. Denn ob Bilder perspektivisch wiedergeben oder aspektivisch, signalisiert die Stellung des Menschen im Gegenüber zu dem Ding und *vis à vis du Dieu*.

Unter den Deutern der neuen Darstellungsform sei *Marie Luise Kaschnitz* das Wort gegeben, die in ihren römischen Betrachtungen ›Engelsbrücke‹ folgende psychologische Deutung anbietet[9]:

„Seit Picassos drei- und mehrgesichtigen Köpfen glauben wir zu wissen, was wir mit den Mitteln der Kunst heutzutage wollen und tun: die Dinge abtasten nämlich und um sie herumgehen, keinem einzelnen Aspekt trauen, keinen vereinzelt wiedergeben, im anscheinend Feststehenden das Bewegte, im anscheinend Absoluten das Bezügliche sehen ...

Wer immer um einen Gegenstand herumläuft, hat keinen festen Standpunkt, keine Meinung, die von innerer Sicherheit spricht und die dem Leser oder dem Beschauer innere Sicherheit verleiht. Die neue Darstellungsform ist nur der Spiegel solcher Sehweise, immer wieder wird angesetzt, versucht, neu umrissen, und unter den letzten Linien bleiben die früher gezeichneten stehen. Die Abkehr der Lyrik von der strengen Vers- und Reimform war keine modische Erfindung, sie entsprach der Scheu, Letztes und Verbindliches auszusagen, in einem Augenblick, in dem das neue Rundherumerkennen noch in den Kinderschuhen steckte ...

Die Sehnsucht, statt tausend Fratzen ein Gesicht zu gewahren, besteht unverändert weiter, nur, unsere Augen sind verdorben, oder sie bilden sich langsam um.[10] Eines Tages werden wir vielleicht hinter so vielen zersplitterten Erscheinungen etwas Neues erkennen, ein Gesetz, das sie alle in sich schließt, ein Leitbild, das unserem veränderten Lebensgefühl entspricht."[11]

Mit Freude und Wehmut setze ich an den Schluß des Nachwortes eine Passage aus dem Brief des teuren, viel zu früh verstorbenen Freundes *Konrad Gaiser* (Platonforscher), den er mir, die Sache substantiell erweiternd, am 4. Juni 1972 geschrieben hat. Sie lautet:

„... Mir ist natürlich besonders wichtig, daß von dem Gegenbegriff der Aspektive her das Neue der griechischen Kultur auf den verschiedensten Gebieten, wo es sich analog zeigt, sehr präzise beschrieben werden kann. Dabei scheint mir Ihr Begriffspaar für uns um so wichtiger zu sein, als man ja bei den Griechen selbst den Übergang von der aspektivischen zur perspektivischen Sicht studieren kann. Es gibt wohl kaum ein Phänomen der griechischen Kulturgeschichte, das nicht an dieser Entwicklung teilhat. Ein Beispiel, das mich augenblicklich beschäftigt: Wie in der bildenden Kunst perspektivisch-vereinheitlichende Raumdarstellungen erst später vorkommen, so hat auch die griechische Sprache kein Wort für 'Landschaft' (als eine vom Betrachter her ganzheitlich empfundene Einheit), sondern sagt dafür etwa 'Bäume und Felsen', stellt also die landschaftlichen Elemente parataktisch nebeneinander. Wahrscheinlich kann man sagen, daß auch die griechische Sprache ursprünglich stark aspektivischen Charakter hatte und dann im Lauf der Zeit die perspektivische Neuorientierung nur teilweise mitvollzogen hat.

Meine Frage nach der 'Beurteilung' oder 'Bewertung' der beiden Weltsichten ist vielleicht schon in der Problemstellung perspektivisch ausgerichtet. Mir ist eben wichtig, daß auf dem Hintergrund die *beiden* Seiten der von den Griechen inaugurierten Entwicklung klar hervortreten: zum einen der Zug zur systematischen Ordnung und wissenschaftlichen Durchdringung, zum Verfügbarmachen der Dinge, zum immer wieder neuen Ausprobieren von möglichen Ansätzen, zum anderen aber auch der Zug zur Relativierung, zur individuellen Beliebigkeit, zur mehr oder weniger gewaltsamen Unterwerfung des je Anderen.

Eine entsprechende Ambivalenz ließe sich wohl für die Aspektive aufzeigen. Daher der Eindruck, daß die 'Wahrheit' – wenn es das für uns Menschen gibt – weder bei der einen noch bei der anderen Weltsicht liegt, sondern bei einer Synopsis, die beide Möglichkeiten in sich aufhebt. Ich will noch darüber nachdenken, wie weit dies etwa für Platons Intentionen aufschlußreich ist ..."

Was ihm nicht mehr vergönnt war, bleibe als Appell an die Hinterbliebenen zurück, an uns alle, an meine verehrten Leser, denen ich danke, daß sie meinen Ausführungen bis hierher gefolgt sind.

EPILOG

... klopfenden Herzens ...

Schluß des Briefes von Dieter Henke (s. Vorwort) vom 15. September 1986: „... Fast vor einem Vierteljahrhundert sind Sie mit der ‚Aspektive' in die Arena gestiegen. Gut ist es, daß Sie seinerzeit nicht gezögert haben, den Bereich der Einsichten zu definieren und sich motivieren zu lassen, für den Ausbau und die systematische Vertiefung Ihrer Gedanken Pflichten zu übernehmen. Ich bin nicht nur glücklich über Ihre mir jetzt zugespielte Entdeckung, sondern hoffe, daß Sie bald die Kraft finden, dem guten Ansatz jene Weite zu geben, die er verdient. Das kann ein erneutes Abenteuer werden. Sie werden mit Sicherheit in Gefilde geraten, die man nur klopfenden Herzens betritt. Ich denke etwa auch an die von Ihnen bereits angesprochene Gehirnforschung. Im Endeffekt wird man aber für den Mut auch belohnt. Und wie bereits angedeutet, entwirrende Distanz zu einer verworrenen Diskussionslage, wie Sie sie als geisteswissenschaftlicher Empiriker aufzubringen in der Lage sind, kann nur willkommen geheißen werden." –

Ob ?

# ANMERKUNGEN

*I. Einführung*

[1] Wolfgang Fikentscher: Methoden des Rechts in vergleichender Darstellung. 4 Bde., Tübingen 1975–1977, besonders 1. und 5. Buch.

[2] Bisherige Beiträge der Autorin zur Aspektive: Die Aspektive. Nachwort zu Heinrich Schäfer: Von ägyptischer Kunst, hrsg. und mit einem Nachwort versehen von Emma Brunner-Traut, Wiesbaden 1963, S. 395–428. (Das inzwischen vergriffene Werk ist danach ins Englische übersetzt worden von John Baines: Heinrich Schäfer: Principles of Egyptian Art, Oxford $^3$1986.) – Aspektivische Kunst, in: Antaios 6 (1964), S. 309–330. – Artikel „Aspektive" in: Lexikon der Ägyptologie (LÄ), hrsg. von Wolfgang Helck und Eberhard Otto. Bd. I, 1973, Sp. 474–488. – Aspektive und die historische Wandlung der Wahrnehmungsweise. Ein Vortrag vor der Stuttgarter Privatstudiengesellschaft, gehalten 1972, für die Gesellschaft im Druck erschienen 1974. – Ein Beitrag von John Baines in: Art History Bd. 8, 1 (1985), S. 1–25.

[3] Diesen Begriff hat er, wenn auch mit anderer Akzentsetzung, in seinem 1948 erschienenen Buch ›Vom Ursprung und Ziel der Geschichte‹ entwickelt. – Das Weltverständnis der Ägypter ist mehrmals von J. Zandee behandelt worden, so in seiner Schrift: Het ongedifferentieerde denken der oude Egyptenaren, in: Mens en Kosmos, Deventer 1965, Nr. 3, S. 74–79; ebenso in seiner Rede mit gleichem Titel, Leiden 1966.

[4] Die zeitliche Festlegung trifft im allgemeinen innerhalb dieses Spielraums für Griechenland zu, in anderen Kulturen lassen sich einzelne Stränge gelegentlich schon früher greifen. Vgl. beispielsweise zur Geschichtsauffassung in Israel das Kapitel „Geschichtsauffassung".

[5] Es ist zu unterscheiden zwischen Geschichte – so hier – und Geschichtsbewußtsein, das in Ägypten erst später durchbricht: für die Innenpolitik um 2100 (Merikarê), für die Außenpolitik im Neuen Reich, wo vielfach Ausnahmen in Richtung Perspektive zu beobachten sind.

[6] Nach heutiger medizinischer Sicht, „stehen die Teilsysteme einer komplexen organischen Ganzheit in so inniger Wechselwirkung, daß es schwer ist, ihre Funktionen gegeneinander abzugrenzen, von denen keine in ihrer normalen Form ohne sämtliche anderen denkbar ist".

*II. Kunst*

[1] Diese wurde erstmals und grundlegend erarbeitet von Heinrich Schäfer: Von ägyptischer Kunst. Eine Grundlage, 4., verbesserte Aufl., hrsg. und mit einem Nachwort versehen von Emma Brunner-Traut, Wiesbaden 1963.

[2] Vgl. Kapitel „Einführung", Anm. 2.

³ Dürer lehrt: „Ein Künstler müsse sein Ding beweisen können mittels der Geometrie" und zeigt, wie der Zeichner mit Hilfe eines vors Auge geklemmten Okulars Punkte und Konturen in ein Liniennetz einzutragen habe. – Zur Optik der Perspektive vgl. M. H. Pirenne: Optics, Painting and Photography, Cambridge 1970.

⁴ Gustav Britsch: Theorie der Bildenden Kunst, München 1930, S. 92.

⁵ Daß es bei genauem Hinsehen 200 Jahre gedauert hat, bis sich die ägyptische Kunst formiert hat, und daß sowohl die griechische Perspektive wie die Eroberung des Raumes in der Renaissance einen dranghaften Anlauf nahmen, ehe sie bewußt zum Sprunge angesetzt haben, ist, an den Dimensionen von Jahrtausenden gemessen, kein Einwand gegen die Behauptung eines „spontanen" Entstehens.

⁶ Walther Wolf: Die Kunst Aegyptens. Gestalt und Geschichte, Stuttgart 1957, mehrfach, s. Register, s. v. „Tastwerte – Sehwerte".

⁷ John Baines hat in seiner Übersetzung (vgl. Einführung, Anm. 2) auf Seite 91 diesen Terminus mit "based on a frontally viewed image" wiedergegeben. Während Schäfer den Ausdruck „frontal" ausdrücklich abgelehnt hat.

⁸ Um dem Leser die Mühe zu sparen, nach der nicht leicht zu erreichenden Quelle zu fahnden, sei hier die entscheidende Stelle wiedergegeben nach der Übersetzung von Arthur Ungnad: Religion der Babylonier und Assyrer, Beitr. S. 139–157.

ETANAS HIMMELSFLUG
. . .
Als er ihn eine Weile emporgetragen hatte,
sagte der Adler zu ihm, zu Etana:
„Schau, mein Freund, wie das Land geworden [da unten] ist,
blick auf das Meer zuseiten des Weltberges!". –
„Das [ganze] Land da sieht aus wie ein Berg,
    das Meer ist zu einem Wasserlauf geworden."
Als er ihn die zweite Meile emporgetragen hatte,
sagte der Adler zu ihm, zu Etana:
„Schau, mein Freund, wie [jetzt] das Land geworden ist!". –
„Das Meer ist zu dem Beet eines Gärtners geworden" . . .
    [Es folgt der Flug zu Ischtar]
Als er ihn eine Meile emporgetragen hatte,
sagte der Adler:
„Mein Freund, blicke hin, wie das Land [jetzt] geworden ist!" –
„Vom Land ist nur [noch] so viel zu sehen wie eine Hütte,
und das weite Meer ist [nur noch] so groß wie ein Hof."
Als er ihn die zweite Meile emporgetragen hatte,
sagte der Adler:
„Mein Freund, blicke hin, wie das Land geworden ist!" –
„Das Land ist geworden zu einem Kuchen,
und das weite Meer ist so groß wie ein Brotkorb."
Als er ihn die dritte Meile emporgetragen hatte,
sagte der Adler:
„Mein Freund, blicke hin, wie das Land verschwunden ist!"
„Ich sehe, wie die Erde verschwunden ist,

und am weiten Meere sättigen sich meine Augen nicht [mehr].
Mein Freund, ich will nicht [weiter] zum Himmel aufsteigen,
mach halt, daß ich zur Erde zurückkehre!
...
Die in Klammern gesetzten Stellen sind von der Autorin zum besseren Verständnis hinzugefügt.

[9] Welchen Anteil unmittelbar vorhergehende Wahrnehmungen, welchen länger dauernd wirksame Kenntnisse, Wertmaßstäbe oder Einstellungen und welchen spezifische Merkmale der Reizkonfiguration an der Wahrnehmungsleistung haben, ebenso der kreative Anteil, und was persönliche Formulierung, Zeit- und Lokalstil dazutun – all diese für die künstlerische Gestaltung wichtigen Anteile können hier gänzlich unberücksichtigt bleiben. Ebenso dürfen wir das Problem dahingehend vereinfachen, daß die Darstellung den Intentionen des Darstellenden voll entspricht, daß also nicht Mängel der Kunstfertigkeit oder etwa Einschränkungen durch das zu Verfügung stehende Material zu berücksichtigen sind.

Zur Gegenstandsgewinnung vgl. auch Friedrich Nietzsche: Der Wille zur Macht, § 506 (Perspektivismus). In neuerer Zeit ist eine Serie von Einzelartikeln zu dem Thema erschienen, die aber entscheidend beruhen auf dem Werk von Jean Piaget, Bärbel Inhelder u. a.: Die Entwicklung des räumlichen Denkens beim Kinde, Stuttgart 1971.

[10] Genauer müßte man von dem bewußten Denkvorgang des Abstrahierens als einem Mittel der Begriffsbildung die „Magerkeit" ägyptischer Bilder unterscheiden, die Friedrich Schlegel an der alten Malerei liebt: „Keine verworrenen Haufen von Menschen, sondern wenige und einzelne Figuren ..., strenge, ja magere Formen in scharfen Umrissen, die bestimmt heraustreten, keine Malerei aus Helldunkel und Schmutz in Nacht und Schlagschatten, sondern reine Verhältnisse ... von Farben ..., das ist der Styl ..., der mir ausschließend gefällt ..." – Da nicht an die optische Erscheinungsform gebunden, sondern frei im Umgang mit der Vorstellung, haben aspektivische Bilder weiterhin ungemeinen Spielraum für Assoziationen.

[11] Walther Wolf: Die Stellung der ägyptischen Kunst zur antiken und abendländischen und das Problem des Künstlers in der ägyptischen Kunst, Hildesheim 1951.

[12] Nach Nina M. de Garis Davies: Tutankhamun's Painted Box, Oxford 1962, Tafel II.

[13] Für die Erlaubnis, die Vorlage abzubilden, danke ich Alfonso E. Pérez Sánchez, Direktor des Museo del Prado in Madrid.

[14] Um die Farbwerte zu beurteilen, genügt es, irgendeine ägyptische Malerei zu betrachten, außer denen von Amarna, denn dort werden Farben zwar nicht durch Mischung, aber durch Übereinanderlegen gestuft; für die zeitliche Umgebung werden auch, wie in jedem Kapitel des Buches angedeutet, „perspektivehaltige Ausnahmen" konstatiert. Die Farben einheitlichen Pigments werden ebenso in der frühen griechischen Kunst angewandt: vgl. dazu Gisela M. A. Richter: Polychromy in Greek Sculpture, in: American Journal of Archeology 48 (1944), S. 321 ff.

[15] London, Brit. Mus. 10.470. Den Verantwortlichen des Museums danke ich für die Veröffentlichungserlaubnis.

[16] In der National Gallery of Scotland. Den Verantwortlichen der Galerie danke ich für die Veröffentlichungserlaubnis.

[17] Es gehört zur Eigenart aspektivischer Kunst, daß Mimik fehlt und seelische Regungen in Gesten übersetzt werden. Wie die Trauer durch Klagegebärden, so das polare Extrem, die Freude, durch Jubelgesten. Sie sind, ebenso wie die Gesten für Ehrerbietung und Verehrung, in der Kunst kanonisiert, im gelebten Leben auch ritualisiert, so die Klage durch gemietete Klagefrauen. Individuelle Trauer findet Ausdruck in Amarna, wo Nofretete, von Schmerz bewegt, sich über ihre verstorbene Tochter beugt; Echnaton, mit ihr an der Bahre stehend, faßt sie am Arm. Dazu gibt es einige zeitlich benachbarte Parallelen, so bei einem Trauerzug. Erregungsgebärden anläßlich der Aufdeckung einer Verschwörung bietet ebenso die Amarnazeit. – Zu Gesten s. Emma Brunner-Traut, in: LÄ II, Sp. 573–585 s. v. „Gesten". Man vgl. auch Hellmut Brunner: Grundzüge der altägyptischen Religion, Darmstadt ³1988, S. 104 zu Gebetsgesten, die denen der islamischen Völker ähnlich gewesen zu sein scheinen (anders die der Protestanten!); Fikentscher rechnet die Moslems zu den diffundiert-fragmentierten Gesellschaften. – Auch Kinder und Ethnien machen sich durch Gesten verständlich, bei manchen Völkern spielt die „Körpersprache" sogar eine größere Rolle als die Wortsprache. Nach den Determinativen zu schließen, haben auch die Alten Ägypter lebhaft gestikuliert.

[18] Die folgenden Strichzeichnungen sind bis auf die genannten Ausnahmen dem in Anm. 1 genannten Werk von Heinrich Schäfer entnommen. Die Genehmigung dazu hat der Verlag Harrassowitz dankenswerterweise erteilt (s. Vorwort).

[19] Vgl. dazu K. G. Siegler: Kalabsha, Berlin 1970, S. 20: Werkzeichnungen bezeugen aspektivische Gedankengänge in der Architektur noch im römischen Ägypten.

[20] Diese Abbildung geht auf die Umzeichnung der Monographie von Emma Brunner-Traut: Die Grabkammer Seschemnofers III., Mainz ²1982, Umschlagbild, zurück. Umzeichnung auf Faltblatt am Buchende, Südwand.

[21] Die – im Original farbigen – Kinderbilder sind, bis auf die genannten Ausnahmen, dem Kalender „Für Kinder", hrsg. vom Albert-Schweitzer-Kinderdorf e. V., Schwäbisch Hall, entnommen und hier schwarzweiß und verkleinert veröffentlicht mit freundlicher Erlaubnis des Vorstandes. Die Angaben in Klammern bezeichnen Monat und Jahr des jeweiligen Blattes.

[22] Beispiele für alle Haltungen finden sich z. B. in dem thebanischen Grab Nr. 96 B des Bürgermeisters Sen-nefer: Sen-nefer. Die Grabkammer des Bürgermeisters von Theben, Mainz 1986 (Ausstellungskatalog).

[23] Sen-nefer (Anm. 22), S. 47; 50; 55 (Mittelfigur); 57; 70 (Betende).

[24] Ebd., S. 48; 55 (Libierende); 58; 70 (Gott Anubis).

[25] Die Bezeichnungen „rechte" oder „linke" Hand wird am besten ganz vermieden, da sie von einer der ägyptischen Darstellweise nicht adäquaten Ganz-Körper-Vorstellung ausgeht.

[26] Diese Abbildung ist dem in Anm. 19 genannten Werk entnommen.

[27] Ägyptische Parallelen zu Flügelansatz bei Schäfer, a. a. O. (Anm. 1), S. 263.

[28] Adolf Weis: Die Madonna Platytera, Königstein 1985, Abb. 18.

[29] Diese Zeichnung stammt von einem Kind aus einer fränkischen Schulklasse; auch die entwickelteren Bilder, bei denen sich die Hände der Kinder im Bilde treffen bzw. richtig verbunden sind, haben sämtlich die spielenden Kinder im Kreis radial nach außen gelegt.

[30] Hans Prinzhorn: Bildnerei der Geisteskranken. Neudruck der 2. Aufl., Heidel-

berg–New York 1968, Abb. 126. Für die freundliche Erlaubnis zur Wiedergabe der Bilder aus diesem Standardwerk sei dem Verlag vielmals gedankt.

[31] Auch Kinder anderer Nationen (darunter auch deutsche) richten die Figuren der unteren Kreisperipherie schon mit sechs Jahren auf, nicht etwa nur japanische.

[32] Für die freundliche Erlaubnis zur Veröffentlichung von Albert Anker, ›Kinderfrühstück‹ (1879), Inv. Nr. 10, danke ich der Öffentlichen Kunstsammlung Basel, Kunstmuseum, bestens.

[33] Prinzhorn (Anm. 30), Abb. 27.

[34] Ebd., Abb. 186.

[35] Ebd., Abb. 118.

[36] Anubis ist dem Papyrus Ani im Britischen Museum entnommen. Für die Abbildungserlaubnis sei der Museumsleitung bestens gedankt. – Der Leitung der Staatlichen Museen Preußischer Kulturbesitz Berlin, Museum für Völkerkunde, Abt. Südasien in Berlin (Dahlem) danke ich für die freundliche Veröffentlichungserlaubnis der Schattenspielfigur Katalog Nr. I C 43782.

[37] Zur Erarbeitung einer frühgriechischen Plastik aus den vier Profilansichten des Körpers (Vorder-, Rücken- und Seitenansichten) zu einer „einzigen massiven Form" vgl. z. B. Rhys Carpenter: Formung der archaischen griechischen Plastik, in: Archaische Plastik der Griechen, hrsg. v. W. Kraiker, Darmstadt 1976, S. 185 ff. – Eine grundlegende, übergreifende Arbeit zur ›Entdeckung des Raumes in der griechischen Kunst‹ von Heinz Götze, in: Innsbrucker Beiträge zur Kulturwissenschaft, Bd. 21. Fs. Bernhard Neutsch, Innsbruck 1980, S. 507–512, mit Taf. 101–104.

[38] Die Veröffentlichungserlaubnis verdanke ich der freundlichen Genehmigung der Vatikanischen Museen.

[39] Stele des Artemon, Gl. 493, ca. 350 v. Chr. Der Leitung der Staatlichen Antikensammlung und Glyptothek München danke ich für die freundliche Veröffentlichungserlaubnis.

[40] Ahmed M. Moussa und Hartwig Altenmüller: Das Grab des Nianch-Chnum und des Chnumhotep, Arächolog. Veröffentl. 21, Mainz 1977, Taf. 73.

[41] Papyrus Brit. Mus. 10 800, veröffentl. von I. E. S. Edwards, in: JEA 57, 1971, S. 120–127. Dazu, besonders zur juristischen Seite: E. Seidl und D. Wildung, in: SAK 1, 1974, S. 189–294. Der kursiv-hieratische Papyrus ist in die Zeit der 21. oder 22. Dynastie zu setzen.

[42] Georges Goyon; Le papyrus de Turin dit «des Mines d'Or» et le Wadi Hammamat, in: Annales du Service des Antiquités 49 (1949), S. 389 (ägyptische Karte). – St. Langdon: An Ancient Babylonian Map, in: Museum Journal 7, S. 263–268.

[43] Helmut Rennert: Die Merkmale schizophrener Bildnerei, Jena 1962, und ders.: Störungen der tiefenräumlichen Wahrnehmung und Wiedergabe, Halle 1977.

[44] H. Rennert: Störungen (Anm. 43), S. 110 ff.; es empfiehlt sich für ein tieferes Eindringen in den Problemkreis, die Schrift vollständig zu lesen.

[45] Vgl. T. Guthrie et al.: Some Aptitudes and Abilities of Vietnamese Technicians, Arlington, Instit. of Def. Anal. 1970. – Gegenüber diesen Schwierigkeiten vgl. Anm. 8. – Wie schwer es vielen Afrikanern wird, perspektivische Bilder zu deuten, hat bereits der schottische Missionar Robert Laws Ende des 19. Jh. berichtet; ebenso Mrs. Donald Frazer, die im Schwarzen Kontinent Krankenpflege lehrte. Weiter führen die Beobachtungen des britischen Psychologen Jan B. Deregowski, der eine

Irritierung nur bei unbekannten (nicht bekannten) Tieren erlebte, wenn Tierbilder mit entsprechenden Tier-Spielzeugfiguren identifiziert werden sollten; und schließlich stellte der Psychologe William Hudson bei vielen Bevölkerungsgruppen Schwarzafrikas, die noch in Stammesverbänden leben, fest, daß sie perspektivisch gezeichnete Figuren, die sie in Plastilin nachbilden sollten, zweidimensional gestaltet haben. Sämtliche Probanden haben, vor die Wahl gestellt, aspektivische Tierbildzeichnungen den perspektivischen vorgezogen, die perspektivischen versetzten sie z. T. in Angst. Ihre Tierzeichnungen glichen den flächig ausgebreiteten Tierfellen, bei denen Schwanz und Beine vom Körper abgespreizt erscheinen wie ähnlich die vier Räder und Deichsel am Wagen der Hallstatt- und La-Tène-Zeit (der europäischen Eisenzeit).

[46] In der Lehre für König Merikarê (um 2100 v. Chr.) findet sich folgende Charakteristik des asiatischen Berglandes:

> Siehe, der Asiat ist übel dran wegen der Gegend,
> in der er lebt:
> Dürftig an Wasser, versteckt unter vielen Bäumen,
> seine Wege schlecht wegen der Berge;
> ...

(Siehe Hellmut Brunner: Altägyptische Weisheit, Zürich 1988, Text Nr. 4, Z. 210–212.)

[47] Siegesstele des Naramsin, jetzt im Musée du Louvre in Paris, dessen Direktor ich für die Abbildungserlaubnis bestens danke. – Vgl. auch die Szene Abb. 21 b, die in bergigem Gelände spielt. Trotzdem kann man sich vorstellen, daß die Ägypter, hätten sie ein bergiges Land bewohnt, die Perspektive gefunden hätten, nachdem sie in der 18./19. Dynastie schon einmal einen Ansatz dazu gemacht haben. Aber dies ist Spekulation. Die perspektivehaltigen Ausnahmen sind von H. Schäfer (Anm. 1), S. 262 ff. zusammengestellt. Von den inzwischen veröffentlichten wenigen Beispielen dieser Art sei ein besonders hübsches hier genannt: Janine Bourriau, in: Pyramid Studies and other Essays, pres. to I. E. S. Edwards, London 1988, S. 111, Abb. 1 und (Photo) Taf. 19a, aus der Zeit des Tutanchamun. Dort finden sich auf einer Stele minderer Qualität (in Cambridge) an den Gelenken der beiden „linken" Hände oval gezeichnete Armbänder, die lustigerweise obenauf sitzen. – In den folgenden Kapiteln dieses Buches ist auch für die übrigen kulturellen Gebiete auf solche „perspektivischen" Ansätze in jener Zeit hingewiesen.

[48] Diese letzteren meist stärker die Einzelteile isolierenden Völker haben bei den „aspektivischen Kulturen" nur bedingtes Wohnrecht.

[49] Platon: Gesetze 656d–657a und Sophistes 235c–236c u. a.

[50] Weimarer Ausgabe, Abt. I, Bd. 47, S. 41 f.

[51] WB V 398 C; für Figuren: Pap. Brit. Mus. 10 800 = I. E. S. Edwards, in: JEA 57 (1971), S. 120–124, vgl. auch im Kapitel „Der menschliche Körper". – Strenggenommen sollte noch auf die sog. „Volkskunst" eingegangen werden, die aber deshalb nicht in den hier thematisierten Fragenkreis gehört, weil sie – anders als das Volksmärchen – nur selten aus dem Tiefenborn eigener Phantasiekraft schöpft, vielmehr abhängt von der „Stilkunst" vergangener Zeiten.

*III. Der menschliche Körper*

¹ Das Kapitel ist ähnlich erschienen in ZÄS 114 (1988), S. 8–14.
² Übersetzt von Emma Brunner-Traut: Altägyptische Märchen, München ⁸1989, Nr. 18 mit Literatur und Bemerkungen. Neue Umschrift von Jesus López: Ostraca Ieratici, Tabelle Lignee (= Turin CG, Ser. II, Vol. III, Fasc. 4), Mailand 1984, Nr. 58004, Taf. 184a.
³ Zur Verbreitung der Fabel s. H. Gumbel: Die Fabel ›Vom Magen und den Gliedern‹ in der Weltliteratur, 1934.
⁴ Vgl. dazu auch Plutarch: Vita Coriolani 6.
⁵ Theologisch durchreflektiert von Rudolf Bultmann: Glauben und Verstehen I, Tübingen 1943, S. 166.
⁶ Dazu hat der Medizin(historik)er Hartmut G. Blersch eine erste Untersuchung angestellt, in: Sudhoffs Archiv Bd. 56, Wiesbaden 1972, S. 1ff.; für diese Stelle S. 9.
⁷ Erst um 500 v. Chr. kam, bezeichnenderweise bei Griechen wie Alkmaion von Kroton, die Vorstellung vom Gehirn als einem zentralen Organ auf, als welches ihnen zuvor das Zwerchfell galt.
⁸ Schließlich sei beachtet, daß in der Schreibung die Determinative zu den inneren Organen des menschlichen Körpers und seinen Teilen häufig nicht *menschliche* Organe und Teile wiedergeben, vielmehr solche von Tieren; so Zunge, Herz, Lunge u. a., meist auch das Ohr.
⁹ Adolf Erman: Zaubersprüche für Mutter und Kind, Abh. d. Preußischen Akad. d. Wiss. 1901, S. 15ff. Dem Zaubertext ließe sich mühelos eine große Zahl weiterer Beispiele von „Zergliederung" anfügen (einem „Zergliedern" würde eine Einheit vorausgehen, daher ist dieser Ausdruck zu vermeiden), so die Gruppe der Schutzdekrete, die man Kindern in einer Kapsel um den Hals hing und viele magische Texte (s. dazu im Kapitel „Märchen"); seit der Pyramidenzeit auch Auferstehungstexte für den verstorbenen König, in denen die Glieder des Pharao „vergottet" werden.
¹⁰ Gliederpaare, wie Arme und Beine, werden gern Götterpaaren zugesellt, wie Schu und Tefnut; in ihrer Vierheit bringt man sie zusammen mit den vier Horussöhnen.
¹¹ Zur gleichen Zeit hat Platon (Phaidon 96b) das Gehirn als Zentralorgan der Sinneswahrnehmungen verstanden.
¹² Bruno Snell: Die Entdeckung des Geistes, Hamburg 1948, S. 22.
¹³ Alfred Hermann: Beiträge zur Erklärung der ägyptischen Liebesdichtung, in: Fs. Hermann Grapow, hrsg. von Otto Firchow, Berlin 1955, S. 124ff. – Eine gewisse Parallele zum Beschreibungslied bildet die Gruppe der ›Hymnen an das Diadem‹, die unter diesem Titel Adolf Erman veröffentlicht hat in den Abhandl. der Preußischen Akademie der Wissensch. 1911.
¹⁴ Zu Mesopotamien vgl. Erich Ebeling: Quellen zur Kenntnis der babylonischen Religion I (Mitt. d. Vorderasiat. Ges. 23, 1), 1918, S. 47ff. – Adam Falkenstein und Hans von Soden: Sumerische und Akkadische Hymnen, Zürich und München 1981, S. 258f. – Siehe auch W. Hermann: Gedanken zur Geschichte des altorientalischen Beschreibungsliedes, in: Zeitschr. f. d. alttestamentl. Wissenschaft 75 (1963), S. 176–197.
¹⁵ Erich Ebeling, in: Mitt. d. Deutschen Orient-Ges. 58, S. 45f. – Siehe auch

Othmar Keel: Deine Blicke sind Tauben, Stuttgarter Bibelstudien 114/115 (1984), S. 28.
[16] O. Keel, a. a. O. (Anm. 15), S. 31 ff.
[17] A. Hermann, a. a. O. (Anm. 13), S. 129 ff.
[18] Siehe Serge Sauneron: Le papyrus magique illustré de Brooklyn, Brooklyn/New York 1970.
[19] B. Snell, a. a. O. (Anm. 12), Anm. 1.
[20] Th. Meyer-Steineg und Karl Sudhoff: Geschichte der Medizin, Jena ³1928, S. 8. Vgl. die entgegengesetzte Position Kants: Einführung, Anm. 6.
[21] Ebd., S. 21.
[22] Ebd., S. 33.

## IV. Staat und Gesellschaft

[1] Es gibt für diese Form von Gesellschaft verschiedene Bezeichnungen, die mir aber weniger gefallen. Ludwig Hamburger, der die Struktur der Thai-Gesellschaft untersucht hat und zu bedeutenden Ergebnissen gelangt ist, nennt sie „fragmentiert", was mir insofern nicht glücklich scheint, als einer „fragmentierten" eine „intakte" Gesellschaft vorausgegangen sein müßte, die man „zerbrochen" hat, doch ist diese von ihm „fragmentiert" genannte Gesellschaft nie anders als so gewesen. Vgl. Ludwig Hamburger, in: Kölner Zeitschrift für Soziologie und Sozialpsychologie 17 (1965), S. 49–72. – Außerdem Wolfgang Fikentscher: Methoden des Rechts I, Tübingen 1975, S. 104 ff.
[2] Siehe Detlef Franke, in: LÄ VI, Sp. 1034 und Wolfgang Helck, LÄ VI, Sp. 596, C.
[3] Neben einem „Großen Namen", der später als „Schöner Name" bezeichnet wird, steht ein „Kleiner Name". Das System wechselt im Laufe der Zeiten mehrfach. Im Neuen Reich erhält das Kind bei der Geburt einen feierlichen basiliphoren Namen, wird aber mit einem anderen, alltäglicheren Namen genannt, der mit der Bezeichnung „genannt" eingeführt wird. Dieser „Alltagsname" entspricht oft der Familientradition. Manchmal bezieht er sich auf Eigentümlichkeiten des Namensträgers. Die Familienmitglieder haben zwar keinen gemeinsamen Namen, doch gibt es eine gewisse Familientradition, wobei Papanymie, also Vererbung über eine Generation hinweg vom Großvater auf den Enkel am häufigsten ist. – Daß Angeklagte in Hochverratsprozessen ihre theo- oder basiliphoren Namen aberkannt bekommen, bleibe hier unbeprochen (dazu LÄ I, Sp. 291, Anm. 22). – Wer zu Beruf, Rang und Ehren gelangt, ist eine klar umrissene soziale Person. Titel werden mit wahrer Leidenschaft angehäuft, ihre Anzahl ist ein Statussymbol; sie stehen für die verschiedenen Aspekte des Menschen, ihre Summe ergibt ihre Ganzheit. – Zur Namensänderung im Zusammenhang mit Rolle und Stand des Namensträgers vgl. die heutige Praxis in Japan.
[4] Hermann Ranke; Die ägyptischen Personennamen, Bd. II, Glückstadt 1952, S. 3–5. – Man wolle sich in diesem Zusammehang an Thomas Manns Roman ›Joseph und seine Brüder‹ erinnern, wonach zu Abrahams Zeiten die vom Sohn vorzunehmende Änderung der Verhaltensnormen seines Vaters derart unwahrnehmbar war, daß es manchen der damaligen Menschen unmöglich erschien, die eigene Person von der des Vaters zu unterscheiden.

⁵ Wolfgang Helck: Untersuchungen zu den Beamtentiteln des ägyptischen Alten Reiches, Ägyptologische Forschungen Heft 18, 1954, S. 112.

⁶ Zu den Beamtentiteln Ägyptens gibt es eine große Zahl von Untersuchungen; hervorgehoben seien das in der vorigen Anm. genannte Buch von W. Helck sowie Klaus Baer: Rank and Title in the Old Kingdom, Chicago 1960. Außerdem sei verwiesen auf W. Helck, in: LÄ VI, Sp. 596–601, mit Literaturangaben, genauer 598 B.

⁷ Allessandro Roccati: La littérature historique sous l'ancien Empire égyptien, Paris 1982, § 74.

⁸ D. Franke, in: LÄ VI, Sp. 1032–1036.

⁹ Für den Großvater steht häufig einfach „Vater", für die Großmutter „Mutter" bzw. für die Enkel entsprechend „Sohn" oder „Tochter", doch konnte man auch genauer „Vater des Vaters (bzw. der Mutter)" sagen oder „Sohn seines Sohnes" usw. Genaueres bei D. Franke, in: LÄ VI, Sp. 1032–1036.

¹⁰ Der betrogene Ehemann scheint das Recht besessen zu haben, den Ehebrecher auf der Stelle zu töten, wenn er ihn *in flagranti* erwischte, vgl. z. B. Lehre des Ptahhotep bei: Emma Brunner-Traut: Lebensweisheit der Alten Ägypter, Herderbücherei 1236, Freiburg i. Br. 1985, S. 112, oder in der Lehre des Anch-Scheschonki, a. a. O., S. 169: „Wer eine verheiratete Frau liebt, wird auf deren Schwelle umgebracht." So schon im Märchen des Papyrus Westcar: E. Brunner-Traut: Altägyptische Märchen, München ⁸1989, Nr. 3. Im übrigen vgl. Schafik Allam, in: LÄ I, Sp. 1174f. Zur Ehe und den begleitenden Fragen s. auch L. Hamburger (Anm. 1).

¹¹ Zu diesem Fragenkomplex s. Emma Brunner-Traut: Die Stellung der Frau im Alten Ägypten, in: Saeculum 38 (1987), S. 312–335.

¹² Aus der Lehre des Ani, in: E. Brunner-Traut: Lebensweisheit (Anm. 10), S. 129. – Hellmut Brunner: Altägyptische Weisheit, Zürich und München 1988, Nr. 10, Z. 153–161.

¹³ So z. B. immer wieder in den spätramessidischen Briefen, in denen der Abwesende die Daheimgebliebenen in Theben bittet, zu Amun zu beten, daß er ihn „rette" und gesund heimbringe – ohne daß er etwa in besonderer Not oder krank gewesen wäre: Edward F. Wente: Late Ramesside Letters, Studies in Ancient Oriental Civilization No. 33, Chicago 1963, passim.

¹⁴ Zur Heimatgebundenheit s. Jürgen Osing, in: LÄ II, Sp. 1102–1104.

¹⁵ Neuere deutsche Übersetzung z. B. Elke Blumenthal: Altägyptische Reiseerzählungen, Leipzig 1982; dazu Emma Brunner-Traut, in: Altorientalische Literaturen, Neues Handbuch der Literaturwissenschaft Bd. 1, Wiesbaden 1978, S. 76–81. Auch dies.: Lebensweisheit (Anm. 10), S. 56–59.

¹⁶ Vgl. damit den berühmt gewordenen Brief Francesco Petrarcas, der an der Weltwende zur Renaissance (1336) seine Besteigung des Mont Ventoux beschreibt als die Entdeckung der Landschaft aus der Perspektive des Gipfels. Als erster in Europa bringt er das neue Raumbewußtsein des europäischen Menschen zum Ausdruck: Familiari, 4. Buch, 1. Brief. Dagegen vgl. Kapitel „Kunst", Anm. 45.

¹⁷ E. Brunner-Traut: Lebensweisheit (Anm. 10), S. 69f.

¹⁸ Ein „Aussteiger"-Sohn brennt der Familie durch und wandert auf eigene Faust von Theben ins Delta, woraufhin sein Vater ihn für hoffnungslos verdorben und endgültig verloren erklärt; tatsächlich ist er nach Rückkehr in seine Heimatstadt ein

Gauner geworden, der mehrfach vor Gericht kam; s. Hellmut Brunner: Altägyptische Weisheit, Zürich und München 1988, Nr. 32.

[19] Hierzu sind u. a. die Schilderungen der einschlägigen Berufe in der „Berufssatire" des Cheti zu vergleichen; Hellmut Brunner, a. a. O. (Anm. 18), Nr. 5.

[20] Vgl. dazu Wolfgang Helck: Zur Verwaltung des Mittleren und Neuen Reiches, Probleme der Ägyptologie Bd. 3, Leiden und Köln 1958.

[21] S. Manfred Gutgesell, in: LÄ VI, Sp. 82–84 und Emma Brunner-Traut: Die Alten Ägypter, Stuttgart ⁴1987, S. 226–232.

[22] Nach mündlicher Mitteilung von Ludwig Hamburger ebenso bei den Thais.

[23] Wolfgang Decker: Sport und Spiel im Alten Ägypten, München 1987, S. 56f. – Zur Tierliebe s. genauer bei: Alfred Hermann, Altägyptische Liebesdichtung, Wiesbaden 1959, Kap. 1, a III und b.

[24] W. Helck, in: LÄ III, Sp. 1190f. (Stichwort „Marijannu").

[25] Dazu W. Helck: Wirtschaftsgeschichte des Alten Ägypten, Handbuch der Orientalistik, 1. Abtlg., 1. Bd., 5. Abschn., Leiden 1975, S. 98f.

[26] Zu diesem ersten internationalen Vertrag der Geschichte s. W. Helck: Die Beziehungen Ägyptens zu Vorderasien im 3. und 2. Jahrtausend v. Chr., Wiesbaden ²1971, S. 215.

[27] W. Helck, in: Oriens Antiquus 8 (1967), S. 296. – Siehe dazu auch das Kapitel „Geschichtsauffassung".

[28] Ludwig Borchardt: Altägyptische Zeitmessung, Leipzig 1920.

[29] Siehe hier das Kapitel „Geschichtsauffassung"; dort auch über die Vorstellung von „Fortschritt".

[30] W. Helck, in: ZÄS 79 (1954), S. 27–33.

[31] Das Ägyptische hat zwei verschiedene Vokabeln für „Kleinvieh" – das sind Schafe und Ziegen – und für das Rindvieh. Die Menschen werden, wohl wegen ihrer großen Zahl, stets mit der Vokabel für „Kleinvieh" bezeichnet. Siehe Fritz Hintze, in: ZÄS 78 (1942), S. 55f. – Zum guten Hirten in der Lehre für Merikarê s. Jan Assmann, Ägypten, Stuttgart 1984, S. 201 ff.

[32] Analog weist den Bischof der römischen Kirche der Stab *(baculum pastoralis)* als Hirten seiner Herde aus.

[33] Das ägyptische Wort für „Kleinvieh" (s. o. Anm. 31) klingt (ohne etymologisch verwandt zu sein) ähnlich wie das für „Amt", und mit dieser Klangähnlichkeit operiert Isis in der Geschichte vom Streit zwischen Horus und Seth, um ihren Gegner zu überführen: Ihr Sohn, sagt sie, sei hinter „dem Vieh" her, das ihm sein Feind geraubt habe – womit sie, ohne die Unwahrheit zu sagen, zugleich auf das „Amt" des Königs abzielt. – Die Geschichte findet sich bei E. Brunner-Traut: Altägyptische Märchen, München ⁸1989, Nr. 13.

[34] Sorgfältig untersucht von Dieter Müller: Der gute Hirte, in: ZÄS 86 (1961), S. 126–144.

[35] Ebd., S. 132.

[36] John A. Wilson: The Burden of Egypt, Chicago 1951, S. 120.

[37] E. Brunner-Traut: Lebensweisheit (Anm. 10), S. 40–46.

[38] Im Papyrus Chester Beatty IV, Text bei D. Müller: Der gute Hirte (Anm. 34), S. 139f.

[39] Ebd., S. 142.

⁴⁰ Ebd., S. 143. Dort auch zu den Parallelen in der Bibel.
⁴¹ Emma Brunner-Traut: Gelebte Mythen, Darmstadt ³1988, S. 55–98; dies.: Lebensweisheit (Anm. 10), S. 59–65. – Eine Monographie über die Ma'at von Jan Assmann ist i. V.
⁴² Ein Vorläufer ist z. B. der Urheber der bekannten Stele Louvre C 14.
⁴³ B. Gunn, in: Journal of Egyptian Archaeology 12, 1926, S. 283, Nr. 8 – Zu den Erfindern vgl. W. Helck, in: Oriens Antiquus 8 (1969), S. 295; das oben genannte Sprichwort steht bei Kurt Sethe: Urkunden der 18. Dynastie, Leipzig 1905, 2, Z. 5 f.; dazu vgl. Siegfried Schott, in: Mitt. d. Deutschen Archäolog. Inst. Kairo 25 (1969), S. 131 ff. (dort weitere Belege).
⁴⁴ Bernard Bruyère: Mert Seger, in: Mém. de l'Institut Français d'archéologie orientale Bd. 58, Kairo 1930, S. 85 f. Dazu aber die Einwände von Pascal Vernus, in: LÄ III, Sp. 848 f. („Kultgenossenschaft").
⁴⁵ Falls im Neuen Reich in Dêr el-Medîna eine solche Gemeinschaft existiert haben sollte (s. vorige Anm.), läge dort ein Sonderfall vor: Die Siedlung ist eine in der Wüste gelegene und von der Welt abgeschlossene kleine Stadt für die Arbeiter, die für die Königsgräber beschäftigt waren, und ihre Familien. Diese Einwohner führten ein in jeder Hinsicht „absonderliches" Leben.
⁴⁶ Françoise de Cévinal: Les associtiations religieuses en Égypte, Bibl. d'Étude Bd. 46, Kairo 1972; Friedrich Junge: Mysteriengemeinschaft und Kultgenossenschaft, Abschnitt 3.2, in: Aspekte der spätägyptischen Religion, hrsg. v. Wolfgang Westendorf, Göttinger Orientforschungen, IV. Reihe, Bd. 9, Wiesbaden 1979, S. 111–114.
⁴⁷ W. Fikentscher: Methoden des Rechts (Anm. 1), S. 104–117.
⁴⁸ Die Vorlage der Abbildung stammt von dem 12jährigen Reiner, aus dem in Anm. 20 zum Kapitel „Kunst" genannten Kalender, August 1975. – Die Stufung ist eine hierarchische und keineswegs „zentralperspektivische" oder auch nur „perspektivische".
Zum „Staat und seiner Struktur" (einschließlich Rechtswesen, Militär, Familie u. a.) bietet einen knappen, aber nach den Titeln ausführlichen und mit umfangreichen Literaturangaben versehenen Überblick Erik Hornung: Einführung in die Ägyptologie, Darmstadt 1967, S. 76–107.

## V. Rechtswesen

¹ Näheres im Kapitel „Staat und Gesellschaft".
² Prov. 8, 22–31; dazu Othmar Keel: Die Weisheit spielt vor Gott, Freiburg/Schweiz und Göttingen 1974.
³ Hymnen lehren, daß die Schöpfung (und die Schaffung der Lebensmöglichkeiten für den Menschen) als Wohltat empfunden wird; Tempelkult und Gebet sind dankende Antwort.
⁴ Daß jeder König, sofern er die Möglichkeit dazu hat, die Tempel größer und schöner baut als seine Vorgänger, daß er sein Grab reicher ausstattet, steht dazu nicht im Widerspruch: Er strebt damit eine größere Vollkommenheit an, eine stärkere Annäherung an die Schöpfungszustände, aber nicht eine Entwicklung, nichts im Ansatz Neues, nichts, das nach vorne strebt.

⁵ Aus Ägypten ist kein Gesetzbuch erhalten; als Quelle dienen uns Gesetzessammlungen aus Mesopotamien und Israel.

⁶ Siehe dazu Kapitel „Mathematik und empirische Wissenschaft".

⁷ In den älteren Texten sind Versuche zu abstrakten Formulierungen selten zu finden, am ehesten im Epilog zur Lehre des Ptahhotep. Am weitesten in der Richtung geht die Lehre des Papyrus Insinger aus der Ptolemäerzeit, bei der jedoch griechischer Einfluß vorliegt. Sonst werden konkrete paradigmatische Beispiele aufgeführt und deren Essenz analog (auf ähnliche Fälle) angewendet.

⁸ Häufige ägyptische Ausdrücke, die sich auf die Tätigkeit in einem Zivilprozeß beziehen, sind etwa: „Die beiden Gegner zufriedenstellen", „die Gegner versöhnen" oder wenigstens „sie trennen".

⁹ Zu etwaigen früheren ›40 Gesetzesrollen‹ s. Schafik Allam; La problématique des quarante reouleaux de loi, in: FS Wolfhart Westendorf, Göttingen 1984, s. 447–453.

## VI. Geschichtsauffassung

¹ Erik Hornung: Geschichte als Fest, Darmstadt 1966. – Ausführliche Darstellung der geschichtlichen Überlieferung von Donald B. Redford: Pharaonic King-Lists, Missisauga 1986.

² Erik Hornung: Zur geschichtlichen Rolle des Königs in der 18. Dynastie, in: MDAIK 15 (1957), S. 120–133. Als Einführung und Überblick über die ägyptische Geschichte seien empfohlen: Eberhard Otto: Ägypten. Der Weg des Pharaonenlandes, Stuttgart ⁴1966; ders.: Wesen und Wandel der ägyptischen Kultur, Berlin, Heidelberg und New York 1969.

³ Es gibt nur wenige Zeugnisse für das Erfassen von Intervallen in der Vergangenheit. Eines stammt aus der 18. Dynastie: Thutmosis IV. gibt an, er habe einen Obelisken, den sein Großvater Thutmosis III. nicht fertiggestellt und aufgerichtet habe, im Karnaktempel gefunden, nachdem er „volle 35 Jahre auf seiner Seite gelegen" habe (Urk. IV 1550, Z. 5; es gibt dazu eine Parallele aus der Zeit Ramses' II.); der ältere Text stammt aus der Spätzeit und gibt eine viel längere Spanne an: daß 177 Jahre nach dem Tode eines berühmten Vorfahren für ihn eine Statue angefertigt werde. Siehe Rudolf Anthes: Mit-Rahina 1956, Nr. 38, S. 99 ff.

⁴ Noch das Werk Herodots, der als „Vater der Geschichte" gilt, trägt den Titel ἱστορίαι – „Geschichten".

⁵ Hubert Cancik: Grundzüge der hethitischen und alttestamentlichen Geschichtsschreibung, Abhandlung des Deutschen Palästina-Vereins, Wiesbaden 1976.

⁶ Siehe dazu den informativen Artikel von Eberhard Otto: Aufzeichnungsbedürfnis und -meidung, in: LÄ I, Sp. 556–559.

⁷ Grundlegend und immer noch sehr lesenswert: Henri Frankfort: Kingship and the Gods, Chicago 1948; dazu E. Otto: Wesen und Wandel (Anm. 2), S. 32 f.; S. 65 ff.; H. Brunner: Grundzüge der altägyptischen Religion, Darmstadt ³1988, Kap. III.

⁸ Dazu und allgemein zum mythischen Zeitbegriff: Ernst Cassirer: Philosophie der symbolischen Formen. 2. Teil, Darmstadt ³1958, S. 133 f.

⁹ Ausführlicher Eberhard Otto: Altägyptische Zeitvorstellungen und Zeitbegriffe, in: Die Welt als Geschichte 14 (1954), S. 135–148.

[10] Hingewiesen sei auf verschiedene größere, sich wiederholende Perioden in ägyptischer Vorstellung, die freilich nicht alle gleichzeitig und vor allem nicht gleichgewichtig ins Bewußtsein traten: das Apisjahr, die Periode „Wiederholung der Geburten" (d. h. der Schöpfung), das periodische Jubiläumsfest des Königtums (Sed-Fest), die – aus ägyptischen Quellen nicht belegbare – Phönixperiode u. a.; vgl. E. Otto, a. a. O. (Anm. 9), S. 142 f. – Zur zyklischen (und linearen) Zeitvorstellung s. außerdem Jan Assman: Zeit und Ewigkeit im Alten Ägypten, Abh. d. Heidelberger Akademie der Wissenschaften Jg. 1975, 1. Abh., S. 43 ff.

[11] Sargtexte II 93 e; Übersetzung: Paul Barguet: Les Textes des sarcophages égyptiens du Moyen Empire, Paris 1986, S. 236.

[12] Text bei Alfred Hermann: Die Stelen der thebanischen Felsgräber, Ägyptol. Forschungen 11, Glückstadt 1940, S. 33*.

[13] Weitere Beispiele bei E. Otto, a. a. O. (Anm. 9), S. 141 f.

[14] Erik Hornung und Elisabeth Staehelin: Studien zum Sedfest, Aegyptiaca Helvetica 1, Basel und Genf 1974.

[15] Diese rein menschliche Seite des Königs, die Grenzen seiner Macht wie seines Ansehens, seine Fehlbarkeit und Unvollkommenheit arbeitet Georges Posener heraus: De la divinité du Pharaon, Paris 1960.

[16] Urk. IV 1077, Z. 6, aus der Zeit Thutmosis' III.

[17] Einige Stellen, die einen Blick in die Zukunft als Tugend anpreisen, hat Eberhard Otto zusammengestellt in: Die Welt als Geschichte 14 (1954), S. 141. Es ist wohl kein Zufall, daß diese Texte aus der 18. Dynastie stammen. Der konkrete Sinn der Beteuerungen, man habe „in die Zukunft gesehen", ist der, daß ein für das Wohl anderer Menschen verantwortlicher Beamter gewisse Konsequenzen aus der Gegenwart für die nahe (!) Zukunft gezogen hat, um drohenden Notlagen vorzubeugen. Genauer am konkreten Fall geschildert wird eine solche Vorsorge erstmals in der Josephsgeschichte in der Bibel, wo es um eine weit(!)-tragende Vorsorge geht. Zum Nahaspekt einer Folgerung in die Zukunft s. auch Hellmut Brunner: Die „Weisen", ihre „Lehren" und „Prophezeiungen" in altägyptischer Sicht, in: ZÄS 93 (1966), S. 29–35.

[18] Besonders im Neuen Reich heben sich einige Pharaonen deutlich von dem Schema ab (ohne daß sie es aber, abgesehen von Echnaton, verlassen), so Amenophis II.: Peter Der Manuelian: Studies in the Reign of Amenophis II, Hildesheimer ägyptol. Beiträge 26, Hildesheim 1987; oder Ramses II.: Kenneth A. Kitchen: Pharaoh Triumphant. The Life and Time of Ramesses II., Warminster 1982. Ähnliches gilt von Königin Hatschepsut, aber auch von Thutmosis III.

[19] Andererseits wird der – gewiß damals allbekannte – Königsmord an Amenemhêt I. in einer Weisheitslehre offen geschildert und in einem anderen Literaturwerk, der Geschichte des Sinuhe, nur wenig verklausuliert. Überhaupt weicht die Literatur in großer Freiheit von dem offiziellen Königsbild ab; s. dazu vor allem die in Anm. 15 zitierte Untersuchung von Georges Posener. Dazu treten Alltagsdokumente der Arbeitswelt, die nicht für eine Nachwelt, also nicht für die „Ewigkeit" bestimmt waren, wie Gerichtsakten (über Grabräubereien, sogar über einen Königsmord an Ramses III.).

[20] Heutige orientalische Geschichtsstudenten vermögen kurzfristig verschiedene Geschichtsinterpretationen Wort für Wort perfekt auswendig zu lernen, aber die Interpretationen in Verbindung zu bringen und sie gegeneinander abzuwägen, ist für sie

ein *novum*. Fikentscher bezeichnet die Kulturen des Vorderen Orients als diffundiertfragmentiert.

[21] Siehe Wolfgang Helck: Geschichte des Alten Ägypten, in: Handbuch der Orientalistik, 1. Abt., 1. Bd., 3. Abschnitt, Leiden und Köln 1968, S. 191 f. (Anfang des Großen Papyrus Harris).

[22] Dieter Wildung: Imhotep und Amenhotep, Münchner Ägyptol. Studien 36, München 1977; ders.: Egyptian Saints, New York 1977.

[23] Zu dieser Geste vgl. Othmar Keel: Wirkmächtige Siegeszeichen im Alten Testament, OBO 5, Freiburg/Schweiz und Göttingen 1974, Kap. I 4c.

[24] Biographien und Autobiographien stehen auf den Wänden großer Gräber, und zwar immer an gut sichtbaren Stellen, häufig sogar an der Fassade. Sie betonen ihren Zweck: zunächst Aufmerksamkeit der Friedhofsbesucher zu erregen und sie dann durch die Schilderung eines Ma'at-gemäßen Lebens und großer Taten der Grabinhaber zu Opfer und Totengebet zu veranlassen.

[25] Der Vertrag ist, wenn auch nicht ganz lückenlos, in beiden Fassungen, der hethitischen und der ägyptischen, erhalten; s. W. Helck: Geschichte (Anm. 21), S. 186 mit Anm. 6.

[26] Die Texte sind übersichtlich zusammengestellt und interpretiert bei László Kákosy: Schöpfung und Weltuntergang in der ägyptischen Religion, in: Studia aegyptiaca 7, Budapest 1981, S. 55–68.

[27] In königlichen wie in nichtköniglichen Denkmälern, in ersteren aber häufiger, finden sich „historische" Darstellungen, die aus früheren Monumenten kopiert sind, so z. B. bei Pepi II. Szenen eines Libyenfeldzuges (mit Angabe der Namen der besiegten Fürstenfamilie!), die ebenso bei Sahurê, über 200 Jahre früher, zu sehen sind; in Gaufürstengräbern in Beni Hassan ist es Tradition, Kampfszenen (in immer gleicher Ausführung) abzubilden auch in Zeiten, in denen solche Belagerungen und Kämpfe gewiß nicht stattgefunden haben.

[28] Farouk Gomaá: Chaemwese, Ägyptol. Abh. Bd. 27, Wiesbaden 1973, S. 61 ff.

[29] Hellmut Brunner: Archaisierende Tendenzen in der Spätzeit, in: Saeculum 21 (1970), S. 151–162 = ders.: Das Hörende Herz, OBO 80, Freiburg/Schweiz 1988, S. 110–120.

[30] Aus der großen Fülle von Arbeiten über die Geschichtsschreibung und -auffassung in Israel seien hier nur drei genannt, die mir für unsere Fragestellung besonders ergiebig scheinen. Zwei ältere: Johannes Hempel: Altes Testament und Geschichte, Studien des apologetischen Seminars Bd. 25, Gütersloh 1930, und ders.: Glaube, Mythos und Geschichte im Alten Testament, in: Zeitschrift für die alttestamentliche Wissenschaft 65 (1955), S. 109–167. Eine neuere: Manfred Weippert: Fragen des israelitischen Geschichtsbewußtseins, in: Vetus Testamentum 23 (1973), S. 416–442; dort ist weitere Literatur genannt. – Auf die neueste, kontroverse Diskussion ist hier bewußt nicht eingegangen. Siehe Anm. 33, Ende.

[31] Friedrich Delitzsch: Die große Täuschung, Stuttgart und Berlin 1920, spricht laufend mit großem Eifer von „Irrtum", „Täuschung", „Tendenz" oder „Vorurteil".

[32] Es sind besonders die Psalmen, die ein solches Urteil stützen (Ps. 136 oder 105).

[33] Nach dem heute nicht mehr einmütig konzedierten Stand der Forschung gelten (vor Daniel) folgende vier Schriften als Quellen für die im Alten Testament vorlie-

genden Texte (es sei ausdrücklich gesagt, daß diese Quellenschriften hypothetisch erschlossen, nicht etwa erhalten sind):
a) der „Elohist", von der Väterzeit bis zur Landnahme reichend, entstanden wohl in prophetischen Kreisen des Nordreiches Israel zwischen 900 und 722 (E);
b) der „Jahwist" endet wie der Elohist bei der Landnahme, beginnt aber bei der Schöpfung. Entstanden etwa zur selben Zeit wie das elohistische Werk, vermutlich am Königshof in Jerusalem. In den folgenden Jahrhunderten werden die beiden Arbeiten vereint (J);
c) die „Priesterschrift" reicht von der Schöpfung bis zum Exil (587). Sie dürfte im Exil oder bald danach entstanden sein – man hat an Esra als Verfasser gedacht – und nimmt starkes Interesse an Chronologie, Genealogien sowie Listen (P);
d) das „deuteronomistische Geschichtswerk" beginnt beim Exodus (Mose) und reicht bis zum Exil (587). Bereits vorliegende Texte werden im Sinne des Gesetzes überarbeitet; entstanden um 550;
e) das chronistische Werk (1. und 2. Chronik, Esra und Nehemia) reicht vom ersten Menschen bis in nachexilische Zeit und zeigt besonderes Interesse für Kult und Tempel; entstanden vielleicht um 300 v. Chr., möglicherweise in levitischen Kreisen.

Nur die jüngste Arbeit (e) liegt annähernd im Originaltext vor, die vier älteren sind redigiert und zusammengearbeitet worden; mühsame philologische und theologische Kleinarbeit hat sie in ihren Grundzügen so erschlossen, ohne aber jeweils einen zusammenhängenden Text herstellen zu können.

Eine den meisten Alttestamentlern gemeinsame Hypothese zur Entstehung des Pentateuch gibt es nicht, jedoch findet die oben skizzierte neuere Urkundenhypothese weithin Anerkennung, auch wenn in der Frage der Datierung der einzelnen Quellen Uneinigkeit herrscht. Je nach dem, ob man hinter den einzelnen Textschichten Autoren oder Redaktoren vermutet, wird auch mit einer Fragmentenhypothese gearbeitet; besonders häufig wird dann P der Rang einer eigenen Quelle abgesprochen. – In allerneuester Zeit wird die Einteilung in J, E und P sogar ganz bestritten (R. Rendtorff, E. Blum). Einen Überblick geben Hans-Jochen Boecker, Hans J. Hermisson, Johann M. Schmidt und Ludwig Schmidt: Altes Testament, Neukirchen-Vluyn 1983 mit der dort vermerkten Literatur.

Innerhalb des deuteronomistischen Geschichtswerks werden mittlerweile ebenfalls Schichtungen vorgenommen; R. Smend, E. Würthwein und T. Vejjola unterscheiden mindestens drei Schichten: DtrN (Nomist), DtrP (Prophet) und DtrH (Historiker), doch diese Diskussionen sind für die vorliegende Untersuchung ohne Belang.

[34] Vgl. im Unterschied dazu für ägyptische Verhältnisse das Kapitel „Staat und Gesellschaft".

[35] Eine große geistesgeschichtliche Darstellung der griechischen Geschichtsschreibung, gerade in ihrem Gegensatz zum altorientalischen Geschichtsbild, fehlt. Siehe aber u. a. Bruno Snell: Die Entdeckung des Geistes, Hamburg ³1955, S. 203–217; Wolfgang Schadewaldt: Hellas und Hesperien, Zürich und Stuttgart 1960, S. 395–416.

## VII. Religion

¹ S. dazu H. Brunner: Grundzüge der altägyptischen Religion, Darmstadt ³1988.
² Erik Hornung: Der Eine und die Vielen, Darmstadt ³1983.
³ Übersetzung und einige Sekundärliteratur bei Miriam Lichtheim: Ancient Egyptian Literature I, Berkeley 1973, S. 51 ff.
⁴ Emma Brunner-Traut, in: LÄ IV, Sp. 277–286 s. v. „Mythos". – Jan Assmann, in: Jan Assmann, Walter Burkert und Fritz Stolz; Funktionen und Leistungen des Mythos, OBO 48, Freiburg/Schweiz, 1982, S. 13 ff.
⁵ Zum Raumbegriff im Mythos s. Hellmut Brunner in: ders.: Das hörende Herz, OBO 80, Freiburg/Schweiz 1988, S. 339–353.
⁶ Ein einziger medizinischer Text in einem Fachlehrbuch spricht davon, daß das Herz als Zentralorgan mit jeder Körperstelle „durch seine Gefäße" verbunden ist und also „in den Gefäßen jeder Körperstelle spricht": Pap. Ebers 99, 2–5, Übersetzung bei Hildegard von Deines, Hermann Grapow und Wolfhart Westendorf; Übersetzung der Medizinischen Texte, Grundriß der Medizin der Alten Ägypter IV 1, Berlin 1958, S. 1.
⁷ Siehe hierzu das Kapitel „Geschichtsauffassung". Genauer bei Hellmut Brunner: Grundzüge der altägyptischen Religion, Darmstadt ³1988, S. 35–46.
⁸ Dazu Hellmut Brunner: Ägyptische Weisheit, Zürich und München 1988, Einführung S. 33–38.
⁹ Vgl. dazu Jan Assmann: Re und Amun, OBO 51, Freiburg/Schweiz 1983, besonders 5. Kapitel.
¹⁰ Hermann Kees: Die Befriedung des Raubtieres, in: ZÄS 67 (1931), S. 56–59.
¹¹ Ein knappes Verzeichnis ägyptischer Götter (mit Abbildungen) bei Emma Brunner-Traut: Ägypten, Stuttgart ⁶1988, S. 86–98.
¹² So Amun die Gans oder den Widder, Atum den Aal und Selkis den Skorpion.
¹³ László Kákosy: Krokodil mit Menschenkopf, in: ZÄS 90 (1963), S. 66–74; Emma Brunner-Traut und Hellmut Brunner: Osiris, Kreuz und Halbmond, Mainz ⁶1984, Kat. Nr. 119.
¹⁴ E. Brunner-Traut und H. Brunner: Osiris, Kreuz und Halbmond (Anm. 13), Kat. Nr. 6.
¹⁵ In der Erzählung vom Streit zwischen Horus und Seth: Emma Brunner-Traut: Altägyptische Märchen, München ⁸1989, Nr. 13.
¹⁶ Im Pap. Sallier IV (Tagewählerei), 3, 4 ff.
¹⁷ Osiris, Kreuz und Halbmond (Anm. 13), Kat. Nr. 99.
¹⁸ Ebd., Frontispiz.
¹⁹ Plutarch: De Iside et Osiride, Kap. 22; dazu Hermann Kees: Farbensymbolik in ägyptischen religiösen Texten, Nachr. d. Akad. d. Wiss. in Göttingen 1943, S. 418 f. und J. Gwyn Griffiths: Plutarch's ›De Iside et Osiride‹, 1970, S. 375 f.
²⁰ Da die Götter nicht systematisch erdacht sind, vielmehr aus Erlebnissen „erwachsen", mag es in seltenen Fällen geschehen, daß zwei Götter sehr ähnlich dargestellt werden. Meist sind sie dann ikonographisch durch Details zu unterscheiden, so der falkenköpfige Month von dem ebenfalls falkenköpfigen Horus durch zwei Uräen (nicht einen Uräus) an der Stirn; andere Götter z. B. dadurch, daß der eine stehend, der andere sitzend dargestellt wird.

[21] E. Brunner-Traut und H. Brunner: Osiris, Kreuz und Halbmond (Anm. 13), Kat. Nr. 26.
[22] Hellmut Brunner: Name, Namen und Namenlosigkeit im Alten Ägypten, in: Der Name Gottes, hrsg. von Heinrich von Stietoncron, Düsseldorf 1975, S. 33–49, abgedruckt in Hellmut Brunner: Das hörende Herz, OBO 80, Freiburg/Schweiz 1988, S. 130–146.
[23] Zu den Titeln s. Kapitel „Staat und Gesellschaft".
[24] Besonders Osiris und Isis tragen den Beinamen „vielnamig"; für Re existiert eine Litanei von 75 Anrufungen. Siehe Erik Hornung: Das Buch der Anbetung des Re im Westen, Aegyptiaca Helvetica 2/3, Genf 1975/1976. Die längsten Götternamenlisten enthält das Book of Hours, hrsg. von Raymond Faulkner, Oxford 1958.
[25] Pap. Boulag 17, 9, 3; Übersetzung von Jan Assmann: Ägyptische Hymnen und Gebete, Zürich und München 1975, S. 205.
[26] E. Brunner-Traut: Märchen (Anm. 15), Nr. 16.
[27] Letztes Gedicht im Buche Suleika des ›West-östlichen Divan‹. Siehe auch Kapitel „Der menschliche Körper".
[28] Die beiden Vorstellungen von Seth als dem Bruder der Mutter und als Bruder ihres Sohnes Horus finden sich sogar in derselben Erzählung: E. Brunner-Traut: Märchen (Anm. 15), Nr. 13. – Vgl. zu den „Unstimmigkeiten" auch Eberhard Otto: Osiris und Amun, München 1966, S. 28.
[29] Darstellung der Himmelskuh im Grabe Sethos' I. in Theben. Hier nach Hans Haas: Bilderatlas zur Religionsgeschichte, 2.–4. Lieferung, Leipzig 1924, Abb. 1.
[30] Weitere Beispiele bei Rudolf Anthes: Mythology in Ancient Egypt, in: Mythologies of the Ancient World (ed. N. S. Kramer), New York 1961, S. 16–33.
[31] Hans Haas: Bilderatlas (Anm. 29), Abb. 2.
[32] Pyramidentexte §§ 1370–1372.
[33] Elfenbeinkamm des Königs „Schlange" der 1. Dynastie, nach Henri Frankfort: Kingship and the Gods, Chicago 1948, Abb. 17.
[34] 12. Nachtstunde des Buches ›Amduat‹: Erik Hornung: Ägyptische Unterweltsbücher, Zürich und München 1972, S. 188.
[35] Hans Haas: Bilderatlas (Anm. 29), Abb. 7.
[36] Sargtexte: Adriaan de Buck: The Egyptian Coffin Texts Bd. VI, Chicago 1956, 280s–281d; übers. von Paul Barguet: Les textes des sarcophages égytiens du Moyen Empire, Paris 1986, S. 408.
[37] Adriaan de Buck: De egyptische Voorstelling betreffende den Oerheuvel, Leiden 1922.
[38] Vgl. dazu die beiden Aufsätze von Hellmut Brunner: Zum Zeitbegriff der Ägypter und zum Raumbegriff der Ägypter, abgedruckt in: ders.: Das Hörende Herz, OBO 80 (1988), S. 327 bzw. 339. – Ferner Erik Hornung: Der Eine und die Vielen, Darmstadt [3]1983.
[39] Vgl. dazu Wilhelm Fränger: Das tausendjährige Reich, Coburg 1947.
[40] Mehr dazu bei Emma Brunner-Traut: Gelebte Mythen, Darmstadt [3]1988, Einleitung S. 1–4.
[41] Zur Interpretation der Geschichte des Schiffbrüchigen, in: SAK 14, Hamburg 1987, S. 175.

*VIII. Mathematik und empirische Wissenschaft*

[1] Siegfried Schott: Voraussetzung und Gegenstand altägyptischer Wissenschaft, in: Jahrbuch 1951 der Akademie der Wissenschaften und der Literatur, Mainz S. 277–295.

[2] Ingrid Gamer-Wallert: Fische und Fischkulte im Alten Ägypten, Ägyptolog. Abhandlungen Bd. 21, Wiesbaden 1970, Kap. III.

[3] Oft abgebildet. Vollständig bei Walter Wreszinski: Atlas zur altägyptischen Kulturgeschichte Teil 1, Leipzig 1935, Taf. 26–31. Der Zweck dieser im Amuntempel als Relief angebrachten „wissenschaftlichen" Darstellung dürfte gewesen sein, diese exotischen Pflanzen und Tiere als (teilweise vielleicht nur Gedächtnis-)Beute dem Gott als Opfer darzubringen.

[4] Abbildung und ausführliche Besprechung bei Lothar Störk: Die Nashörner, Hamburg 1977, S. 286–296.

[5] Siehe Kapitel „Rechtswesen".

[6] Siehe Kapitel „Kunst".

[7] Alexander Badawy: Ancient Egyptian Architectural Design, Berkeley 1965, S. 20ff. – Richard J. Gillings: Mathematics in the Time of the Pharaos, Cambridge/Mass. und London 1972, S. 139ff.

[8] Siehe Kapitel „Mathematik".

[9] Lucien Lévy-Bruhl: Die geistige Welt der Primitiven, $^2$1959.

[10] Walter F. Reineke: Wissenschaft und Wissenschaftler im Alten Ägypten, in: Altorient. Forschungen 9 (1982), S. 19–21.

[11] Alan H. Gardiner: Ancient Egyptian Onomastica, Oxford 1947, Bd. I, S. 1*f.

[12] Thomas E. Peet: The Rhind Mathematical Papyrus, London 1923, Taf. A.

[13] Vgl. Emma Brunner-Traut: Altägyptische Märchen, München $^8$1989, Einleitung und die dort genannten Fabeln.

[14] Dies Dreigestirn gehört zusammen, wenn man sein Leben recht bzw. erfolgreich führen will: Wissen/Kenntnis – die Fähigkeit, sie anzuwenden – und Weisheit, also betont auch das Umsetzen dessen, was im Kopf ist, in Tat und Verhalten. Dergestalt ausgestattet, wird man nicht untergehen, weder in physische Not geraten noch sittlich mißraten. Daß religiös richtiges Verhalten einen Grundpfeiler des Wohlergehens sichert, ist verständlich, mühsamer nachzuvollziehen ist heute, daß auch die rechte Zauberpraxis einen Bestandteil des Weisen ausmacht. Kenntnisse und Fähigkeiten dienen letzten Endes dazu, im Jenseits vor dem Totenrichter zu bestehen.

[15] Ihre Anonymität mag bis zu einem gewissen Grade auch damit zusammenhängen, daß ihre Arbeit – wie bei der Kunst – durch viele Hände lief und die arbeitsteilige Produktionsweise schwerlich einen einzelnen Mann benennen läßt.

[16] Zwei Dokumente ramessidischer Zeit überliefern uns Namen der Vergangenheit von Männern, die damals berühmt waren: a) ein Papyrus, der acht, zu je zwei gebündelte Namen von bekannten Verfassern von Lebenslehren der Vergangenheit nennt: Papyrus Chester Beatty IV, übers. z. B. von Hellmut Brunner: Altägyptische Weisheit, Zürich und München 1988, Nr. 12; b) ein Relief, das eine Reihe von berühmten Männern aus Memphis abbildet, darunter auch Lebenslehrer: Hellmut Brunner, a. a. O., S. 66/67. Außer diesen wenigen von den Ägyptern selbst tradierten Namen kennen wir einige weitere Männer, die zu ihren Lebzeiten eine bedeutende

Rolle gespielt haben, doch diese nur aus Selbstnennungen in ihren eigenen Gräbern, ohne daß spätere Generationen sie noch erwähnt hätten. Bei solchen beruht die Erhaltung ihres Namens bis heute auf dem Zufall der Erhaltung. Diese Gruppe besteht vornehmlich aus Architekten (s. Friedrich W. von Bissing: Baumeister und Bauten aus dem Beginn des Neuen Reiches, in: Studi in memoria di Ippolito Rosellini, Vol. I, Pisa 1949, S. 127–234), aber auch Erfindern wie Amenemhet, der die erste Wasserauslaufuhr konstruiert hat (Ludwig Borchardt: Die altägyptische Zeitmessung, in: Die Geschichte der Zeitmessung und der Uhren, hrsg. v. E. von Bassermann-Jordan, Berlin 1920, S. 60–63). Vgl. auch Walter F. Reineke: Wissenschaft und Wissenschaftler (Anm. 10), S. 26.

[17] Siehe dazu das Kapitel „Gesellschaft".

[18] Allgemeines zur ägyptischen Mathematik: Otto Neugebauer: Arithmetik und Rechentechnik der Ägypter, in: Quellen und Studien zur Geschichte der Mathematik I, Berlin 1931. – Kurt Vogel: Vorgriechische Mathematik I, Mathematische Studienhefte, hrsg. v. Hermann Athen und Georg Wolff, Heft 1, Hannover und Paderborn 1958 (eine vorzügliche erste Einführung). – Richard J. Gillings: Mathematics in the Time of the Pharaohs, Cambridge/Mass. und London 1972. – W. F. Reineke, in: ZÄS 105 (1978), S. 67–76. – Ders., in: LÄ III, Sp. 1237–1245. Dort auch Nennung der wichtigsten Quellenpapyri mit Literatur.

[19] Papyrus Rhind, Aufgabe 69.

[20] Papyrus Rhind, Aufgabe 24.

[21] Papyrus Rhind, Aufgabe 34.

[22] Otto Neugebauer: Vorgriechische Mathematik. Vorlesungen. Berlin 1934, S. 123. – Richard J. Gillings: Mathematics (Anm. 18), S. 194 ff.

[23] Eine ausführliche und grundlegende Darstellung der Kalenderfrage im Alten Ägypten bietet Richard A. Parker: The Calendars of Ancient Egypt, Studies in Ancient Oriental Civilisation 26, Chicago 1950.

[24] Siegfried Schott: Altägyptische Festdaten. Akademie der Wissenschaft und der Literatur Mainz, Jg. 1950, Nr. 10. – Gewisse Relikte von zweifacher kalendarischer Festlegung äußern sich noch heute in den Daten christlicher Festtage.

[25] Zur Uhr s. S. 88.

[26] Es sei daran erinnert, daß auch in Deutschland und Europa die einheitlichen Maßsysteme nach Gramm und Meter sehr jung sind und daß die englischen Längen- und Hohlmaße noch immer nicht dem kontinentalen System angepaßt werden konnten.

[27] Siehe Alan H. Gardiner: Ancient Egyptian Onomastica, 3 Bde., London 1947. Derartige Listen sind vom Alten Reich bis in die Ptolemäerzeit belegt. – Ein umfangreicher neuer Text aus römischer Zeit wird z. Z. von Jürgen Osing bearbeitet.

*IX. Schrift*

[1] So das Zeichen für die Sonne, das – ohne Lautwert – am Ende verschiedener Wörter für Zeitbegriffe steht, aber auch einige Lautwerte besitzt, wenn es Wörter wie „Tag", „Sonne" u. ä. bezeichnet.

[2] Als Vorteile der Hieroglyphenschrift gegenüber den frühen Alphabeten seien

folgende herausgehoben: Wo Vokale fehlen, können bei einem Einkonsonantenalphabet zu viele Mehrdeutigkeiten auftreten (wie bei den frühen westsemitischen Inschriften), zumindest ist die Lesung mühsam. In Ägypten standen für die Schreibung z. B. der recht vielen Wörter mit der häufigen Konsonantenfolge *m* + *r* mehrere Hieroglyphen ( ) zur Verfügung, die konventionell auf die gleichkonsonantigen Wörter so verteilt wurden, daß ein der Sprache kundiger Leser sofort das Bedeutungsfeld des Wortes und seine Aussprache erkannte. Determinative zeigten außerdem das Ende eines Wortes an – eine große Hilfe, nachdem es keine Worttrenner und auch keine Spatien gibt. Allerdings gibt es eine Reihe von determinativlosen Wörtern, und außerdem sind Determinative nicht immer als solche zu erkennen, da das gleiche Zeichen auch phonetischen Wert haben kann.

[3] Ignace J. Gelb: Von der Keilschrift zum Alphabet, Stuttgart 1958; Johannes Friedrich: Geschichte der Schrift, Heidelberg 1966; Wolfgang Röllig: Die Alphabetschrift, in: Ulrich Hausmann, Allgemeine Grundlage der Archäologie, Handbuch der Archäologie, München 1969, S. 288–302.

[4] Vgl. hierzu die eingehende Spezialuntersuchung von Henry G. Fischer: The Orientation of Hieroglyphs, Part I: Reversals, New York 1977, bes. § 4.

[5] Dazu genauer: Allgemeine Grundlagen der Archäologie, hrsg. von Ulrich Hausmann (Handbuch der Archäologie), München 1969, S. 216 (Dietz O. Edzard) und 290–294 (Wolfgang Röllig).

[6] Die wenigen Reste aus der Frühzeit der (Alphabet-)Schrift, die in Palästina aus dem 18. bis 11. Jh. gefunden worden sind, zeigen, was die Schriftrichtung angeht, dieselbe Unsicherheit wie bei Kindern: teils senkrecht, teils rechts-, teils linksläufig, aber auch bustrophedon. Vom 11. Jh. an setzt sich bei allen semitischen Völkern die Richtung von rechts nach links durch. Literatur s. Anm. 5 (Röllig).

[7] Vgl. vorige Anm.

## X. Literatur

[1] Emma Brunner-Traut: Altägyptische Märchen, München [8]1989; der größte Teil der nichtreligiösen Literatur Ägyptens ist übersetzt bei Miriam Lichtheim: Ancient Egyptian Literature. 3 Bde., Berkeley, Los Angeles und London 1973–1980. – Zu Mythen vgl. auch E. Brunner-Traut: Gelebte Mythen, Darmstadt [3]1988.

[2] Max Lüthi, Das Volksmärchen als Dichtung. Ästhetik und Anthropologie, Düsseldorf und Köln 1975, besonders das Kapitel über Stil und Komposition; ders.: So leben sie noch heute, Göttingen 1969.

[3] Die Belege zu den folgenden Daten finden sich sämtlich in E. Brunner-Traut: Märchen (Anm. 1) unter den einzelnen Titeln; genauer bibliographiert von ders. in: Enzyklopädie des Märchens, Bd. 1, Sp. 181 f. Dort auch ausführlicher zu altägyptischen Märchen, Sp. 175–214.

[4] Siehe Kapitel „Mathematik".

[5] Eine Ausnahme ist etwa die geradezu bukolische Stimmung im ersten Teil des Brüdermärchens; E. Brunner-Traut: Märchen (Anm. 1), Nr. 5.

[6] So z. B. in der Erzählung des Sinuhe (M. Lichtheim: Literature [Anm. 1], I, S. 222 ff.) und der des Wenamun (a. a. O., II, S. 224 ff.).

⁷ Auch hier gibt es seltene Ausnahmen, in der bildenden Kunst z. B. das ergreifende Bildnis einer Frau zwischen Reife und Alter in Florenz, Abb. z. B. bei Hermann Ranke: Meisterwerke der ägyptischen Kunst, Basel 1948, Taf. 35. – Extrem normabweichend läßt sich Echnaton darstellen.
⁸ Besonders deutlich bei den Märchen des Papyrus Westcar, siehe E. Brunner-Traut: Märchen (Anm. 1), Nr. 3.
⁹ Siehe dazu Kapitel „Kunst", Anm. 17.
¹⁰ Emma Brunner-Traut: Altägyptische Tiergeschichte und Fabel, Darmstadt ⁸1988.
¹¹ Emma Brunner-Traut: Erzählsituation und Erzählfigur in ägyptischem Erzählgut, in: Fabula 22 (1981), S. 74–78.
¹² Eine kleine Sammlung ägyptischer magischer Texte in Übersetzung bietet Joris F. Borghouts: Ancient Egyptian Magical Texts, Nisaba Vol. 9, Leiden 1978.
¹³ Ägyptische Hymnen und Gebete, eingeleitet, übersetzt und erläutert von Jan Assmann, Zürich und München 1975.
¹⁴ Hierzu Näheres im Kapitel „Religion".
¹⁵ Hellmut Brunner, in: ZÄS 93, 1966, S. 32 und ders.: Altägyptische Weisheit, Zürich und München 1988, S. 27 f.
¹⁶ John L. Foster: Thought Couplets and Clause Sequences in a Literary Text: The Maxims of Ptah-Hotep, Toronto 1977.
¹⁷ Steffen Wenig: Bertolt Brecht und das Alte Ägypten, in: ZÄS 96 (1969), S. 63–66.
¹⁸ Zur Charakterisierung: „Statt logischer Gliederung Gedankenreihung oder Fortführung durch Wortassoziation" s. Miriam Lichtheim: Literature (Anm. 1), III, S. 61 f.
¹⁹ Gerhard von Rad: Weisheit in Israel, Neukirchen 1970, S. 311.
²⁰ Es wäre sinnvoll und im Zusammenhang dieser Arbeit abrundend, hier ein Kapitel über „Sprache" anzuschließen, es wäre aber für Nichtfachleute schwer darzustellen. Wer sich dafür interessiert, mag meinen Artikel ›Altägyptische Sprache und Kindersprache – eine linguistische Anregung‹ nachlesen in: SAK 1 (1974), S. 61–82.

*XI. Schluß: Aspektive und Hirnforschung*

¹ Was zur Arbeitswelt gehört, also auch die Sprache, ist durchweg der allgemeinen mentalen Lage voraus. Wie stark aber auch die Sprache der Ägypter noch Frühformen enthält, lese man nach bei Emma Brunner-Traut: Altägyptische Sprache und Kindersprache – Eine linguistische Anregung, in: Studien zur altägyptischen Kultur 1 (1974), S. 61–82.
² Für die Vorauswahl der abundanten wissenschaftlichen Literatur zur Hirnforschung bin ich Herrn Prof. Dr. Jürgen Peiffer (s. Vorwort) zu Dank verpflichtet. – Da ich auf dem Gebiet nicht selbst geforscht habe, kann ich nur referieren aus dem, was ich mir angelesen habe.
³ Z. B. Jean Gebser: Ursprung und Gegenwart, Stuttgart 1966.
⁴ Dazu Hugo Spatz: Die Evolution des Menschenhirns und ihre Bedeutung für die Sonderstellung des Menschen, in: Nachr. der Gießener Hochschulgesellschaft 24

(1955), S. 52–74. – Ders.: Gehirnentwicklung (Introversion – Promination) und Endocranialausguß, in: Evolution of the Forebrain, Stuttgart 1966, S. 136–152, bes. S. 145 ff. – D. Ploog: Unser Gehirn – das Organ der Seele und der Kommunikation, in: Fundamenta Psychiatrica 1987, S. 53–71.

[5] Hugo Spatz: Vergangenheit und Zukunft des Menschenhirns, in: Jahrb. 1964 der Akademie der Wissenschaften und der Literatur, Wiesbaden 1965.

[6] Dazu zählt auch der temporale Abschnitt.

[7] Norman Geschwind und Albert M. Galaburda: Cerebral Lateralization, in: Archiv für Neurologie 42 (1985), S. 428–459.

[8] Richard Jung u. a.: Langsame Hirnpotentiale beim Schreiben ..., in: Archiv für Psychiatrie und Nervenkrankheiten 1982, S. 305–324. – B. Milner: Laterality Effects in Audition, in: V. Mountcastle: Interhemispheric Relations and Cerebral Dominance, Baltimore 1962. – E. J. Bogen und H. W. Gordon: Musical Texts of Functional Lateralization with Intercarotid Amorbarbital, in: Nature 230 (1971), S. 524–525. – T. Alajouanine: Aphasia and Artistic Realization, in: Brain 71 (1948), S. 229–241.

[9] B. Edwards: Drawing in the Right Side of the Brain, Los Angeles 1979; deutsche Ausgabe: Garantiert Zeichnen lernen. Das Geheimnis der rechten Hirn-Hemisphäre und die Befreiung unserer schöpferischen Gestaltungskräfte, Reinbek 1982.

[10] R. D. Nebes: Direct Examination of Cognitive Function in the Right and Left Hemispheres, in: M. Kinsbourne: Asymmetrical Functions of the Brain, Cambridge 1978.

[11] Zu den Fertigkeiten im Klavierspiel im Zusammenhang mit der rechten Hemisphäre s. H. Wiedemann: Klavierspiel und das rechte Gehirn, Regensburg 1985. – B. Milner: Laterality Effects (Anm. 8). – J. E. Bogen und H. W. Gordon: Musical Texts (Anm. 8).

[12] Zu dem Gesamtproblem bietet eine gute Übersicht über den Forschungsstand mit reicher Literaturangabe S. P. Springer und G. Deutsch: Linkes – Rechtes Gehirn. Funktionelle Asymmetrien, Heidelberg 1987.

[13] J. Hallervorden: Gibt es eine Weiterentwicklung des Gehirns, in: Der Nervenarzt 34 (1963), S. 368–371.

[14] L. Ten Houten u. a.: Hemispheric Specialization of Language: An EEG Study of Bilingual Hopi Indian Children, in: International Journal of Neuroscience 1977, S. 1–6.

[15] K. D. Hoppe: Split Brains and Psychoanalysis, in: The Psychoanalytic Quarterly 46 (1977), S. 220–224.

[16] C. Sagan: Die Drachen von Eden. Das Wunder der menschlichen Intelligenz, München 1978.

[17] Hans-Joachim Hufschmidt: Das Rechts-Links-Profil im kulturhistorischen Längsschnitt, in: Archiv für Psychiatrie und Nervenkrankheiten 1980, S. 17–43. Seine Erklärung, die er allerdings als vorläufig kennzeichnet, würde meiner These nicht entsprechen. – Daß und wie er schreibunfähige „Primitivstämme" einbezieht, sei beachtet, auch daran erinnert, wie Kinder zunächst mühelos spiegelbildlich schreiben können. Doch hier liegen differenziertere Beobachtungen vor. – Vgl. dazu auch Gerhardt Nissen: Biologische Aspekte der Sozialisation des Kindes, in: Universitas 30 (1975), S. 1313–1316. Außerdem sei hingewiesen auf die nicht unumstrittenen Ergeb-

nisse der Untersuchungen von Lawrence Kohlberg zu den moralischen Entwicklungsgesetzen.

[18] Man denke beispielsweise an den *sansâra*-Glauben der Inder oder an die indische Musik, um weit bekannte Phänomene zu nennen.

## XII. Nachwort: Aspektive und Gegenwart

[1] Max Bense: Gottfried Benn. Lyrik und Prosa, Briefe und Dokumente, Wiesbaden 1962, S. LXII f.

[2] Den Ausführungen zur Literatur liegen vornehmlich Beiträge von Rolf Raiser und Hubert Arbogast zugrunde, die aber nicht öffentlich, sondern nur durch einen Umdruck der Stuttgarter Privatstudiengesellschaft zugänglich sind. – Zur Kurzgeschichte sei weiter verwiesen auf Helmut M. Braem: Amerikanische Erzähler. Short Stories, eine Anthologie, Reclam-Ausgabe 1964. – Über Günther Eich u. a. ein guter Artikel von Jürgen P. Wallmann, in: Universitas 24 (1969), S. 1177 ff.

[3] Hilmar J. Schatz: Stockhausens neue Tendenzen, in: Melos 25 (1958), S. 69. Folgende Spielanweisungen stehen auf der Rückseite des von der Universal-Edition, Wien, herausgegebenen Notenblattes: „Der Spieler schaut absichtslos auf den Papierbogen und beginnt mit irgendeiner zuerst gesehenen Gruppe; diese spielt er mit beliebiger Geschwindigkeit (die kleingedruckten Noten immer ausgenommen), Grundlautstärke und Anschlagform. Ist die erste Gruppe zu Ende, so liest er die darauf folgenden Spielbezeichnungen für Geschwindigkeit (T°), Grundlautstärke und Anschlagsform, schaut absichtslos weiter zu irgeneiner der anderen Gruppe und spielt diese, den drei Bezeichnungen gemäß.

Mit der Bezeichnung ‚absichtslos von Gruppe zu Gruppe weiterschauen' ist gemeint, daß der Spieler niemals bestimmte Gruppen miteinander verbinden oder einzelne auslassen will.

Jede Gruppe ist mit jeder der 18 anderen Gruppen verknüpfbar, so daß also auch jede Gruppe mit jeder der sechs Geschwindigkeiten, Grundlautstärken und Anschlagsformen gespielt werden kann.

Schließt eine Gruppe mit einer Fermate, so ist die Länge der Fermate abzuwarten, dann erst die Spielbezeichnung zu lesen und die folgende Gruppe zu wählen, wodurch eine längere Pause als nach Gruppen ohne Schlußfermate entsteht; schließt jedoch eine Gruppe mit dem Wort ‚binden', so ist der Schlußton oder -klang so lange auszuhalten, bis die Spielbezeichnungen gelesen sind und die folgende Gruppe gewählt ist, und dann werden voraufgegangene und folgende Gruppe miteinander verbunden.

Wird eine Gruppe zum zweitenmal erreicht, so gelten eingeklammerte Bezeichnungen; meist sind es Transpositionen um eine oder zwei Oktaven (8 va ...) (2 okt ...) aufwärts oder abwärts, für unteres oder oberes System jeweils verschieden; es werden Töne hinzugefügt oder weggelassen.

Wird eine Gruppe zum drittenmal erreicht, so ist eine der möglichen Realisationen des Stückes zu Ende. Dabei kann es sich ergeben, daß einige Gruppen nur einmal oder noch gar nicht gespielt wurden. Dieses Klavierstück sollte möglichst zweimal oder mehrmals in einem Programm gespielt werden."

⁴ Zitiert nach Hans Oesch: Alban Berg, Arnold Schönberg und Anton Webern, in: Universitas 1973, S. 715.

⁵ Man kann allenfalls durch Rückprojektion musikalischen Bestandes aus den von Europa noch unbeeinflußten orientalischen Gebieten auf gewisse Analogien zu altorientalischer Musik schließen, welche die Aspektive auch für die Musik zu bestätigen scheint.

⁶ Diese Ausführungen verdanken manche Anregung Gesprächen mit Henning Siedentopf, der mir auch Literaturhinweise gegeben hat.

⁷ Die Komplementarität der Begriffe Welle und Teilchen überträgt sich auf eine Komplementarität der Operationen Ortsmessung (abgekürzt Q) und Bewegungsmessung (genauer Impulsmessung, abgekürzt P). In der Quantentheorie können Ort und Impuls ein und desselben Objekts nicht mehr gleichzeitig scharf gemessen werden. Es lassen sich entweder zuerst der Ort und dann der Impuls, PQ (zeitliche Ordnung von rechts nach links), oder zuerst der Impuls und dann der Ort, QP, messen. Beide Messungen führen zu verschiedenen Resultaten: PQ ist ungleich QP; als „Vertauschungsrelation" formuliert, lautet PQ minus QP ist ungleich 0. Im Rahmen der klassischen Physik gibt es keinen Unterschied zwischen PQ und QP. – Die physikalische Bedeutung von in ihrer zeitlichen Reihenfolge „nicht vertauschbaren" Meßgrößen erkannte Werner Heisenberg 1925. Die von ihm entwickelte „Unbestimmtheitsrelation" drückt die gegenseitige prinzipielle Abhängigkeit zweier nicht vertauschbarer Größen mathematisch aus. Mißt man den Ort eines Objekts präzise, dann muß sein Bewegungszustand notwendig unbestimmt bleiben – und umgekehrt; mißt man den Ort mit einer gewissen Unschärfe, dann läßt sich der Bewegungszustand im Prinzip nur mit einer dazu komplementären Unschärfe feststellen. (Diese fachkundige Anmerkung verdanke ich Dieter Henke; s. Vorwort.)

⁸ Es ist allerdings so, daß für gewisse Bereiche die Kausalitätskategorie nicht anwendbar ist. – Auch die Diskrepanz zwischen reiner, absoluter Mathematik und Angewandter Mathematik ist hier zu bedenken.

⁹ Hamburg ²1955, S. 75–78 (Kap.: Über die heutige Kunst).

¹⁰ E. G. Kolbenheyer sieht in der Perspektive das Ergebnis eines dispositionellen Verhaltens des Gehirns, nicht des Einzelhirns, sondern einer „Gehirnentwicklung von völkischem Ausmaße". Dazu vgl. den Abschnitt „Schluß".

¹¹ Das Mittel des „wandernden Stand- und damit Augenpunktes" hat Klee in seinem didaktischen Werk entwickelt. Er fordert „mehrere Standorte und mehrere Subjekte im Raum, Möglichkeit der Verbindung von Wegen, Wege mehrerer Subjekte im Raum, Personen mit verschiedener Augenhöhe", und fordert dieses „Sich-Entfernen vom Gesetzmäßigen sozusagen moralisch".

Zur „Neoaspektive" sei dem Leserkreis eine Bemerkung aus dem Brief des Fachkollegen Rudolf Anthes, Berlin, vom 18. Juni 1963, mitgeteilt, deren Deutung in etwas andere Richtung geht als die von M. L. Kaschnitz. „Ihr Versuch", so schreibt er mir, in Beantwortung meines Nachwortes zu Heinrich Schäfer: Von ägyptischer Kunst, 4. Aufl., „der geistigen Einordnung der Aspektive und auch der Perspektive in ihre Umwelt ist überzeugend ... Eine vielleicht unbedingte Zustimmung möchte ich aussprechen zu Ihrem Schlußabschnitt. Das heutige, doch wohl zukunftsträchtige Sich-abkehren von der Perspektive ist durchaus nicht in irgend einem Maße eine ‚Rückkehr zur Primitivität', sondern wahrscheinlich der notwendige Abbruch einer

Sonderentwicklung, die sich vollkommen erfüllt hat; so denke ich wenigstens, und anscheinend Sie auch ..." Auf alle Fälle bleibt festzuhalten, daß „Neoaspektive" nicht einfach Rückfall in die Aspektive bedeutet, sondern gewisse aspektivische Züge in freier, bewußter Entscheidung gestaltet, welche die Aspektive unreflektiert – als Entsprechung einer bestimmten mentalen Lage – zum Ausdruck brachte.

## KNAPPE CHRONOLOGISCHE ÜBERSICHT

*Frühzeit*
1.–2. Dynastie                     3065–2655

*Altes Reich*
3. Dynastie                        2655–2600
4. Dynastie                        2600–2450
5. und 6. Dynastie                 2450–2155

*1. Zwischenzeit*
7.–10. Dynastie                    2155–2030
(Revolutionszeit, an deren Ende
zwei Königshäuser nebeneinander)

*Mittleres Reich*
11. Dynastie                       2134–1991
12. Dynastie                       1991–1786
13. und 14. Dynastie               1785–1650

*2. Zwischenzeit*                  1650–1554

*Neues Reich*
18. Dynastie                       1554–1305
   Amarna-Zeit      1356–1332
19. Dynastie                       1305–1196
20. Dynastie                       1196–1080

*3. Zwischenzeit*                  1080– 745

*Spätzeit*
25.–30. Dynastie                    745– 332

*Griechische Zeit*                  332–  30

*Römische Zeit*                    30 v. Chr.–395 n. Chr.

ABKÜRZUNGSVERZEICHNIS

AT  Altes Testament
LÄ  Lexikon der Ägyptologie, hrsg. von Wolfgang Helck und Eberhard Otto, ab Band II von Wolfgang Helck und Wolfhart Westendorf, Bd. I–VII, Wiesbaden 1975–1989.
MDAIK  Mitteilungen des Deutschen Archäologischen Institutes, Abt. Kairo, Berlin, Wiesbaden, ab 1970: Mainz.
OBO  Orbis Biblicus et Orientalis, Freiburg/Schweiz und Göttingen.
SAK  Studien zur altägyptischen Kultur, Hamburg, seit 1974.
Urk.  Urkunden des ägyptischen Altertums, hrsg. v. Gg. Steindorff. IV: Kurt Sethe, Urkunden der 18. Dynastie, Leipzig 1905 (Heft 1–16); Wolfgang Helck, Urkunden der 18. Dynastie, Berlin 1955–1961 (Heft 17–22).
ZÄS  Zeitschrift für ägyptische Sprache und Altertumskunde, Leipzig, jetzt Berlin, seit 1863.

# ABBILDUNGSNACHWEIS

(s. Vorwort)

Albert-Schweitzer-Kinderdorf e. V., Waldenburg, Kalenderblätter des: Sept. 1971 – „Die Ungarn fallen ein": Abb. 21 d; Juli 1966 – „Im Schwimmbad": Abb. 21 e; Dez. 1968 – „Franziskus predigt den Tieren ...": Abb. 32; Nov. 1964 – „Wundervogel": Abb. 33; April 1963 – „Ich hinter dem Haus": Abb. 34; Jan. 1974 – „Fisch im Fisch": Abb. 35 c; Juli 1970 – „Unsere kleine Stadt": Abb. 38; Mai 1971 – „Picknick im Freien": Abb. 40; „Für Kinder 1964": Abb. 44; Mai 1969 – „Mein Vaterhaus": Abb. 46; April 1970 – „Seilhüpfen": Abb. 47; Aug. 1975 – „Großvater, Vater, Tochter und Puppe": Abb. 55.

British Museum, London: 10.470: Abb. 3; 37.983: Abb. 9 c; 10.470: Abb. 48.

Brunner-Traut, Emma: Die altägyptische Grabkammer Seschemnofers III. aus Gîsa, Mainz: Verlag Philipp von Zabern 1977: Abb. 17 und 29.

De Garis Davies, Nina: Tutankhamun's Painted Box, Oxford 1962: Abb. 1.

De Garis Davies, Norman: The Tomb of Ḳen-Amūn at Thebes, Volume I, New York 1930: Abb. 22.

Haas, Hans: Bilderatlas zur Religionsgeschichte, 2.–4. Lfg.: Ägyptische Religion, Leipzig/Erlangen 1924: Abb. 57.

Hornung, Erik: Der ägyptische Mythos von der Himmelskuh. Eine Ätiologie des Unvollkommenen, Orbis Biblicus et Orientalis 46, Freiburg, Schweiz: Universitätsverlag/Göttingen: Vandenhoeck & Ruprecht 1982: Abb. 56.

Morenz, Siegfried: Die Begegnung Europas mit Ägypten, Berlin 1968: Abb. 51.

Moussa, Ahmed M., und Altenmüller, Hartwig: Das Grab des Nianchchnum und Chnumhotep, Archäologische Veröffentlichungen 21 (DAI Kairo), Mainz: Verlag Philipp von Zabern 1977: Abb. 52.

Musée du Louvre, Paris: Stèle de victoire du roi Naram-Sin: Abb. 21 c.

Museo del Prado, Madrid: Velázquez, Baltasar Carlos a caballo: Abb. 2.

National Gallery of Scotland, Edinburgh: NG 827: Rembrandt, Woman in Bed: Abb. 4.

Öffentliche Kunstsammlung Basel, Kunstmuseum: Albert Anker, Kinderfrühstück. 1879. Inv. Nr. 10: Abb. 41.

Orientalistische Literaturzeitung 27, 1924: Abb. 26c.

Prinzhorn, Hans: Bildnerei der Geisteskranken. Ein Beitrag zur Psychologie und Psychopathologie der Gestaltung, Neudr. der 2. Aufl., Heidelberg: Springer-Verlag 1968: Abb. 37, 42, 43 und 45.

Schäfer, Heinrich: Von ägyptischer Kunst. Eine Grundlage, 4., verbesserte Aufl., hrsg. und mit einem Nachwort versehen von Emma Brunner-Traut, Wiesbaden: Otto Harrassowitz 1963: Abb. 5c, 6a–b, 7, 8a–b, 9a–b, 10, 12, 13a–b, 14a–d, 15a–c, 16b–c, 18a–b, 19a–b, 20, 21a–b, 23a–c, 24, 25, 26a–b, 27, 28, 30, 31 und 35a.

Staatliche Antikensammlungen und Glyptothek, München: Gl. 493, Artemon-Stele: Abb. 53.

Staatliche Museen Preußischer Kulturbesitz, Berlin, Museum für Völkerkunde, Abtg. Südasien, Katalog-Nr. I C 43782: Phra Ram: Abb. 49.

Vatikanische Museen, Rom: Der Nil: Abb. 50.

Wreszinski, Walter: Atlas zur altägyptischen Kulturgeschichte I, Leipzig 1923: Abb. 9d.

Zeitschrift für Ägyptische Sprache und Altertumskunde 75, 1939: Abb. 54.

# REGISTER

Abstraktheit 13
Abstraktionsvermögen 141
Achsenkreuz 17. 34
Achsenzeit 139. 159. 163f.
  s. a. Jaspers, Karl
Addition 132
Aesop 150
Aggregation 82. 92
Agrippa 71
Akkader 1
Akrophonie 143
Alberti 9
Allam, Schafik 97
Altes Testament 5. 108 ff. s. a. Bibel
Amarna 103. 108
Amasis 91
Amenemhêt I. 103
Amenemope 130
Amme 83
Amun 119
Anakreon 77
Analogie 96
Anaximander 63
Ancient laws 96
Anker, Albert 45
Annalen 100
Anonymität 116
Ansicht 15. 17
Anthropomorphisierung 117
Antithese 62
Apophis 99. 104
Apperzeption 5. 13. 68
Archaismen 106
Archetypen 3
Aristoteles 62. 156. 158
Artemon, Grabmal des 56
Aspektive 5 und passim
Assmann, Jan V. 78
Assyrer 1. 67

Athener Schule 163
Auge 64. 68
Autismus 64
Axiomatik 62

Ba-Vögel 78
Babylonier 63. 67. 80. 88
Bedeutungsmaßstab (Größe) 16. 39
Begriffszeichen 142
Benn, Gottfried 128. 165
Bense, Max 165
Beschreibungslied 76f.
Bewegung 64
Bewegungsphasen 52
Beziehungsgefüge 165
Bibel s. Altes Testament, Daniel, Hoheslied, Psalm 23
Bildrepertoire 108
Blersch, Hartmut 72
Blickrichtung 36
Bohr, Niels 168
Bollnow, Otto Friedrich 5
Bosch, Hieronymus 125
Boulez, Pierre 168
Boustrophedon 163
Braem, Helmut M. 166
Braque, Georges 165
Brecht, Bertolt 153
Bruchaufgaben 133
Busch, Wilhelm 42

Caesar, Julius 137
Case law 97f.
Cennini, Cennino 9
Chaemwêse 108
Chagall, Marc 42. 66. 165
Chatuschil 107

Dalí, Salvador 66. 78

Daniel 112
Dekanliste 129
Dêr el-Medîna 91
Determinative 142
Division 132f.
Don Alfonso 159
Do-ut-des-Prinzip 95
Doxa 11
Drehung 11
Dreieck 136
Drogengeschädigte
  s. Geistesveränderte
Dschuang Dsi IX
Dürer, Albrecht 10
Dyadische Reihe 133

Echnaton 90. 112. 116
Egozentrische Darstellweise 8
Ehe 84
Elfenbeinschnitzerei 14
Elle 139
Epagomenen 137
Epochendatierung 101
Erman, Adolf 107
Erwachsene, ungeschulte
  s. Sonntagsmaler
Erzählstil 147f.
Etanamythos 12. 174
Ethnien IX. 7. 59. 67f.
Etrusker 1
Exodus 110
Expressionismus 7. 66
Eyck, Jan van 10

Fabel 71
Familie 83ff.
Familienname 83
Farbgebung 52. 64
Fauna 139. 140
Felsbild 14
Fibonacci 129. 133f. 137. 157
Fikentscher, Wolfgang 4. 92f. 107
Flora 139. 140
Fontane, Theodor 112
Formel 135. 148
Franz von Assisi 90

Funktion 5
Funktionsharmonik (Musik) 168

Gaiser, Konrad 170f.
Gehirnfunktion 158ff.
Geistesveränderte 7. 43. 63ff.
Gelenke 76
Generation 83
Geometrisierung 64
Gesamtschau 67
Geschichtsbewußtsein 108
Geschichtsbild 107
Geschichtsfälschung 104
Geschichtsschreibung 104f. 108ff. 156
Gesellschaftsform 107
Gewichte 138
Ghazel 77
Giotto 59
Goethe, Johann Wolfgang von 1. 69. 77.
  78. 120
Gogh, Vincent van 63
Goldener Schnitt 129
Gottesvorstellung 114
Greif 78
Greßmann, Hugo 127
Griechen 4. 7. 13. 54. 62. 67. 76. 80. 135.
  144. 155. 170f.
Grien, Hans Baldung 10
Großfamilie 83
Gruppen 26. 27

Hafis 120
Halbkugel 135
Hallpike, Christopher Robert 58f.
Hammurabi, Codex 96
Hathor 118
Heidegger, Martin 115. 128
Heimat 85f.
Helck, Wolfgang 83
Hemingway, Ernest 166
Henke, Dieter XI. 172
Herde 82
Herodot 112. 113
Heron von Alexandrien 136
Hethiter 1. 67. 88. 100
Hierarchie 83. 90

Hieroglyphenschrift 141f.
Hieros gamos 100
Hippokrates 155
Hirnentfaltung 161
Hirnforschung IX
Hirnhemisphären 159f.
Hirnpotential 161
Hoheslied 77
Hölderlin, Friedrich 128
Höllentier 78
Homer 56. 75. 79. 166
Hopi-Indianer 161
Hörstil 166f.
Horus 117
Hungersnot 104
Husserl, Edmund 115
Hyksos 87f. 130
Hypostase 165

Idealbiographie 108
Imaginationsvermögen X
Indianersprachen 161
Intention 64
Isis 118
Isis, List der 120
Israel 91. 100. 116. 154

Jahr 137f.
Jahwe 108f.
Jaspers, Karl 4. 59. 63. 71
Jesus Sirach 154

Kadenzschema (Musik) 168
Kafka, Franz 167
Kalenderillustration 26
Kanaanäer 110
Kant, Immanuel 5. 13. 82
Kartographie 63
Kaschnitz, Marie Luise 169f.
Keilschrift 143
Kerényi 126
Kinder 7
Kinderbilder 40ff. 57f.
Kinematographie 33
Klee, Paul 66. 67
Klett, Ernst 128

Komplementarität 168f.
Kompositgestalt *s.* Mischfiguren
Konstanz (Form-, Größen-, Farb-) 17. 63. 69. 148
Kontrapunkt 148
Kopernikus X
Körper 72. 155
Krankheit 73. 74
Kreisfläche 135
Kreto-Mykene 1
Krummstab 89
Kultgemeinschaft 91
Kurth, Dieter 127
Kurzgeschichte 166

La Fontaine, Jean de 151
Landkarte 32. 51. 63. 64. 129
Laokoon 32
Lebensregeln 95
Leonardo da Vinci 10
Leonardo von Pisa *s.* Fibonacci
Liebeslyrik 76f.
Ligeti, György 168
Litanei 151
Literatur 157. 165
Livius 71
Logik 158. 169
Logos 127f.
Lorenz, Konrad 65
Lorenzetti 9
Loskalender 125
Lüthi, Max 145
Lyrik 152. 170

Ma'at 90. 94. 98. 99. 102. 106
Malerei 165
Marie de France 150
Masarrio 9
Maßeinheiten 138
Mathematik 62. 157
Medizin 79f. 88
Menenius Agrippa *s.* Agrippa
Menschendarstellung 34ff.
Merikarê 178
Mesopotamien 1. 145
Mischfiguren 36. 64. 78. 116f.

Mitanni 88
Moderne 66f.
Monotheismus 116
Moralcodex 91
Mozart, Wolfgang Amadeus 159
Müller-Payer, Hans Georg 128
Münzen 138
Multiplikation 132
Mumifizierung 72
Musik 167
Muskeln 76
Muskelspiel 32
Muster 161
Musterbücher 14
Mythos 110. 115. 121 ff. 157. 169

Name 83
Naramsin 29. 178
Nasîb 77
Naturtreue 13
Neoaspektive 169
Neurotiker s. Geistesveränderte
Ninurta 76
Novelle 166
Null 135

Objektivierbarkeit 169
Olympische Ära 103
Onomastikon 130. 157
Optik 68
Ordnungsdenken 17
Organe 72ff. 155f.
Organismus 5. 13. 70. 71. 75. 118. 148
Ornament 64. 161
Ort 26
Orthogonalprojektion 136
Osiris 118
Ostasien 5
Otto, Walter F. 127

Pacioli, Luca 10
Papyrus Ani 17
Papyrus Rhind 130
Papyrus Westcar 146
Paradigma 134. 161
Parallelismus membrorum 153

Paulus 71
Peiffer, Jürgen 172
Perspektive 155
Petrus Ramus 113
Phaidros 150
Pharao 89f. 95. 99. 101. 163f.
Philosophie 62
Phöniker 1
Pi (Zahl) 135
Piaget, Jean 58
Picasso, Pablo 66. 165. 168. 170
Planck, Max 169
Plutarch 125
Poe, Edgar Allan 166
Polis 60. 92
Pollaiuolo, Antonio del 10
Popper, Karl 160
Portrait 97
Priester 86f.
Prinzhorn, Hans 63. 66
Profil 15. 163
Psalm 23 90
Ptolemaios III. 138
Pyramiden 2
Pythagoreische Zahlen 134

Quadrieren 136
Quantenmechanik 136. 168
Quattrocento 9

Rad, Gerhard von 154
Raiser, Rolf 166
Ramses II. 90. 107
Ramses XI. 103
Rangstreitfabel s. Fabel
Raum 26. 63. 67. 68f.
Realismus 8. 9
Rechentechnik 132
Rechtsanthropologie 96
Rechtsdokumente 95
Reichenbach, Hans 169
Relativitätstheorie 169
Rembrandt, Harmensz van Rijn 17
Renaissance 5. 39. 54. 62. 134
Rennert, Helmut 63

Restauration 103
Rundplastik 54

Sagan, Carl 162
Schäfer, Heinrich IX. 4
Schalttage 137
Schatten 8
Schattierung 52. 64
Schizophrenie *s.* Geistesveränderte
Schnapper, Gudrun 59
Schrägansicht 11. 17
Schrift 52. 64 (*s. a.* Hieroglyphenschrift)
Schriftrichtung 143 f. 163
Schriftsystem 143
Schule 87
Schweiger 90
Seitenansicht 17
Sethos I. 103
Shakespeare 77
Sinuhe 85
Sippengemeinschaft 83
Sirius 137
Skarabäus 123
Skenographie 9
Sklerotiker *s.* Geistesveränderte
Sokrates 62
Solidarität 86
Solschenizyn, Alexander 167
Sonnenhymnus 90
Sonnenlitanei 78
Sonntagsmaler 7. 65
Sozialordnung 82. 90
Sozialreformen 99
Sphinx 78
Split-brain 160. 162
Spruchliteratur 118
Staffel 25. 26. 48
Stammbaum 84. 106
Stammbrüche 134 f.
Standlinie 17
Standortgebundenheit 165
Stockhausen, Karlheinz 167
Strindberg, August 63
Struktur 5. 82. 91 f.
Subjekt-Objekt-Verhältnis 60
Subtraktion 132

Suleika 120
Sumerer 1. 67
Surrealisten 66
Symbol 64
Symbolsprache 52
Symmetrie 52. 64
Synkretismus 119
Synopsis 165

Talion 97
Thales von Milet 62
Thoth 117
Thukydides 100. 112. 113
Tier 140
Tierfiguren 36
Tierkreiszeichen 76
Tillich, Paul 126
Titel 83
Tonika 168
Topographie 157
Topsy turvy 103
Transitorisch 73. 158
Trapez 136
Tutanchamun 16
Typus 64

Übersumme 8. 110
Uhr 88

Velázquez, Diego de 16. 17
Versatzstücke 145 ff. 150
Verwaltung 94
Vielnamigkeit 119
Vogel, Kurt 133
Volksfrömmigkeit 117
Volkspoesie 77
Vorderansicht 15. 17
Vorratswirtschaft 104
Vorsokratiker 60. 62

Wâdi Hammâmât 63
Wandeljahr 137 f.
Wasseruhr 88
Weltwunder 3
Wenamun 164
Willensfreiheit 93

Wirklichkeitsbegriff 11
Wissenschaftsbegriff 130. 157. 168

Zahlensystem 131 ff.

Zahlzeichen 131
Zauberspruch 73 ff.
Zeit 101 f. 108. 148. 156
Zusammenfügen *(ts)* 70. 75